2021 年省社科基金一般项目"湖湘文化的多模态翻译与传播研究"（项目编号：21WLH29），湘社科办〔2022〕5 号（湖南省哲社科学基金办公室）阶段性研究成果

基于跨文化视角的外宣翻译研究

周 萍 著

九州出版社
JIUZHOUPRESS

图书在版编目（CIP）数据

基于跨文化视角的外宣翻译研究 / 周萍著. -- 北京：九州出版社，2024.3

ISBN 978-7-5225-2776-5

Ⅰ．①基… Ⅱ．①周… Ⅲ．①中国对外政策－宣传工作－语言翻译－研究 Ⅳ．①H059

中国国家版本馆CIP数据核字(2024)第068894号

基于跨文化视角的外宣翻译研究

作　　者	周萍　著	
责任编辑	云岩涛	
出版发行	九州出版社	
地　　址	北京市西城区阜外大街甲35号(100037)	
发行电话	(010)68992190/3/5/6	
网　　址	www.jiuzhoupress.com	
印　　刷	河北万卷印刷有限公司	
开　　本	710毫米×1000毫米　　16开	
印　　张	15.75	
字　　数	210千字	
版　　次	2024年3月第1版	
印　　次	2024年3月第1次印刷	
书　　号	ISBN 978-7-5225-2776-5	
定　　价	88.00元	

前言

在当代社会，世界各地都在积极发扬自己的文化，同时寻求与其他国家和地区的广泛交流。在这一生机勃勃的文化场景中，各种文化在推动时代进步和社会发展方面都发挥着各自的作用，促进了多样文化的互动和碰撞。鉴于不同语言和文化之间的差异，任何国家或地区想要提升自身文化在全球范围内的认知程度和接受程度，都需要借助翻译的力量。

对外宣传，简称外宣，是中国人非常熟悉的国际交流方式。所谓外宣翻译，顾名思义，就是在对外宣传中的翻译活动，这是一个源于中国、具有中国特色的翻译理念。实施外宣翻译能推动中国对外宣传活动的开展，有助于加强海外公众对中国的了解，加深中国与世界各国的友谊，从而提升中国的国际影响，为中国的现代化和国际化进程创造有利条件。为此，本书从跨文化的视野出发，论述外宣翻译的相关内容。

全书总共分为八个章节。第一章从外宣翻译的概念着手，介绍了外宣翻译相关的一些基础知识，其中包括外宣翻译与其他类型文本翻译的差异，以凸显外宣翻译的独特性。第二章主要从跨文化交际理论和跨文化修辞学理论两方面出发，阐述了跨文化视角下外宣翻译的理论指导。第三章主要讨论了跨文化视角下的外宣翻译语言差异，包括汉英词汇差异、汉英句法差异、汉英语篇差异和汉英修辞差异，对这部分内容的论述有助于读者更好地理解两种语言在外宣翻译中的复杂性。

由于文化差异是翻译过程中最具挑战性的问题之一，因此第四章从文化角度出发对汉英之间的异同进行了对比分析，旨在帮助读者理解和掌握这些差异，具体对比两种文化中的物质文化、精神文化、民俗文化和语言文化。在以上分析论述的基础上，第五章介绍了跨文化视角下外宣翻译的基本原则，包括政治原则、经济达意原则、译有所为原则、宣扬美学原则和外外有别原则等。

第六章重点探讨了跨文化视角下外宣翻译的主要策略，包括语言层面的翻译策略和文化层面的翻译策略，这些策略是翻译实践中实现高质量翻译的关键。在以上翻译原则和翻译策略的支持下，第七章深化了跨文化视角下外宣翻译的实践应用，包括习俗文化、美食文化、旅游文化、区域文化和中国故事五个领域，通过这些实例，读者能够深入理解外宣翻译在实践中的应用。第八章讨论了外宣翻译中译者的素质要求和读者的心理探究，目的是帮助读者理解从事外宣翻译的译者需要具备何种素质，同时读者的心理是如何影响外宣翻译效果的。

通过以上章节的介绍，希望读者能够全面了解跨文化视角下的外宣翻译，并具备理论与实践相结合的翻译能力。虽然本书在阐释和论述的过程中力求语言表达简洁，行文通顺合理，但由于作者能力有限，难免有疏漏之处，有待进一步完善，恳请广大读者批评指正。

目 录

第一章　外宣翻译概述

第一节　外宣翻译及相关概念解读

一、与"外宣"有关的概念

（一）宣传与传播

宣传与传播是两个意义相近、容易混淆的概念。二者在使用过程中有一定的差异性。

1. 宣传的定义与职能

宣传这一概念从其最初的产生至今已有数百年的历史。不同的学者从不同的角度对宣传进行了研究和定义，其中最具代表性的是美国政治学者拉斯韦尔和我国学者甘惜分的定义。

拉斯韦尔将宣传定义为"通过操纵表述来影响人们行动的技巧"[①]。这里的"操纵表述"包含着各种形式的信息传递，如文字、图片、音乐等，而"影响人们的行动"则是宣传的终极目标。这个定义充分体现了宣传的媒介性和影响性，强调了宣传活动在信息传递过程中的主导和操控作用。我国学者甘惜分则将宣传定义为"传播思想，是用一种思想去影响

[①]　拉斯韦尔.世界大战中的宣传技巧[M].张洁,田青,译.北京:中国人民大学出版社,2003：22.

别的思想的行为"①。这个定义强调了宣传的思想性，认为宣传的本质是在于传播和交流思想，而这种思想的传播和交流往往带有明确的目标和方向，即影响和改变他人的思想。

结合以上两位学者的定义，可以进一步理解宣传的基本职能。宣传的职能在于传播一种观念，无论是理论、方针、政策、伦理道德，还是立场态度，都需要通过宣传来进行传播和交流。宣传作为一个传播过程，由七个环节组成，即宣传者、被宣传者、宣传内容、宣传场合、宣传时机、宣传动机和宣传方法。这七个环节构成了宣传活动的整体框架，其中任何一个环节的变化都可能影响到宣传效果。

宣传者是宣传活动的发起者和主导者，决定了宣传活动的方向和目标。被宣传者则是宣传活动的接受者和反馈者，决定了宣传活动的接受程度和反响。宣传内容是宣传活动的核心，决定了宣传活动的主题和信息。宣传场合、宣传时机和宣传方法分别决定了宣传活动的环境、时间和手段，影响了宣传活动的形式和效率。宣传动机则是推动宣传活动进行的内在驱动力，决定了宣传活动的意义和价值。

2. 传播的定义与内涵

传播，作为一种深植于人类社会的现象和活动，具有丰富而复杂的内涵。共产主义一词起源于拉丁语词汇"Communis"，其含义涵盖"分享"与"共有"，既寓含了社会性，也暗示了交互性以及在此基础上构建的意义世界。

（1）传播的社会性强调传播的发生、发展与社会环境密切关联。传播的本质是人类为了满足社会化需求，实现思想沟通和行为调整而进行的活动。在这个过程中，社区等集体的形成和发展都离不开传播。无论是信息的流通，还是意见的交换，都需要依靠传播来实现。因此，传播的社会性不仅是其产生的原因，也是其存在的前提，是使人类社会活动

---

① 甘惜分. 新闻理论基础 [M]. 北京：中国人民大学出版社，1982：21.

得以维系和发展的重要因素。

（2）传播的互动性体现在信息交流的过程中。在传播过程中，传播者与接收者不再是固定的角色，而是处于动态变化、相互影响的状态。传播者输出信息的同时，也需要接收反馈。接收者接收信息的同时，也可能成为传播者。这种互动关系使得传播成为一个动态、开放的过程，有助于提升信息交流的效率，加深对信息的理解和利用。

（3）传播的意义性强调传播的过程不仅是信息的传递，更是信息意义的创造和交流。传播过程中的语言和非语言符号都是载体，它们赋予信息意义，进而形成了人类理解世界的框架。每一次的传播活动都在重构人们的认知，塑造着人们的世界观。

从上述三个层面来看，传播作为一个社会现象和活动，是构成人类社会的基石，也是个体和集体相互联系、影响的桥梁。它体现了人类社会的特性，推动了社会的发展，同时也影响着人们对自身和世界的理解。

3. 宣传与传播的主要区别

"宣传"与"传播"这两个词语在概念上有一定的相似性。如果从学术的角度对二者进行分析，也可以看出宣传是传播的重要形式。对传播的研究有助于对宣传的研究。对宣传的研究则是传播研究的重要组成部分。但宣传和传播还是存在一些显著的差异。

（1）概念差异。在理论研究上，宣传与传播有着密不可分的关系，两者都源于西方学术体系，且有相同的历史渊源。从较为宽泛的角度来看，传播是一个过程，是信息在传播者和接收者之间共享的过程。而宣传则更具针对性和目的性，它是传播的一种特定形式，主要目的是对特定的信息进行有目的性的传播，也就是说，宣传的理论依据都建立在传播理论的基础之上。因此，从这个角度出发，传播的概念范围更为广阔，而宣传则属于传播的一个子集。

（2）目标差异。在西方学术界，宣传被认为主要目标在于影响甚至转变受众的思想观念。这种影响力可能在一场争论中表现得尤为明显，宣传者通过各种方式尝试改变受众的思想观念，使受众与他们保持一致。在这种情况下，宣传可能会对受众原有的思想、观念、态度、自我判断产生主观上的改变，使受众与宣传者在思想上统一。

传播的主要目标是实现信息的交换和共享。这个过程涵盖了许多元素，包括信息的发散以及可能的反馈和调整。然而，并不是所有的传播都对传播效果有着严格的要求。许多时候，信息的传播只是为了实现信息的发散，目的是让信息被尽可能多的人接触到，而对于信息是否被接收者理解、接收者是否会因此采取行动，传播者并没有过多要求。这种传播形式更像是一种无差别的、广泛的信息推送。当然，传播的目标有时并不仅仅局限于信息的广泛传播，也可能包括获取反馈和进行调整。例如，在某种特定情况下，传播者可能会关注接收者对信息的反应，根据这些反应来调整他们的信息传播策略，以更好地实现信息传播的目标。然而，这并不意味着传播者要改变接收者的观念和行为。相反，他们更关心的是如何让信息更有效地传播出去，而不是去改变接收者的行为。

（二）内宣与外宣

从宣传的区域视角来看，可以将宣传划分为内宣和外宣两种形式。内宣和外宣这两个概念的内涵具有较大差异，主要体现在以下几个方面。

1. 宣传语言的差异

对于语言的使用，内宣和外宣展现出了明显的不同。内宣主要使用的是中国的官方语言汉语，同时也会在特定的区域和情境中使用少数民族的语言。汉语是中国最广泛使用的语言，它不仅能够准确、清晰地传达出宣传的内容，也有利于增强信息的透明度和可接受性。使用少数民族语言则是考虑到少数民族地区的特殊性，用少数民族语言进行宣传，更能够引起少数民族地区人民的共鸣，增强宣传的效果。相比之下，外宣主要使用的是英语和其他受宣传对象所在国家的语言。由于英语是全球最广泛使用的语言之一，使用英语进行宣传能够最大限度地扩大信息的覆盖面，使更多的人能够接收和理解这些信息。

2. 宣传对象的差异

内宣的主要对象是中国公民，而外宣的主要对象则是全世界的人民。这一差异使得宣传者不仅要对受众的文化背景、思维方式、习俗习惯有深入的了解，还需要在宣传过程中能够考虑到这些因素，以便更好地适应受众的需求，提高宣传的有效性。

3. 宣传反馈的差异

受到宣传对象、内容、重点等因素的影响，内宣和外宣的反馈性也存在一定的差异。在进行内宣时，由于宣传对象都是国内公民，因此，他们对国内政策、事件的理解程度和反应速度往往会比外宣对象更高。在进行外宣时则需要对国际环境有深入的了解，才能更好地判断和应对来自全球的反馈信息。

4. 宣传目的的差异

内宣主要是为了传达国家的政策信息，鼓励人民积极参与社会主义现代化建设，共同打造和谐社会。外宣则是为了在国际社会中树立中国的正面形象，通过分享中国的发展成果，展现中国的国家魅力，从而为我国更好地融入世界经济发展格局奠定基础。

二、翻译的定义与内涵

（一）翻译的定义

先来看看现当代各个研究领域的专家学者对翻译的定义。

1. 国外学者对翻译的定义

英国翻译理论家卡特福德认为，翻译是一项对语言进行操作的工作，即用一种语言的文本来替代另一种语言的文本的过程。[1]

来自美国的翻译理论家尤金·奈达认为翻译即翻译意义……要在接受语中寻找和原文信息尽可能接近的自然的对等话语，首先是意义上对

---

[1]　卡特福德 . 翻译的语言学理论 [M]. 穆雷，译 . 北京 : 旅游教育出版社 ,1991:24-32.

等，其次才是风格上的对等。①

苏联的翻译理论家费道罗夫提出，一种语言的内容和形式在高度统一的基础上传达着某些信息，翻译就是用另外一种语言将这些信息传达出来。②

2. 国内学者对翻译的定义

刘宓庆表示，翻译的实质是语际的意义转换。③

王克非认为，翻译是一种文化活动，涉及用一种语言文字表达另一种语言文字的内涵。④

孙致礼对翻译的观点是，翻译就是用一种语言传递另一种语言想要表达的意义，最后达到交流思想、传播文化，尤其是促进目的语文化发展的目的。⑤

罗新璋在《翻译论集》中这样阐述：翻译是把一种语言文字换成另一种语言文字，而并不变更所蕴含的意义，或用近年流行的术语说，并不变更所传递的信息，以达到彼此沟通、相互了解的目的。⑥

从上述国内外学者对翻译的定义可以看出，翻译，作为一种语言学活动，常被理解为用一种语言将另一种语言所表达的思维内容准确且完整地重新表达出来。但是，如果进一步深化这种理解就会发现，翻译其实是一种跨语言、跨文化的交际活动，是人类交流思想过程中沟通不同语言的桥梁。因此，翻译可以被定义为一种语言和文化的转换过程，其任务是在保持源语言信息完整的同时，以目标语言进行准确、生动的表达，其目标是促进不同语言社会的交流和进步。

---

① NIDA E A, TABER C R.The Theory and Practice of Translation[M]. Leiden: Brill Archive,2004:17.

② 费道罗夫.翻译理论概要[M].李流，译.北京：中华书局股份有限公司,1955:9.

③ 刘宓庆.翻译与语言哲学[J].外语与外语教学，1998(10):42-45.

④ 王克非.关于翻译本质的认识[J].外语与外语教学,1997(4):45-48.

⑤ 孙致礼.新编英汉翻译教程[M].上海：上海外语教育出版社,2003:3.

⑥ 罗新璋.翻译论集[M].北京：商务印书馆，2009:1.

（二）翻译的价值

翻译的价值是对翻译用途的理论与历史性的探讨和思考。换言之，就是对翻译实践或活动所起的作用的认识和定位。翻译的价值主要体现在语言价值、文化价值、社会价值、美学价值这几个方面。

1. 翻译的语言价值

翻译的语言价值主要体现在语言符号的转换过程中。一方面，从形式上讲，翻译是语言转换活动的一种，是符号转换的活动。这一过程不仅包括语内翻译、语际翻译，还包括符际翻译，涉及所有翻译活动。例如，将外语译成汉语的过程，不仅是将外国人的思想和情感引入，更是对外国人的语言方式及其产生这些思想、情感的方式的引入。这个过程就体现了翻译的语言价值。另一方面，翻译的语言价值也体现在其对语言本身的改造作用上。历史上有很多翻译活动对语言产生了深远的影响。例如，一部重要的翻译作品可能会推动语言的发展，甚至影响语言的统一，这种影响对语言的发展具有开创性的价值。但同时，也应该注意，翻译策略和方法的使用不当可能会对目的语产生负面影响，比如过度异化的翻译会导致语言失去其本身的特性。

2. 翻译的文化价值

（1）翻译在不断地促进文化的积累与创新。翻译作为一个语言转化的过程，它将源语文化的精髓带入目标语文化，使得目标语文化得到了丰富和更新。同时，翻译作品也为源语文化的理解和欣赏提供了窗口，加深了源语文化和目标语文化之间的理解，进一步促进了文化的交流和融合。

（2）翻译作为跨文化交际的一种手段和媒介，在阐释、传递和建构文化价值观的过程中发挥着不可替代的桥梁作用。翻译不仅是语言的交流，更是文化的交流。通过翻译，不同的文化得以相互理解和接纳，共享人类的智慧和成就。翻译在这个过程中起到了桥梁的作用，为文化的交融提供了可能。

（3）所译作品的文化价值观也会影响个人对其他文化的态度。一部翻译作品不仅是一种语言的表达，更是一种文化的表达。它代表了作者的思想、情感和价值观，影响着读者对其他文化的理解和认同。因此，翻译的文化价值不仅在于其对源语文化的传播，更在于其对跨文化理解的塑造。

3. 翻译的社会价值

（1）从社会交流与发展的角度看，翻译在克服语言差异、促进人类交往和开放中，发挥着重要的推动作用。翻译本身是一种社会行为，它通过语言和文化的转换，使不同的社会、民族和文化得以相互理解和接纳。这一过程中，翻译的推动作用不仅在于消除语言差异的障碍，还在于其对社会交流和发展的推动。在人类社会发展的进程中，从原始部落的友好往来至文艺复兴时代的古典文学的复兴，乃至今日世界各国在文艺、科学、哲学、政治和经济方面的密切交往，翻译都扮演着关键的角色。翻译将人类的智慧和实践经验从一种语言环境传播到另一种语言环境，使得这些知识和经验得以流传和普及，从而极大地推进了社会的交往和发展。

（2）翻译的社会价值还体现在其对民族精神和国民思维的深刻影响。一方面，翻译能够将外国的思想和观念引入国内，对民族精神的塑造产生影响。它通过传递新的思想和观念，促使民族精神得以更新和发展。另一方面，翻译对语言的改造也将影响到国民的思维方式。这是因为语言和思维是密切相关的，语言的改变将影响人们的思维方式。在这个过程中，翻译发挥了重要的作用。

4. 翻译的美学价值

翻译的过程不仅仅是对原始语言进行简单转化的过程，它也是一个对原作美感的解读和创造，将其内在美感引入译文的艺术性创作过程。一部优秀的翻译作品总是体现出译者对美的追求和价值呈现。这不仅体现在翻译的准确和通顺上，更在于译文的优美。译者在遵循原作的真实性和易读性的同时，还需要对译文进行美学的处理，使之成为一种艺术。理想的译者不仅需要将其工作当作科学，更要视其为艺术，以对艺术的热爱和敬畏之心对待。

翻译的美学价值不仅体现在译者的审美情趣和人文理念上，而且它还可以引导翻译的理论和实践，使翻译在其领域中得到发展。美学的价值分析和判断可以帮助译者对原文和译文进行全面和多层次的分析，找出那些隐藏在字句之外，但又能感知到的要素。

对于英汉两种语言来说，由于中西文化和思维方式的差异，两种语言在对美学价值的追求上也各有特色。英语等西方语言侧重体现西方美学价值观的特点，如理性、抽象思维、空间结构和逻辑推理。相反，汉语中蕴含的古典美学价值观重视的是和谐、气韵生动、意境深远以及文字内在精神等因素。虽然两种语言对美学价值的评价存在差异，但无论是从英语翻译成汉语，还是从汉语翻译成英语，译者的目标始终是尽可能地保持原作的美感，同时将原作的美学价值传达到译文中。

（三）翻译的本质

尽管翻译的定义以各种各样的形式呈现，但它们都遵循一个共同的核心理念，即翻译的本质是一种信息、情感、思想和文化的交流活动。从词源学和翻译实践的角度来看，这种活动涉及语言符号的转换、思想意义的交流和交际功能的实现。这些都凸显了翻译的本质包含形式、内容和功能这三个重要维度。

（1）从形式的角度看，翻译是语言符号的转换与改变。这不仅是指语言文字的简单替换，更是源语和目标语的句法结构、词汇搭配、感情色彩等多方面的转变。翻译过程必须考虑如何在保留原本意思的同时，适应目标语的语言规则和习惯，这需要译者具备深厚的语言文化知识和丰富的翻译经验。

（2）从内容的角度看，翻译是思想意义的交流与传递。这意味着翻译不仅要传递语义，更要传递思想，包括作者的观点、情感和意图。因此，译者需要对原文有深入的理解，并能在译文中尽可能地忠实于原文的思想。这不仅需要译者的语言技巧，更需要译者的理解力和创造力。

（3）从功能的角度看，翻译是一种交际传播功能的达成与实现。这意味着翻译不仅要完成信息的传递，还要达到原文在目标语境中的交际效果。这就需要译者充分考虑目标读者的需求，使译文既符合目标语的表达习惯，又能引起目标读者的兴趣和共鸣。这就需要译者有足够的文化敏感性和审美水平。

（四）翻译的过程

在翻译的广阔海洋中，它的基本框架由三阶段组成，即理解、表达和校核。每一阶段都扮演着至关重要的角色，如同海洋的每一个层次，都有其存在的必要性和价值。

1. 理解阶段

在理解阶段，译者的任务就像一个潜水员，探索源语言的深海世界。要达到深入理解原文的目的，译者就需要揣摩每个词、每个句子背后的意义。这并不仅仅是一个表面级别的理解，而是要从原文的语境中挖掘出隐藏的含义，理解其逻辑关系以及涉及的各种事物。就像潜水员需要理解海洋生物的习性和生态环境，译者也需要理解原文背后的历史背景和文化背景。对原文的深度理解是后续翻译工作的基础，只有理解透彻，才能做到翻译得当。

2. 表达阶段

进入表达阶段，译者的任务变得更加复杂。这一阶段的工作可以比喻为将海底的宝藏提升到海面，让其他人也能看到和欣赏到这些宝藏。译者需要将对原文的理解用目的语言精确、生动地表达出来。在这个过程中，选择合适的表达方式是一门艺术，需要译者运用语言的敏感度和创造性，找到最恰当的词汇、句型和语法结构，以最适合的方式描绘出原文的内涵。

3.校核阶段

校核阶段则像是对提取的海洋宝藏进行打磨和修整。在这个过程中，译者需要仔细检查翻译内容，确认没有遗漏或误解原文的信息，同时也要注意译文的语言表达是否准确、通顺。这一阶段的工作并非一次就能完成，通常需要反复校对和修订，每次都从不同的角度和层次对译文进行检查和调整。就像打磨宝石，需要多次抛光，才能让它更加闪耀。具体来说，在翻译的校核阶段，译者需要注意以下四个方面的内容。

（1）译者需要仔细检查所有的专有名词和具体信息，如人名、地名、数字、日期等，以确保没有任何遗漏或误译。这些元素是原文信息的核心部分，如果翻译错误，可能会对读者的理解造成很大的困扰。译者需要用严谨的态度和对细节的敏锐感知来进行这项工作。

（2）对词汇、句型、短语等方面表达的审查也非常重要。译者需要确保每一个单词、每一个句型、每一个短语都被正确、恰当地翻译出来，没有误译、错译或歧义。达到这一目标需要译者具有丰富的语言知识和敏锐的语感。

（3）校核阶段的另一项任务是检查译文中是否存在冷僻的、让人难以理解的语言表达。好的翻译应该是易于理解的，如果译文中存在冷僻的词汇或表达方式，可能会阻碍读者的理解。因此，译者需要用一种贴近读者的语言来呈现译文，这不仅需要译者具备扎实的语言功底，也需要译者理解读者的阅读习惯和期望。

（4）译者需要多次对译文进行校对。在第一遍校对中，译者主要是检查译文的准确性，确保译文的内容和原文的内容保持一致。在第二遍校对中，译者需要进行语言的润色，改善译文的流畅性和可读性。如果有足够的时间，译者甚至可以将译文和原文进行对照，以确保译文完全准确无误。

（五）翻译的标准

翻译标准在西方语言学界被广泛讨论，其主要关注的焦点是语言之间的可译性、不可译性和可译性限度。在评价一部翻译作品的质量时，这些标准起到了基本的衡量作用。然而，对于这些标准，各个国家和时代可能有不同的解读和应用，因此，翻译评价标准也呈现出多元化的趋势。

（1）在西方翻译理论中，可译性被认为是所有翻译讨论的基础。虽然不同的语言有各自的体系和结构，但由于人类都生活在同一地球上，这在很大程度上形成了一个大致相同的意识形态框架。这个框架为不同语言间的翻译和交流提供了基础。尽管在源语言中某个具体的语言要素在目标语言中可能没有完全等效的表达，但翻译的目的是沟通，因此，可以通过替换、解释等方法来确保信息的完整性。

（2）不可译性是指译文无法准确、完全地再现原文的特性。这种现象通常是由两种因素造成的。第一，每种语言都存在独特的文化特征和表达方式，例如，汉语中有一个词"人情味"，它反映了中国文化中强调人与人之间互动和情感交流的特性。在英语中，并没有一个词可以完全表达"人情味"的意思，因为这包含了许多与中国特定文化和社会背景相关的概念，比如亲情、友情、邻里之间的互帮互助等。第二，每种语言都有其独特的文学形式和文化习俗。例如，古希腊的史诗、阿拉伯的韵文或者西班牙的弗拉明戈舞曲。这些具有强烈地方色彩的表达方式在其他语言和文化中往往没有相应的对等形式。然而，虽然不可译性提出了一些挑战，但随着全球化的推进和国际交流的增加，原本被认为是不可译的内容也在逐渐被接受和理解，从而实现了翻译的可能性。译者的职责是探索和寻找那些能够最大程度传达原文意义和情感的表达方式，即便这需要寻找新的语言形式或者创造新的词汇。

（3）由于语言的形式和文化的差异，完全的对等翻译是不可能的。因此，存在一种可译性与不可译性的边界，这就是所谓的可译性限度。随着社会文化的发展和国际交流的增多，不可译性的范围正在逐渐缩小，可译性的范围正在扩大。译者的任务是发挥自己的主观能动性，不断尝试突破这个限度。

三、外宣翻译

外宣翻译，或对外宣传翻译，是一个特定的翻译术语，强调通过语言转换将中国的各种信息传达给海外读者。这是一个鲜明的中国特色翻译概念，以介绍和宣传中国为目标，通过翻译和传播各类关于中国的信息，扩大国际社会对中国的了解，并提升中国在全球的影响力。

（一）外宣翻译的内容

在内容层面，外宣翻译所涵盖的信息非常广泛，包括中国的政策方针、经济状况、社会生活、文化特色、自然风光以及市井风情、意识形态和价值观等。这些信息构成了一个全面、立体的中国形象，它们反映了中国在经济、政治、社会和文化各个方面的实况和发展。在传播媒介上，外宣翻译以多样化的形式呈现，涵盖了图书、期刊、报纸、广播、电视、互联网等众多领域以及各种国际会议。这些媒介无论在形式还是覆盖范围上都各具特色，共同为外宣翻译的传播提供了多元化的渠道，使得中国的声音能够更广泛、更深入地传播到全球各个角落。

（二）外宣翻译的受众

外宣翻译的目标读者主要是国外民众。通过翻译，中国的各种信息得以被国外民众所理解，而这个过程中，翻译扮演着一个至关重要的桥梁角色，只有通过准确、生动的翻译，中国的信息才能更好地被国外民众接受，从而实现对中国的全面、深入理解。曾利沙进一步强调了外宣翻译的宣传性质。他指出，无论是介绍中国的经济发展情况、文化教育进展、政府的政策规定，还是展示对外交流活动、招商引资的广告、旅游景点、著名特产等，所有这些信息的传播都要基于事实、真实有效，并注重宣传的社会效应。在外宣翻译中，传达的是信息的实质内容，而非文本的美学意义或个性特征。[①]

---

① 曾利沙.从对外宣传翻译原则范畴化看语用翻译系统理论建构[J].外语与外语教学,2007(7):44-46.

2013 年，上海外国语大学的张健分享了自己对外宣翻译的看法。张健认为，外宣翻译是一种特殊形式的翻译活动。具体来说，外宣翻译是在全球化的背景下，以汉语为信息源、英语或其他外语为信息载体，通过各种媒体向海外公众（包括中国境内的外籍人士）传播信息，以增进其对中国的理解和认知的一种翻译形式。[①] 这种定义强调了外宣翻译的交际活动性质，以及其在全球语境中的重要性。

（三）不同角度的外宣翻译

张健还认为外宣翻译可以从广义和狭义两个角度来理解。在广义上，外宣翻译涵盖了各个行业和部门为了对外宣传所进行的所有翻译活动，可称为"大外宣"。这种广泛的覆盖范围使得"大外宣"的内容极其丰富，包括政治、经济、文化、历史、旅游和社会发展等多个领域。不仅如此，"大外宣"的受众也相当广泛，涵盖了各种社会角色，包括政府官员、企业家、教师以及学生等。这种广泛性使得"大外宣"成为一种全方位的对外传播力量，可以更好地向国际社会展示中国的全貌。

狭义的外宣翻译则主要指实用文体的翻译，包括政府文件和公告、政府及企事业单位的介绍、公示语、信息资料等，可称为"小外宣"。这类翻译工作更注重特定领域的信息传播，其目标更明确、范围更窄。一般来说，这种"小外宣"的目标受众多为特定区域或特定机构以外的人群，比如某一城市的"小外宣"可能旨在让城市以外的人群了解该城市。

中国的开放政策和积极的国际接轨理念使得外宣翻译工作在政府和企事业单位的国际交流活动中扮演了关键角色。在这个过程中，"大外宣"作为一种广义的对外宣传手段，其总目标就是树立中国在国际上的良好形象。为了实现这个总目标，中央、地方和各部门都将遵循共同的

---

① 张健.全球化语境下的外宣翻译"变通"策略刍议 [J].外国语言学,2013,30(1):19-27,43,72.

外宣原则，各取所长，弥补短板，形成合力，以期将对外宣传效果推向最佳。

不论是"大外宣"还是"小外宣"，目的都在于突出并传播本地的独特性，展现其地域、民族和人文特色。尽管他们的目标受众、传播手段和焦点各不相同，但共同的目标是强调和传播自身的独特性和特色。但是"小外宣"还有另一层含义，那就是外宣翻译研究的范围过于狭窄，只关注于对外报道、新闻传播或旅游等单一外宣素材的研究。过于狭窄的研究范围可能会误导人们对外宣活动的理解，使其误以为外宣只包括上述某个方面的活动，造成对外宣翻译研究范围定义的困难，也不利于系统性的学科研究。王银泉指出，所有汉英翻译实质上都可以视为外宣翻译。他认为，广义的宣传不仅包括对外报道和传播，还涵盖其他活动，如海外文化周的举办、人员交流和共同研究等。

第二节 外宣翻译的内涵解析

一、外宣的性质与功能

（一）从国际政治学的研究角度分析

（1）外宣是政治性和思想性的体现。在国际政治格局中，国家是主要的行动者，而外宣作为国家外交的一种方式，其性质具有极强的政治性。外宣不仅是政府或社会对外展示本国政治、经济、文化、教育等各个领域特点的手段，也是通过宣传本国的立场和政策，使受众理解和认同的途径。

（2）外宣目的在于改变受众对本国体制特点的固定看法。在全球化的背景下，国家之间的交流越来越频繁，各国的民众对其他国家的认知也越来越多元化。外宣的目的就在于改变受众对本国的既有看法，使其从更广阔的角度理解和认识本国。

（3）外宣是国家公共外交的重要工具。在全球化的今天，国家之间的交流不仅仅是政府间的交流，更多的是社会和民众的交流。而外宣作为一种向公众进行的宣传活动，具有强烈的公共性，是连接国内和国际的桥梁，也是国家对外展示和传播本国特点的重要途径。

（二）从传播学的研究角度分析

（1）外宣是一种国际性的传播活动。在全球化的背景下，国家之间的交流不再是封闭的，而是开放的。外宣作为一种对外的传播活动，具有极强的国际性。它不仅能够跨越国界，直接影响到其他国家和地区的民众，也能够影响到国际组织和机构的态度和行为。

（2）外宣是提升国家国际认同度和影响力的重要手段。通过对外宣传本国的经济、政治、文化等各个领域，国家可以提升在国际社会中的认同度和影响力。这不仅可以增强国家的软实力，也可以提升国家的国际地位和威望。

（3）外宣是塑造国家国际形象的重要工具。在全球化的大背景下，国家的国际形象越来越重要。而外宣通过对外传播本国的特点和优点，有助于塑造积极、正面的国际形象，从而在国际舞台上取得更多的主动权。

二、外宣翻译的任务

（一）介绍中国

外宣翻译的核心任务是透过文化与语言的障碍，将中国的真实情况有效地传达给全球的公众。译者承担的重任不仅仅是文字的转译，更是一种文化的传播和对外形象的塑造。他们的翻译工作直接影响到世界对中国的认知和理解，因此外宣翻译的任务意义重大。

（1）外宣翻译工作应对外展示中国的发展态势和成就。有些国家和地区，出于历史和文化的原因，可能对中国存在一些误解或者刻板印象，如认为中国落后、封闭。为了破除这些偏见，外宣翻译工作需要通过准确的翻译和传播信息，向全世界展示一个现代化、开放、进步的中国。

具体来说，这个任务涉及将中国在经济、科技、教育等各个领域的进步和发展成就传达给全球。这些成就包括但不限于人工智能、绿色能源、生物科技等领域的创新研究以及在环保、社会公益等领域的积极实践。比如，近年来，中国在人工智能领域取得了显著的成就，如在语音识别、自然语言处理、机器学习等领域的突破；在绿色能源方面，中国是太阳能板生产大国和消费大国，也是电动汽车的重要市场。

另外，中国在环保和社会公益方面也取得了不小的成就。中国提出并实施了生态文明建设，提出"绿水青山就是金山银山"的理念，实施了一系列的环保政策，比如禁止进口洋垃圾，实行最严格的水资源管理制度等。在社会公益方面，中国的慈善事业也取得了长足的进步，有越来越多的人参与到各类公益活动中，比如扶贫、支教、环保等。

基于以上分析，外宣翻译工作需要通过准确、全面地传播中国的发展成就来打破外界对中国的刻板印象，展示一个现代化、开放、进步的中国。这样不仅可以提升中国在全球的影响力，也有利于中国和其他国家建立和发展良好的互动关系，推动全球的共同发展和繁荣。

（2）外宣翻译工作需要积极反驳各种"中国威胁论"。由于信息的不对等和误解，世界上一些地方存在着对中国发展的恐惧和怀疑。外宣翻译工作需要以事实为基础，准确、公正地传递中国的发展现状和未来规划。这包括向世界阐明，尽管中国在很多方面都取得了长足的进步，但仍然是一个发展中国家，面临诸多挑战和问题，比如环境污染、人口老龄化、经济转型等。外宣翻译工作要阐述中国的和平发展道路和外交政策，坚决反对强权政治和干涉他国内政，强调中国的发展并不会威胁其他国家，中国发展的目标是与其他国家实现和平共处、互利共赢。

（3）外宣翻译工作需要倡导文化交流与理解。在全球化的今天，国家间的交流日益频繁，相互理解的重要性日益突出。外宣翻译工作就是架设起中国与世界之间的桥梁，促进不同文化的相互了解。译者需要通过自己的工作，让全球公众更好地理解中国的文化、历史和社会价值观，减少文化隔阂，增进友好感情。例如，中国的传统文化中有许多深远且独特的哲学观念，比如儒家的中庸之道、道家的无为而治等，这些观念在中国的历史、文化，甚至是现代社会生活中都有着重要影响。由于文化和语言的隔阂，这些观念可能会被误解或者忽视。这时候，外宣翻译的作用就显现出来，从事外宣翻译的人员需要以准确、敏感和有洞察力的方式，将这些观念准确地翻译成其他语言，让世界能够更深入地理解中国的文化和思想。

（二）表达观点

外宣翻译工作的目标不仅在于将我国的政治策略、发展进步和文化传统准确地传达给世界各地的人民，还包括在全球舞台上传递和弘扬中国特色的社会主义核心价值观。这是一项具有战略意义的工作，不仅关乎我国国家形象的塑造，更关乎我国国际地位的提升。

（1）外宣翻译工作首先需要表现出中国的国家特质。中国文化具有深厚的历史积淀和丰富的现实内涵，表现为和平、团结、进取、热情好客、重视礼仪的社会特征。这些特质既是中国的国家形象，也是中国人民的集体记忆和精神象征。因此，外宣翻译工作需要用准确而生动的语言，将这些特质传达给全球读者。同时，中国人民自强不息、厚德载物、坚韧不拔的精神特质，也是外宣翻译工作需要反映的重要内容。这种精神特质体现了中国人民在面对困难和挑战时的决心和勇气，展示了中国的民族精神。外宣翻译工作需要将这种精神特质翻译成全球读者能够理解和接受的语言，使他们对中国有更深入、全面的了解。

（2）外宣翻译工作需要传播中国的发展道路和价值理念。中国的发展道路是在中国特色社会主义理论指导下形成的，它体现了中国对人类社会发展规律的独特理解和实践。在外宣翻译工作中，译者需要准确地将中国的发展道路和价值理念表达出来，使全球读者对中国有更准确的认知。这不仅需要译者具备深厚的理论素养和专业知识，更需要他们具备高超的语言表达能力，能够将抽象的理论和观念转化为具体、生动、易懂的语言。只有这样，才能确保译文的准确性和有效性，实现外宣翻译工作的目标。

（3）外宣翻译工作还需要在内容的选择上充分考虑外国读者的需求。在全球化的今天，人们对于不同文化和社会的了解与认知需求日益增强。因此，外宣翻译工作不仅需要传播中国的文化、发展和价值观，还需要根据外国读者的需求，选择他们关心和感兴趣的内容进行传播。这需要译者具备广泛的知识面和敏锐的洞察力，能够准确把握外国读者的需求，并以此为依据，选择和编排译文的内容。只有这样，才能使外宣翻译工作更好地发挥其作用，促进中国与世界的交流和互动。

但是，由于中国和西方国家在文化和思维方式上存在差异，这就给中国的外宣翻译工作带来了挑战。中国式的表达方式往往与西方的思维模式不一致，这可能会导致读者对译文中传达的中国观点出现误解。因此，中国的外宣翻译工作需要找到一种方式，既能准确地传达中国的观点，又能让西方国家的读者理解和接受。

三、外宣翻译的分类

根据不同的翻译标准，可以将外宣翻译分为不同的类型。例如，可以将外宣翻译分为狭义的外宣翻译和广义的外宣翻译。

（一）狭义的外宣翻译和广义的外宣翻译

（1）从狭义角度分析，外宣翻译主要涉及政府公文、公告、政策解读以及各类媒体报道内容的翻译。这些类型的文本具有一定的权威性和公信力，往往包含着重要的政策信息、事实描述，甚至是国家的立场和观点。因此，这些文本的翻译不能有丝毫的偏差，需要保持源语的原貌和原意。

政府公文和公告是政府与公众之间信息交流的重要渠道，通常包含着政策、法律、规定等内容。这类文本的翻译需要保证信息的准确性，不能有任何的误解或误导。政策解读则是对政府政策的阐释和说明，这类文本的翻译需要准确理解政策的内涵和意图，以确保译文的准确性。对于新闻报道，它们往往包含着时事、事件的信息，这类文本的翻译需要忠实于事实，同时也需要注意语言的流畅性和可读性。

（2）从广义角度分析，外宣翻译涉及的领域更为广泛，包括政治、经济、文化、科技、教育、体育等各个领域。在这些领域中，外宣翻译的任务是传播中国的声音，展示中国的形象，推动中国的发展。

在政治领域，外宣翻译主要涉及政治理论、政策法规、政治评论等内容的翻译。这些内容对于塑造中国的政治形象，传播中国的政治观点具有重要作用。在经济领域，外宣翻译主要涉及经济数据、经济政策、经济评论等内容的翻译。这些内容对于展示中国的经济发展，传播中国的经济理念具有重要作用。在文化、科技、教育、体育等领域，外宣翻译则主要涉及文化产物、科技成果、教育实践、体育活动等内容的翻译。这些内容对于传播中国各行业领域的成就，展示中国各领域的文化特色具有重要作用。

（二）一般宣传材料翻译和重要宣传材料翻译

从宣传材料角度分析，外宣翻译有两种分类方式，一种是根据宣传材料是否正式进行划分的方式，另一种根据宣传材料是否直截了当进行划分的方式。

1. 一般宣传材料翻译

外宣翻译工作中的一般宣传材料翻译，内容广泛涵盖我国在各个领域、行业的发展概况。

（1）经济发展情况。这种类型的材料翻译可能会详细阐述我国的经济政策，如国家怎样推动高质量发展，如何在全球化时代保持经济稳定增长等。这些材料也可能包括一些重要的经济数据和指标，如 GDP 增长率、贸易顺差、人均收入等。

（2）社会发展情况。这部分翻译可能会着重讲述我国在环境保护、社会公平、公共健康、社区建设等方面的政策和成就。例如，我国在环保方面制定和实施了一系列的政策和措施，在全球气候变化问题上发挥领导作用等。

（3）文化发展情况。此部分翻译可能会详细介绍我国的传统文化和现代文化的发展和融合。例如，我国如何传承和发展中华文明的精华，如何将传统艺术与现代元素融合创新，如何通过文化活动加强国际文化交流等。

（4）教育发展概况。这部分内容可能会描述我国的教育政策，关乎我国如何提高教育质量，如何保障教育公平，如何培养符合社会发展需求的人才等。除此之外，还包括我国在科学研究和技术创新方面的进步，例如科研人员的突出贡献、高校的科研成果等。

（5）历史发展概况。这部分内容可能会介绍我国的古代及近现代历史。其中古代历史包括早期的远古时期，如神农氏、炎帝、黄帝时期的原始社会，夏商周三代的奠基阶段，秦汉的繁荣发展阶段和唐宋元明清的辉煌时期。这些内容中蕴含着我国古代社会的各种成就，如哲学思想、艺术形式、科技发明等，是我国历史文化的重要组成部分。

近现代历史的回顾也同样重要。这部分内容可能包括清末的反抗西方列强入侵、辛亥革命的成功、民国时期的动荡、抗日战争的艰辛、中华人民共和国的成立、改革开放以来的快速发展等。这些重大历史事件不仅体现了我国人民的坚韧不屈和爱国精神，也揭示了我国的现代化进程和发展趋势。

2. 重要宣传材料翻译

正式宣传材料翻译的主要内容是官方发布的文件，如国家领导人讲话、外交会议问答、国家法律文件、国家科学技术发展情况等。这些材料通常包含官方的立场和政策，因此准确性和权威性至关重要。

（1）国家领导人的讲话往往反映了我国的发展战略和政策取向。这些讲话可能涉及全面深化改革、扩大开放，或是在经济、环境、教育、科技、社会等多个领域的发展规划。在这类讲话的翻译过程中，译者需要准确地理解并传达出讲话的主题、语气和含义，以及其中隐含的文化背景和价值观。

（2）外交会议的问答则常常包含我国对于重大国际问题的立场，如对全球气候变化、国际贸易、地区安全等问题的看法和政策。在这类翻译中，译者不仅要准确翻译出表面的文字意义，还要揭示出其背后的政策意图，为读者呈现出我国在国际事务中的角色和立场。

（3）国家法律文件是我国法律制度的重要组成部分，它们直接影响我国的法律环境和社会生活。翻译这类材料，译者既要具备一定的法律知识，准确理解和表达法律条文的含义，又要了解目标语言的法律文化和表达习惯，以确保译文的接受度。

（4）另外，国家科学技术发展情况的报告则反映了我国在科技领域的最新进展和成就。这些报告通常涵盖了从基础科学研究到先进技术应用的各个方面，如人工智能、生物科技、新能源等。在这类翻译中，译者不仅需要具备专业的科技知识，还需要将复杂的科技术语和概念用易于理解的语言表达出来。

（三）直接宣传材料翻译和间接宣传材料翻译

1. 直接宣传材料翻译

直接宣传材料翻译涉及的是宣传者与国外受众直接接触的情境中的翻译工作。这类翻译的特点是互动性和即时性，因为译者需要根据现场的反应和情况来调整翻译的策略和方式。这类翻译需要的不仅仅是语言和文化的知识，还需要良好的人际交往能力和情境处理能力。

例如，中国式的问候、感谢、讨论、反对、讲解等都需要在现场进行翻译。译者需要理解其中蕴含的文化背景和礼仪规则，同时还要掌握相关的语言表达方式。除了这些方面，译者还需要了解双方的社会地位、关系以及话题的敏感程度等，来选择恰当的语言和态度。同时，这类翻译还需要考虑到听众的反应，包括他们的情绪、理解程度和反馈。

2. 间接宣传材料翻译

间接宣传材料翻译指的是利用不同平台开展的外宣活动的翻译。这类翻译的特点是目标明确，因为它是为了在某一特定的情境或活动中向特定的受众传达特定的信息。这类翻译需要的是专业的知识和技能，以及对于目标受众的深入了解。像推广会上对活动内容、方法的介绍，展销会上对产品性能、质量、使用方法的翻译，引进外资宣讲会上对中国外资引进政策、环境、优惠等内容的翻译，都属于间接宣传材料翻译包括的内容。

（1）推广会上对活动内容、方法的介绍的翻译。假设有一次关于中国传统文化的推广活动，其翻译内容可能包括了解中国的传统艺术、音乐、服装等。例如，"在这次的活动中，我们将展示中国的古典音乐，包括京剧、昆曲等。同时，我们还会教授如何编织中国传统的手工艺品，如剪纸和布艺"，这样的翻译应确保受众可以明白活动的内容及其执行方式。

（2）展销会上对产品性能、质量、使用方法的翻译。在展销会上，可能需要翻译产品描述、使用说明、维护指南等。例如，对于一款中国的智能手机，翻译可能需要解释其高级的处理器性能、持久的电池寿命、创新的相机技术，以及如何正确使用和维护这款产品等内容。

（3）引进外资宣讲会上对中国外资引进政策、环境、优惠等内容的翻译。此处的翻译可能涉及中国的外资政策、投资环境以及可能提供的优惠政策等。例如，中国政府鼓励外资进入高新技术产业，为此针对外来投资制定了一系列优惠政策，包括税收减免、土地优惠等。在环境方面，中国持续努力改善商业环境，包括增加透明度、优化行政程序、保护知识产权等。译者须确保准确理解和传达中国的相关政策和环境，同时考虑受众的需求和反应，以便他们能明白中国的外资引进环境及其可能带来的好处。

第三节 外宣翻译的主要特点

外宣翻译的内容广泛且深入，涉及社会、文化等多个层面，其主要目标受众是外国读者，主要工具是交际翻译。由于外宣翻译的特殊目标是对外宣传，满足一般翻译活动的基本规则的同时，还须满足一些特殊要求。例如，由于外宣翻译文本大部分是关于基本国情、重要成就、人文以及民俗特色的介绍，这就要求外宣翻译要注重其真实性、严谨性和政治性。这些翻译的内容不仅需要准确无误，还要求在语言上保持规范，内容上做到客观公正，因此，翻译的准确性和专业性成为必不可少的要求。外宣翻译的目标受众是普通外国读者，他们与原文的创作者在文化背景和意识形态上可能存在显著差异。这种情况就对外宣翻译提出了两个主要的要求。一方面，外宣翻译需要具备创造性，因为译者需要找到新的方式来传达原始文本的含义，同时使之适应外国读者的理解；另一方面，外宣翻译需要具备文化性，因为译者需要理解和尊重两种不同的文化，避免可能的误解和冲突。外宣翻译的主要特点如图 1-1 所示。

图 1-1 外宣翻译的主要特点

一、真实性

在翻译领域里，严复提出的"信、达、雅"是从事翻译工作应该秉持的原则。这里的"信"指的是忠实于原文，被视为翻译的首要准则。在外宣翻译中，这个原则尤为重要，因为外宣翻译主要目标就是将中国在各个领域的实际情况真实且客观地传达给国外的受众，以便让他们更深入地了解中国的现状。因此，译文必须是真实准确的，力争实现信息的对等。

从文本类型的角度分析，外宣翻译属于非文学翻译。非文学翻译主要涉及知识、事实、思想、信息和现实，强调的是事实和信息的清晰性。这种清晰性就是说译文应该能够准确无误地传达原文的意思，避免因为模糊不清或者误导性的信息而导致读者产生误解。因此，外宣翻译也需要遵循这种真实性和客观性的原则。

真实性和客观性的翻译对于建立和维护一个国家的形象至关重要。如果译文包含了不真实或者歪曲的信息，那么国家的形象就可能会受到损害。在全球化日益加深的今天，国家形象不仅影响着外交关系，还影响着经济关系、文化交流等多个层面。因此，外宣翻译者在进行翻译工作时，必须确保他们的译文是真实和客观的，以便真实、准确地向世界展示中国。

二、创造性

在深入探讨外宣翻译的创造性之前，首先需要理解普遍翻译工作的不易之处，即翻译是一项需要译者超越单纯的语言转换进行独立的艺术创作的过程。优秀的翻译不仅可以媲美原创作品，有时甚至可能超出原作的水平。这种认知打破了翻译属于机械重复的观念，揭示出了翻译工作的本质是一个充满挑战且比原创创作更为困难的过程。造成这种现象的主要原因在于，原文创作依赖于作者的生活体验，但翻译却需要译者跨越语言与文化的壁垒，去理解和体验别人的生活。

在外宣翻译工作中，对于译者来说，每一个翻译的步骤都是需要判断和选择的，面对各种各样的选择，译者必须借助其创造性进行决策。这种决策的广度与难度在译者面对原文和目标读者文化、意识形态以及价值观存在明显差异的情况下，显得更为严峻。在保持对原作忠实的同时，译者要对文本进行灵活处理，同时把握原作的精髓。这就需要他们将个人的情感体验、思想观念与原作的语言风格有机融合，以此准确、全面地再现原文的内容与形式。

从另一个角度分析，翻译的创造性并非孤立存在，而是与翻译的机械性形成鲜明对比。译者必须避免翻译变成单纯的语言转换，因为这将导致译文的机械感。这就需要译者在理解原文的基础上，用目标语言创造出自己的新作品。只有通过这种创新的方式，才能让译文更好地传递原文的精神。另外值得注意的一点是，随着社会的不断变迁，新兴概念和事物的出现引发了新词汇的产生。例如当前热门的"共享经济""微信支付""正能量"等，译者必须将这些新词汇向国外读者准确传递。这种对新词汇的翻译既没有既定规则，也无法模仿，因此本质上是一种创造性的活动。

从总体上看，翻译的确拥有显著的创造性，但这种创造性必须基于对原文的忠诚，同时翻译的最终目标应该是让目标读者对原文有更深的理解，即译者的创新不能背离原作的初衷，创新必须为最初的翻译目的服务。这就构成了外宣翻译工作中创造性的全部意义和实质内容。

三、政治性

毫不夸张地说，外宣工作重于泰山，其根本原因便是很多外宣材料中包含政治性内容，而这些内容具有极高的政治敏感度。例如某些外宣材料的内容可能会涉及国家的方针政策，甚至牵扯国家在主权、安全贸易、军事等方面的利益，因此对于地区甚至全球形势都可能产生深远影响。基于以上原因，外宣材料的措辞都是经过编纂者深思熟虑、反复推敲形成的，这样才能确保政治观点表达得精确无误。

在这个前提下，外宣译者在翻译过程中责任重大，译者要以准确、适当的语言呈现原文的观点和信息。需要注意的是，中国作为一个社会主义国家，与一些国家存在着意识形态上的差异，这对外宣翻译工作提出了更高的要求。译者在向世界传播中国的治国理念和文化思想的过程中，一方面要真实地传递有关中国的报道，以提升中国在国际舞台的地位，另一方面，也要避免引发意识形态上的矛盾，以减少在对外宣传工作中遇到的阻力和障碍。

观察我国对外宣传资料中的政治文本，可以发现其具有政治敏锐性、权威性、时效性等特征。在词汇方面，政治文本常含有大量内涵丰富、使用特殊修辞手法的汉语表达，例如成语、谚语、古语、诗词等。在句法结构上，也呈现出与英语语法不同的特点，存在着许多无主句和平行结构。因此，在具体的翻译过程中，译者需要参照目标语的表达习惯和表达方式，灵活变通，确保译文的准确性和流畅性。

四、严谨性

外宣文本的内容通常涉及对一个国家或地方形象的介绍，因此，这就对外宣翻译提出了极高的严谨性要求。严谨而认真的工作态度，对于外宣翻译人员来说是非常关键的品质。与此同时，外宣翻译明显的政治性特征，也要求外宣翻译工作具备严谨性。译者在翻译政治内容时若措辞不严谨，甚至粗糙，就可能给国外读者增加理解难度，影响他们对宣传内容的接受程度。更严重的是，不严谨的翻译还可能会引发歧义，导致误解，甚至引发政治事故。

需要注意的是，外宣翻译的范围并不仅限于政治性文本，还包括文学性文本和科技性文本。这些文本对译者的要求也十分严格，要求他们必须对文本所涉及的意向、思想和数据进行精准的翻译。根据以上分析可知，外宣译文的严谨程度直接影响外宣活动能否顺利进行。

因此，译者在进行翻译工作时，需要在深入理解原文、研究原文的基础上，坚持正确的立场和观点，以实事求是的态度进行辩证思考。同时，译者还需要在语言运用上尽量用词贴切，表达精准，这样才能让读者准确地获得信息的真正内涵；当然，保持原作的语言风格也同样重要，这样才能更好地传递原文所要表达的思想态度。

以外宣翻译的实际例子来说，在翻译关于国家政策的文章时，译者必须对原文的政策背景、目标和手段有深入的理解，不能因为理解错误或措辞不当，而导致译文的信息偏离了原文的主旨。再比如，当翻译科技报告时，译者需要对科技领域的专业词汇有足够的理解，因为这些词汇对于解释科研成果的含义和价值至关重要。如果因译者对专业词汇理解不准确或翻译不当，就可能会使读者对科研成果的理解产生偏差，进而影响中国在科技领域的国际形象。

五、文化性

外宣翻译作为一种跨语言、跨文化的交际活动，不可避免地会涉及文化的转译。其实，语言本身就是文化的有机组成部分和重要载体，反映出不同的文化特色和深层次的思维方式。因此，翻译在本质上不仅仅是不同语言之间的转换，而更多的是一种文化交流的方式。这就要求外宣翻译工作者具备全局的文化视野，既要深入理解和尊重自己的文化，同时还需要对外国文化有深入的了解。

在进行外宣翻译的过程中，由于文化和语言之间的密切关系，译者需要将中国的思维方式、表达习惯等内容翻译成外国人能够理解和接受的方式。其中既包括了语言的表达，也包括了文化的转译。译者需要深入研究外国人的思维模式、表达方式和文化背景，然后用他们能够接受的语言和方式来表达外宣材料的内容。只有这样，才能让外国人真正理解和接受中国的政策、文化和观念。

例如，中国的《孝经》里有一句话："父母在，不远游，游必有方。"如果按照字面意思直接翻译成英语，"Parents are alive, do not travel far, travel must have direction." 这样的译文可能会让外国人感到困惑，因为在西方文化中，并没有这样的观念。正确的翻译应该是将其精神内涵进行转译，例如可以翻译为"When parents are alive, one should not travel far without a justified reason." 这样一来，西方读者就可以理解这句话所表达的孝道精神。

外宣翻译中的文化因素对翻译的影响极为重要。不同的文化和民族都有自身独特的文化特色，这些文化的差异常常会导致不同文化背景的人对同样的话语产生不同的理解。译者需要有高度的文化敏感性，对比两种文化的异同，以便更好地进行翻译和传播。

第四节　外宣翻译与其他翻译的差异

在众多各具特色的翻译形式中，外宣翻译呈现出自己的独特之处。通过对比可以发现，与其他类型的翻译相比，外宣翻译在翻译标准、翻译目的、翻译方向等方面具有特殊的含义和要求。本节将针对外宣翻译与其他翻译的差异进行详细论述。

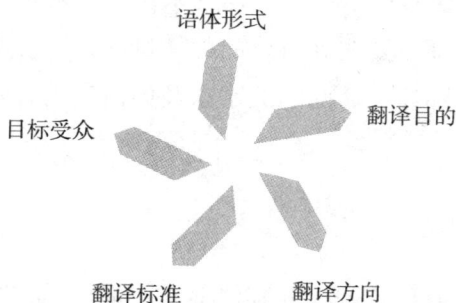

语体形式

目标受众　　　　　　翻译目的

翻译标准　　翻译方向

图 1-2　外宣翻译与其他翻译的差异

一、翻译目的

外宣翻译的目的在于对外部世界呈现中国的形象，展示中国的社会、文化和政策等各个方面的情况。这一目的要求外宣翻译在选择翻译方法的同时，还需要深入考虑其可能产生的影响和效果，即如何将中国的优秀传统和现代发展成果以准确、可理解的方式展示出来，引导国际社会理解并尊重中国。例如，在翻译和宣传中国古代诗词时，译者在保证语言准确的同时，还需要将诗人的基本情况、诗词背后所反映的历史和社会环境以及诗词的隐藏含义都准确、生动地表现出来。

与外宣翻译不太一样的是，其他文本翻译的目的可能在于再现原文的艺术性、信息性或教育性等。例如，文学翻译的目标就在于为读者提供艺术享受和人文理解，通过翻译作品，读者可以窥见不同文化背景下的人类生活、思想和情感。在这种类型的文本翻译中，译者的任务不仅仅是传递原文的信息，也是尽可能地再现原文的艺术魅力，使读者在阅读译文的过程中，获得与阅读原文相似的美学体验和精神满足。

传播学研究认为，传播的效果是判断传播是否成功的关键。这在外宣翻译中尤为重要。外宣翻译需要考虑的不仅仅是信息的准确传递，还要考虑信息如何被接收以及接收后产生的效果。这就要求译者在翻译的过程中，深入理解和掌握目标读者的语言习惯和文化背景，使翻译的内容不仅准确，也易于接受和理解。总的来说，无论是外宣翻译还是其他文本的翻译，译者都需要明确自己的翻译目的，这将决定他们在翻译过程中如何处理原文和译文之间的关系以及如何实现有效的信息传递和艺术再现。

二、翻译方向

诸如文学翻译或科技翻译等其他形式的翻译通常涉及双向交流，即将一种语言翻译为另一种语言，反之亦然。例如，在文学翻译中，无论是将西方杰出的小说或诗歌翻译成汉语，还是将中国的古代经典作品如《红楼梦》或《诗经》翻译成其他语言，都在增强文化交流和理解。然而，从汉语到其他语言的翻译通常比从其他语言到汉语的翻译更具挑战性，这使得能够进行此类翻译的译者相对较少。

科技翻译在推动科学技术的全球传播和交流中扮演着重要的角色。对于科研工作者来说，科技翻译不仅可以帮助他们获取最新的研究成果，而且可以帮助他们将自己的工作分享给全球科研社区。以医学研究为例，每年都有大量的医学论文、临床试验报告和病例研究发表在英文的专业期刊上。这些资料信息对于进一步推动医学领域的研究有着重要的价值。因此，将这些英文资料翻译成中文可以帮助中国的科研人员了解最新的医学研究趋势，获取新的知识和方法，从而推动中国的医学研究水平。

同时，中国在某些科技领域已经取得了全球领先的地位。例如，在人工智能和量子计算等领域，中国的科研团队已经取得了一些具有创新性的研究成果。将这些成果翻译成其他语言，并通过国际专业期刊等平台发布，对于提升中国在全球科研社区的影响力和地位，促进国际科研交流和合作具有重要的意义。然而，实际情况是，翻译成汉语的科技资料仍然远超从汉语翻译成其他语言的资料。这主要是因为大部分的科研成果仍然是由英语国家的科研机构产生，而且，英语已经成为全球科研社区的主要交流语言。因此，翻译成汉语的科技资料数量较大是一个正常的现象。

与这些翻译任务不同，外宣翻译的方向通常是单向的，即从汉语翻译成其他语言。这是由于外宣翻译的核心目标是向全球推广中国的形象和政策。因此，执行这项任务的译者需要具备深入理解和解析外宣材料的能力，以便找出需要宣传的关键信息，然后采用合适的翻译方法，利用他们的专业技能，将这些信息翻译成其他语言。

三、翻译标准

翻译标准是翻译工作开展的重要准则。对于大部分文本翻译来说，忠实原文的内容和形式是翻译的主要标准。换句话说，这种忠实性体现为语义的忠实和功能的忠实。语义的忠实是指译文需要完整准确地传达原文的意思，功能的忠实则是指译文需要能够实现原文的功能。例如，法律文本的翻译需要严格地保持语义和功能的忠实性，因为法律文本往往包含着精细的法律术语和严密的逻辑结构，任何的偏差都可能导致法律意义的改变。而对于诗歌这样的文学作品，翻译则需要在保持语义忠实的同时，尽可能地再现原文的语言艺术和情感气氛，以给读者提供原汁原味的阅读体验。

外宣翻译作为一种特殊的翻译形式，其标准和要求不仅包括忠实性，还包括其他几个方面的内容。比如说，外宣翻译的语言需要清晰准确，既不能含糊不清，也不能引发误解。举例来说，如果一个中国的文化活动在外宣翻译中被描述为"unique"，这可能被理解为这是一种独特的、只有在中国才会出现的活动，也可能被理解为这是一种罕见的活动。这种模棱两可的描述就可能引发读者的误解。

与此同时，保持客观公正也是外宣翻译需要达到的标准，这意味着在外宣翻译工作中，译者不能带有过多的个人情感和偏见。例如，在描述中国的环保政策时，翻译者不能因为个人的观点和情感，而过度夸大或贬低政策的效果。除此之外，外宣翻译需要注意受众的理解和接受能力，因为不同文化背景的读者对同一件事情可能会有不同的理解和反应。最后，外宣翻译需要具有高度的政治敏锐性，因为外宣翻译的目的是传播中国的声音，塑造中国的形象，所以翻译者需要时刻关注译文可能对中国的形象和利益产生的影响。

四、目标受众

与中国文学翻译的目标受众做对比，中国文学翻译的目标受众通常是对中国文学和文化有深度了解的特定群体，比如汉语学习者或者专业研究中国文化的学者。这些人对中国的语言和文化有一定的了解，因此，文学翻译可以在一定程度上依赖读者的背景文化知识。然而，外宣翻译的受众群体完全不同，它是面向全球的广大读者，包括各国的普通民众，他们可能对中国的情况知之甚少。在进行外宣翻译时，译者需要考虑到这种受众群体的特性，通过研究他们熟悉的思维方式和表达模式，采用他们易于接受的语言结构，以便让他们能够理解外宣材料的内容，从而增强外宣材料的影响力。

比如，中国独特的概念"面子"在中文中可以简单地将其解释为个人或集体的名誉和尊严。然而，如果直接将其翻译为"face"，对于没有中国文化背景的人来说，可能无法完全理解其深层含义，因为在西方文化中，"face"的含义与"面子"并不完全相同。为了解决这个问题，翻译者可以在翻译时添加相应的注释或解释，描述这个词在中国文化中的特殊含义和其社会背景，以增强外宣材料的可理解性，促进外宣工作的有效进行。

五、语体形式

外宣翻译是一种特殊类型的翻译，它涉及将中国的政策文件、政府公告、新闻报道等信息转化为其他国家的语言，并通过各种媒介（如互联网、电视）传播到全球，其目的是确保国际受众获得与中国公众相同的信息。从这个角度来看，外宣翻译的主要任务是确保信息的准确传达，而不是传递译者自己对信息的理解。也就是说，外宣翻译的译者充当了"信息传递者"的角色，而非"信息解释者"。

但这并不意味着外宣翻译与其他类型的翻译（如文学翻译）没有任

何差异。对于文学翻译来说，翻译过程涉及对作品中描绘的社会现象的理解和转译，同时还要传达作品的艺术性和情感特征。这种翻译充满了创造性和形象性，且有很大的不确定性。例如，在翻译一首诗时，译者需要理解和传达诗歌的主题、诗人的情感以及诗歌的音乐性和形象性。这需要译者对源语言和目标语言有深入的理解，还需要译者有文学艺术方面的造诣。

相比之下，外宣翻译的特性通常不允许存在这种不确定性。外宣翻译必须准确、清晰、无歧义地传达信息，而不能带有译者个人的情感偏好。因为外宣翻译的本质是信息传递，而非艺术创作。例如，在翻译一份政策文件时，译者需要确保文件中的所有信息都被准确、清晰地传达给目标语言的读者，而不应该试图将自己的观点或情感融入翻译中。由此可知，外宣翻译与其他类型的翻译在语体和翻译方法上有明显的差异。理解这些差异，对于提高翻译的质量和有效性以及保证信息的准确传达具有重要的意义。

第二章 跨文化视角下外宣翻译的理论指导

第一节 文化翻译理论

一、文化的定义与内涵

（一）文化的定义

来自不同研究领域的学者对文化的定义都各有其独特的理解和阐述，但他们的共同点在于强调了文化的多元性、社会性和后天形成性。

泰勒是文化人类学的奠基者，他在《原始文化》一书中提出了一种全面的文化定义。他将文化视为一个复杂的整体，包括知识、艺术、信仰、道德、法律、习俗以及个体作为社会成员所获得的能力和习惯。[①]这个定义广泛而全面，强调了文化在人类社会生活中的深刻影响力和广泛存在性。

霍尔是跨文化交际学的奠基者，他在《无声的语言》一书中指出，文化就是交流，交流就是文化，强调了文化的社会性和交际性。他认为，文化是多种元素的融合体，是人与人之间连接的纽带，同时也是一种媒

---

① 泰勒.原始文化[M].蔡江浓，译.杭州：浙江人民出版社，1988：1.

介，人们在显性、隐性和技术性三个层面上运行。[①]

胡文仲对文化的理解则更注重文化的深层内涵。他认为，文化包括信念、价值观念、习俗、知识，也包括实物和器具。他特别指出，价值观是文化中最深层次的部分，文化的核心是价值观念，它决定着人们的一言一行，是人们行动的指南。[②]

梁漱溟指出：俗常以文字、文学、思想、学术、教育、出版等为文化，乃是狭义的。我今说文化就是吾人生活所依靠之一切，意在指示人们，文化是极其实在的东西。文化之本义，应在经济、政治，乃至无所不包。[③]

著者认为，文化是一个深远且多面的概念，其真正的内涵贯穿物质与精神生活的全域。文化宛如一块大画布，融合了艺术、建筑、科技等物质形态，同时也深藏着抽象的思想、价值观，以及信仰、语言和风俗等非物质元素，这画布的边界几乎无法勾勒。同时，文化并不是一成不变的。它像一面镜子，既能反映现实生活的状态，又能展现历史的印记，更能预示未来可能的变迁。文化并非固定的模式，而是随着时间和环境的变化以及智慧的进步，始终处于一个动态的、演化的过程中。值得注意的是，文化是社会历史的产物，是历史演进的见证者，体现了社会发展的各个阶段和时期。无论是文化中的物质元素还是非物质元素，都承载着历史的烙印和智慧的闪光。

（二）文化的特征

在不同的观察者眼中，文化的本质与特性可能展现出不同的面貌。例如，胡文仲认为，文化既有其传承性，同时也在持续发展和变化中，每一个特定的历史时期都会呈现出独特的文化形态；即便文化有其相对

---

① 霍尔.无声的语言[M].刘建荣，译.上海：上海人民出版社，1991：22-36.

② 胡文仲，高一虹.外语教学与文化[M].长沙：湖南教育出版社，1997：1.

③ 梁漱溟，陈政，罗常培.东西文化及其哲学[M].北京：商务印书馆，1922：1.

固定的特点，但变化与演进同样是其重要特性之一。①另一些学者则提出了文化的"二分法"，强调文化多元性的重要性。在全球化的背景下，承认并欣赏各种文化的多样性，成为实现文化平等的关键。文化之间的关系，既需要相互融合，同时也需要尊重各自的独立性，不能互相兼并。这需要用对话的方式，引导不同文化承认彼此的差异，认识并欣赏对方文化的优势以及客观公正地对待外来文化。著者认为，文化的特征主要体现在以下几个方面。

1. 连续性

不同于其他生物，人类特有的文化特征部分体现在语言和文字上。语言和文字是人类文化的核心载体，其中蕴含了人类的思想、观点、经验和知识，可以跨越时间和空间进行传播。语言，尤其是口头语言，在没有文字的社会中是重要的文化传播工具，经验和知识通过口头传播，一代接一代地传下去。随着文字的出现，文化的保存和传播方式变得更为丰富和持久，人类可以通过文字把自己的思想和经验永久记录下来，让后代了解和继承。这种由文字符号构成的文化传承方式使得历史的积淀得以保留，形成了一种跨时代的文化连续性。

2. 动态变化性

文化是一个动态的系统，而非固定不变的模式。由于其并不处于一个孤立的状态，所以变化是其必然特性。文化会持续地接受外部思想观念的冲击，从而产生变化。这种变化主要通过文化革新、文化渗透、文化移入这三种机制实现。这些机制使文化得以与时俱进，持续地更新和扩展，同时也使文化具有了更加丰富和多样的面貌。

3. 整体性

一种文化就像一个有机体，每一个部分都和其他部分相互关联、相互影响，形成了一个复杂且动态的系统。文化的这种整体性体现在任何

---

① 　胡文仲，高一虹 . 外语教学与文化 [M]. 长沙：湖南教育出版社，1997：9-23.

一个文化元素的改变都可能对整个文化系统产生影响。比如，一种新的思想、一种新的行为方式或者一种新的工艺技术的出现，都可能对文化产生深远影响，引发文化的变革。这种整体性使文化具有内在的一致性和稳定性，也使文化在面对外界挑战时，能够作为一个整体进行应对和调整。

4. 适应性

文化具有强大的适应能力。面对不断变化的环境和形势，文化能够进行自我调整，使自己与新的环境和形势相适应。这种适应性体现在，文化能够吸收新的元素，改变原有的模式，甚至进行根本性的变革以应对新的挑战。同时，文化也能保留那些有助于自身存续和发展的传统元素，使自己在变革中保持连续性和一致性。比如，犹太文化就是一个典型的例子，尽管犹太人在过去的几个世纪中分散在世界各地，面临各种艰难的环境，但犹太文化却适应了新的环境，得以保存并发展。

5. 社会性

文化本质上是社会性的。只有被社会广大成员所认可并共有的行为方式、思想观念才能算得上是文化。也就是说，文化不是个体的，而是群体的，它需要被社会的大多数成员所接受并实践。这种社会性也意味着文化具有广泛的影响力和强大的凝聚力，它可以团结社会的成员，促进社会的和谐与稳定。

6. 后天习得性

从出生起，人们就开始接触、吸收和学习这些文化，逐渐形成对世界的认知。换句话说，人们并非生来就具备特定的文化属性，而是在生活过程中，在其社会和文化环境中习得的。例如，食欲是人类的本能，但对于何种食物的偏好、烹饪方式以及餐饮礼仪等等，都是在特定文化背景中学习和形成的。再比如，人们的姿态和动作也常常受文化影响，如日本人见面时习惯鞠躬、欧美人见面时脱帽致意等。这些习俗、习惯和行为方式，都是在特定文化环境中后天习得的。

7. 传承性

文化的生命力在于其能够被持续传承。如果一个社会的核心价值观念和传统能够得到保留并传递给下一代，那么这个社会的文化就能得以延续。传承是文化生存的关键，它能够使人类的历史知识、智慧和经验得以保留，并能连接起过去、现在和未来的一代人。

二、文化与翻译的关系

（一）翻译促进文化传播与交流

翻译在促进文化传播与交流方面的作用是巨大的，它是连接不同文化和语言的桥梁，也是保护和传承各种文化遗产的关键手段。下面将从三个角度出发论述翻译在促进文化传播与交流中的重要性。

（1）翻译作为一种语言活动，是文化交流的主要手段。语言是文化的载体，每一种语言都蕴含了特定文化的独特思维方式和生活哲学。通过翻译，不同文化中的思想和观念得以传播和理解，不同文化的鸿沟得以跨越。例如，中国的儒家思想和佛教思想通过翻译传入日本，对日本文化产生了深远影响；而西方的民主自由思想，通过翻译传入中国，也对中国社会的发展产生了重大影响。

（2）翻译是传承和保护文化遗产的重要方式。世界上许多古老的文化遗产，如古代文献、经典文学作品等，都是通过翻译得以保存和传承的。例如，古希腊的哲学和科学文献，通过阿拉伯人的翻译得以保存，对后世产生了重大影响。而欧洲的文艺复兴运动，也是通过翻译古希腊和拉丁文献，重新认识和学习古代文明，从而启发了新的思想和文化创新。

（3）翻译可以推动文化创新。当一种文化接触到另一种文化时，往往会引发新的思想和艺术创新。这种文化的交融和碰撞，往往是通过翻译来实现的。例如，"五四运动"时期，大量的外国文学作品被翻译成中文，引发了新的文化和艺术潮流，推动了中国文化的现代化。而在西方，中国的诗歌和绘画也经常被翻译和引用，对西方艺术产生了重要影响。

由此可见，翻译的重要性在全球化的语境中得到了前所未有的凸显。它既是一种跨文化传播的工具，又是一种文化保护和传承的手段。在世界的多元文化大背景下，翻译不仅发挥着语言的交流功能，更承担着文化交流的任务。不同的语言中潜藏着各自的文化积淀，通过译者的巧妙转换，翻译能使这些文化跨越语言的障碍，让更多的人有机会接触和理解不同的文化传统和思想观念。

在这个全球化的时代，翻译的作用正在从单纯的语言转换延伸到不同文化之间的对接。不同国家和地区之间的交流日益频繁，经济、政治、科技、教育、艺术等多个领域的交流都离不开翻译的作用。这些交流在推动世界各地人们的思想交流和文化融合的同时，也为世界文化的多元发展创造了条件。翻译为这种多元文化的交融提供了必要的平台和渠道。

译者在这个过程中肩负着重大的责任。他们需要对源语言和目标语言的文化背景有深入的理解，才能更好地把握原本的真实意图，准确地将其翻译出来。同时，译者也需要对不同的文化持有尊重和开放的态度，这样才能更公正、更全面地展现各种文化的独特之处。当然，这并不意味着译者需要对所有文化都有深入的了解，这几乎是不可能的。但是，译者需要有求知的心态，有开放和接纳不同文化的意愿，有勇于挑战和学习的精神，这样他们才能更好地完成翻译任务，为促进世界各地的文化交流和发展做出贡献。

（二）文化影响翻译过程

文化对翻译的影响在翻译过程中体现得淋漓尽致。翻译首先是一种语言转换的过程，但这个过程并不只涉及词汇、句法、语法等语言层面的转换；在更深层次中，翻译涉及两种文化的交融，这涵盖着思维方式、价值观、生活习俗等诸多方面的转换。译者在翻译过程中所面临的问题是如何准确地理解源语言文本中所蕴含的文化意义，并通过目标语言将这种文化意义准确、完整地传达出来。

　　换句话说，译者在翻译过程中必须将原文的思想内容和文化内涵准确地表达出来。这需要译者具有跨文化的敏感度和理解能力，不仅能够理解原文的字面意思，更要准确把握并表达原文的思想内容和文化内涵。这种跨文化的理解和表达能力，既需要译者具备丰富的语言知识，又需要译者具备深厚的文化素养。例如，当一篇作品从其原始语言翻译成另一种语言时，它所要表达的内容不仅仅是文字的字面意思，更重要的是文字背后的文化内涵。作品中的每一个词语、每一种句式甚至每一个标点符号都可能带有深深的文化色彩。一些表达习俗、风俗、信仰、情感等内容的词汇和短语，往往在具体的语境和文化背景下才能得到正确的理解。因此，译者需要具备对源语言文化和目标语言文化的深入理解，才能完成翻译任务。

　　值得注意的是，尽管译者在翻译过程中会努力克服自己的主观因素，但译作仍然免不了带有译者自身文化的烙印。这是因为译者作为一个文化个体，无法完全摆脱自己的文化身份和文化取向的影响。译者在对原文进行理解和翻译的过程中，不可避免地会受到自己的文化背景和价值观的影响。这种影响可能会导致译者对原文的理解和翻译存在一定的偏差，从而影响到译作的质量和效果。

三、具有代表性的文化翻译观

（一）佐哈尔的多元系统论

　　佐哈尔提出的多元系统理论为翻译研究的文化学派提供了理论基础。佐哈尔不仅为人们理解翻译和文化提供了新的视角，也开启了研究新领域。具体分析，佐哈尔的多元系统理论首先明确社会、文化、语言、文学并非由独立的元素随机组成，而是由相互关联的元素构成系统。这些系统又并非孤立存在，而是交织在一起，形成多元系统。这种理论框架具有革新性，因为它强调了系统之间的互动和交叉以及系统元素的动态性。

这个理论最重要的特点之一就是将人们的研究视线从源语文化转向译语文化，从译作本身出发，强调其在读者具备的文化中的地位和作用。这种做法打破了翻译研究的传统视角，引导人们从译作的接受过程和结果出发，探讨其背后的社会文化因素。此外，多元系统理论的方法论是一种描述性的研究，而非规定性的。它将翻译文本视为客观存在，以文学的系统概念为基础，深入研究形成翻译文本的各种因素。这种方法既不是为未来的翻译提供具体的操作指导，也不是对已有的翻译作品进行评价，而是致力于解释和理解翻译现象。

然而，尽管佐哈尔的多元系统理论极大地拓宽了翻译研究的视野，但它在解释文学翻译方面仍存在不足。因为它主要是从宏观的社会文化视角出发，而忽视了影响翻译过程的微观元素，如译者的个人因素、读者的接受度等。

（二）图里的描述性翻译

图里在伊塔马·埃文－佐哈尔的多元系统理论和霍尔姆斯的描述性翻译理论的基础上，构建了自己独特的描述性翻译学理论。图里的理论强调研究译作而非翻译过程，这代表了一个重要的观念转变。他认为，应将翻译置于其社会、历史和文化环境中进行研究，即强调翻译的语境化。这种观点认为译文不仅仅是原文的再现，更是受到译入语文化影响的独立文本。此外，图里的理论还强调翻译的接受性和译入语导向。他认为，只要在译入语文化读者眼里一个文本被视为翻译，那么它就是翻译。这一观点将翻译定义为一种文化现象，强调了译作在译入语文化中的地位和角色。

图里的研究方法充分体现了他的这些理念。他通过大量的实证研究，以经验的方法对翻译进行描绘和分析，挖掘出翻译现象的规律性。他关注译作在译入语文化中的特征和功能以及译者如何在满足译入语文化需求的同时尽可能保留原文的信息。

尽管图里的理论并没有给出具体的翻译技巧或方法，但他的理论确实为人们提供了研究和理解翻译的新视角。通过考察译作的接受情况，人们可以了解到翻译过程中的各种动态因素，如文化差异、读者期待等。同时，他的理论也提示人们，翻译并非简单的语言转换，而是一种文化传递和交流的活动，需要考虑到译入语文化的特点和需求。然而，图里的理论也有其局限性。首先，他的理论过于强调译入语导向和接受性，可能忽视了翻译过程中的文本忠实性问题。其次，他的研究主要是从宏观视角出发进行的，不太关注译者的个人素质和具体翻译技巧的研究。因此，在实际的翻译研究和翻译实践中，应当结合其他理论和方法，以全面指导和开展翻译活动。

（三）巴斯奈特的文化翻译观

巴斯奈特是文化翻译学派的重要代表人物，她的理论对翻译研究的发展产生了深远影响。巴斯奈特的翻译观念极大地突破了传统翻译理论中以语言为中心的研究范式，将翻译研究的视角转向了文化，认为翻译应以文化为单位。

巴斯奈特主张，翻译不仅仅是一种简单的"译码—重组"过程，而是一种复杂的跨文化交流活动。这一观点突破了翻译理论中的语言主导模式，揭示了翻译的本质是对文化的理解和再造。在巴斯奈特看来，译者不仅需要准确理解源语言和源文化，更需要具备在目标语境中有效传达源语信息的能力。这就要求译者充分理解译语文化，从而使译文能够在译入语文化中生存并实现源文本的功能。此外，巴斯奈特提出，翻译在不同的历史时期有不同的原则和规范，不同时期的翻译也都是为了满足不同的文化需要以及满足特定文化里不同群体的需要。这一观点揭示了翻译的历史性和社会性，认为翻译并不是孤立存在的，而是处于一定的历史、社会和文化背景中的活动。巴斯奈特的文化翻译观强调了翻译的文化敏感性和目标导向性，认为翻译是源语信息在目标语境中的再造，译文的成功与否取决于其在译入语文化中的接受度。这一观点对于提高翻译质量、促进跨文化交流具有重要的指导意义。

然而，巴斯奈特的文化翻译观也有一定的局限性。首先，她过分强调译文在译入语文化中的接受度，可能忽视了对源文本的忠实性。其次，她的文化翻译观过于强调翻译的目标导向性，可能导致译者过度迁就译入语文化的需求，破坏源文本的特征。

（四）勒弗维尔的翻译操纵观

勒弗维尔是翻译文化学派的领军人物之一，他的翻译观点大胆而具开创性，推动了翻译研究的文化转向。他提出将文化视为翻译单位，挑战了传统翻译观念中以词、句为翻译单位的观念。这种独特的翻译观不仅引领了翻译研究的文化转向，也大幅提升了译者与目的语文化的地位。

勒弗维尔提出的"改写"和"操纵"概念是其翻译理论的核心。在他看来，翻译、批评、编辑、撰写等都是改写的形式，都是对源文本的一种操纵。他认为翻译是一种改写，而改写就是操纵，翻译的改写是为了服务于特定的意识形态。这种改写或翻译必然受到目的语文化观念和意识形态规范的制约。因此，译者在翻译过程中必须在这些规范内进行翻译。勒弗维尔的翻译操纵观强调了译者在处理源文本时的主观选择性，译者需要有所取舍，对源文本进行改写。同时，译者又要受到"意识形态""诗学"以及"赞助人"等的影响和操纵。这种观点使翻译研究的视野得到了大大的拓宽，超越了语言学和传统美学研究的范畴。

勒弗维尔的理论从翻译的外部和宏观层面入手，从社会、历史和文化深层次上构建了文化学派的基础理论。他关注社会权力机构和文学翻译模型在特定文化中的影响，认为译者应在理解和尊重源文本的同时，也要考虑译文在目标文化中的接受度和影响。

第二节 跨文化交际理论

一、跨文化交际的定义

跨文化交际是一种独特的交流形式，它涉及不同文化背景的人之间的信息交换。这种交流不仅仅是语言层面的交流，更是一种深层次的文化观念、符号系统的互动。这种互动涉及的范围广泛，既包括口头和书面语言的交流，也包括非言语行为，比如手势、面部表情和身体语言等。

在跨文化交际中，交际双方都需要对自己的文化和他人的文化有一定的理解，才能有效地传递和解码信息。跨文化交际需要有一定的适应性和灵活性，因为，在这个过程中，不可避免地会出现文化碰撞和误解。跨文化交际也是一种学习和成长的过程，通过这个过程，人们可以增加对其他文化的理解，扩大自己的视野，提高自己的沟通技巧。有效的跨文化交际不仅要求交际双方理解彼此的言语，更需要在交流过程中建立共享的意义。这需要在不同的文化背景和语境中寻找共同点，使得交际双方可以更好地理解对方的立场和观点，从而建立更深的交流和理解。

然而，对于来自不同文化背景的人来说，理解对方的文化符号和语境并不容易。因此，有效的跨文化交际也需要识别和理解这些差异，以避免误解和冲突。这就需要跨文化交际者具有足够的文化敏感性，能够理解和尊重不同文化的特点和价值观，从而有效地进行跨文化交际。

二、跨文化交际的内涵

根据以上对跨文化交际定义的分析可以看出跨文化交际包含以下四个方面的要点内涵。

（一）交际双方的文化背景不同

文化差异是跨文化交际中的一个关键问题。这种差异可能源于交际双方的文化背景，这种背景通常是由交际双方的地理位置、历史、社会组织形式等多种因素决定的。文化差异不仅存在于东方文化和西方文化之间，也存在于同一文化圈内的不同子文化之间。这种差异可能会影响到交际的效果，甚至可能引起严重的冲突。为了避免这种冲突，交际双方需要深入了解对方的文化背景，以便更好地理解对方的行为和意图。

（二）交际双方使用的语言相同

跨文化交际是一个复杂的过程，它涉及两个或更多的个体之间的互动。这种互动需要一种共享的方式或机制，让双方可以进行有效的沟通。语言就是这种机制，它使得交际双方能够分享他们的思想、感情和意愿。如果交际双方的语言不同，那么他们就需要通过某种方式找到共通之处，从而让交际成为可能。这种共通之处可能是一种共享的语言，比如英语或汉语。这样，交际双方就可以用这种共享的语言进行交流，无论这种语言是一方的母语，还是双方都习得的目的语。

（三）交际的形式是多种多样的

交际的形式可以有很多种，它取决于交际双方的目的、场合和可用的资源。有些交际是通过语言进行的，比如对话或演讲。还有一些交际是通过非语言符号进行的，比如画报、商品、实物或演出。交际还可以是双向的，比如面对面的对话或者是单向的，比如电视、广播或报纸。交际还可以是口头的，也可以是书面的。不同的交际形式具有不同的优点和局限性，选择合适的交际形式可以帮助交际双方更有效地达到他们的交际目标。

（四）交际双方进行的是直接交际

这一要点主要是针对跨文化交际中的翻译角色而言的。在语言不通的情况下，翻译可以帮助交际双方建立起沟通的桥梁。翻译是一项具有挑战性的工作，因为它不仅要求译者精通两种语言，还要求他们理解两种语言背后的文化差异。只有这样，译者才能确保他们的翻译准确无误，不会因为文化差异导致误解。在直接交际中，译者需要在有限的时间内进行翻译，这对他们的语言技能和文化知识都提出了很高要求。

三、与跨文化交际相关的概念

（一）跨文化适应

1. 跨文化适应的内涵

跨文化适应是一个复杂的过程，涵盖了许多不同的领域。它首先由人类学家在 20 世纪 30 年代引入，用于描述个体与不同文化背景的群体间的持续、直接的文化接触，这种接触导致一方或双方原有的文化模式发生变化。这种变化源于两个或更多的文化体系之间的持续接触和影响。具体分析跨文化适应的内涵可从以下两个角度出发：个体层面和群体层面。

（1）在个体层面，跨文化适应是指旅居者在进入新的文化环境时，克服文化冲击，逐步从本文化向目标文化转变的动态过程。这个过程涵盖了语言、生活、交际和思维等多个方面。例如，语言是文化沟通的基本工具，对个体来说，掌握新的语言意味着拥有了理解新文化的钥匙。通过学习和掌握新的语言，旅居者可以更好地理解新的文化环境，从而更容易地融入其中。此外，适应新的生活方式也是个体层面跨文化适应的重要部分。这包括了生活习惯、饮食方式、节假日庆祝方式等等。这些生活细节的改变对于个体来说可能会带来极大的困扰，但通过不断的实践和学习，旅居者可以逐步适应并接纳这些新的生活方式。

在交际方面，旅居者需要学习和理解新的交际规则和习惯，包括面对面交流的礼节、社交媒体的使用方式、商业交流的规则等。这样，旅居者不仅能在新的文化环境中更有效地沟通，也能更好地理解和接纳新的文化。最后，思维方式的转变是跨文化适应中最深层次的改变。这不仅涉及知识和观念的改变，更涉及价值观和世界观的转变。通过深入理解和体验新的文化，旅居者可以逐步改变自身的思维方式，从而真正融入新的文化。

（2）在群体层面，跨文化适应指的是不同文化背景的群体交往后，由于持续的文化接触，导致原有的文化模式发生变化的过程。这个过程是动态的，目的是增加彼此间的理解，扩大对对方的尊重以及扩大接受对方的空间。跨文化适应通常涉及从"理解"到"接受"再到"尊重"的过程。其中"理解"是群体跨文化适应的关键。只有理解了对方的文化，才能真正地接受和尊重对方。这个理解的过程并非一蹴而就，而是通过不断的学习和交流，逐步深入理解对方的文化价值观、历史背景、社会制度等各个层面，从而达到理解的状态。尊重和接纳他者的文化是群体跨文化适应的最终目标。在理解对方文化的基础上，群体需要扩大接受对方的空间，这不仅包括接受对方的文化差异，还包括接受对方的存在和权利。只有做到真正的尊重和接纳，才能完成跨文化适应的过程。

2. 跨文化适应的类型

（1）短期文化适应。这是指由于暂时的学习或工作机会，一些人会在另一种文化环境中居住。这种适应过程可能会涉及数月到两三年的时间。这段时间是充满了变化和挑战的，从最初的文化休克到逐步的文化适应，他们需要学习并理解新的语言、生活方式和交际规则，以更好地在新环境中生活和工作。这种适应过程虽然困难重重，但它也提供了学习和成长的机会，使人们能够开阔眼界，增加跨文化理解和沟通能力。

（2）长期文化适应。针对那些选择在另一个国家长期居住或移民的人来说，他们面临的是一个更复杂、更深入的文化适应过程。他们可能在语言、生活、工作和交际等方面基本适应了新文化环境，但融入新文化仍然是一个挑战。这是因为他们还没有完全理解和接受新文化的深层内涵和风格，仍然对新文化环境中的生活方式和情趣感到陌生。这种情况可能会导致他们感到自己处在新旧文化的边缘，缺乏文化归属感。

（3）在本文化大环境中的异文化小环境适应。这种类型的跨文化适应主要发生在那些在外企、合资企业或者驻华外国机构中工作的人身上。他们需要适应这些环境中的工作方式和人际关系，虽然他们在地理上没有离开自己的文化环境，但他们需要在思想和行为上适应新的文化模式。

（4）对本国多元文化环境的适应。在某些多元文化的大都市，如北京、上海、广州，普通市民可能需要适应多元文化环境。这种适应不仅涉及理解和接受不同的文化，也涉及在多元文化环境中生活和工作。

（5）重归文化适应。对于那些在外国居住了数年甚至数十年后回国的人来说，他们可能会感到与本国文化的距离感，对本国的生活、工作和人际交往感到不适应。这种适应过程被称为"重归文化适应"，这是一个复杂且挑战重重的过程，需要回归者重新理解和接纳本国文化。

3. 跨文化适应的策略

文化适应策略是指移民在进入新社会后适应文化调整时选择的方法，一般涉及态度和行为两个要素。态度指的是移民群体如何适应当地文化的偏好；行为是他们在新社会中参与交际的实际行动。针对进入新社会后可能会遇见的一些问题，移民一般可采取四种主要的文化适应策略。

（1）同化策略。同化是一种强度极高的文化适应策略，它指的是移民在新的文化环境中丢掉原有的文化身份，完全融入主流文化的一种策略。同化策略需要移民在思维方式、生活习惯、价值观等各个层面去接受和适应新的文化，以便与主流社会融合。在这个过程中，他们可能会遭遇挑战，例如语言困难、文化冲突、身份认同的困扰等。然而，如果成功的话，他们将更好地适应新文化，更容易在新的社会环境中找到归属感。

（2）分离策略。分离策略与同化策略恰恰相反。当人们选择分离策略时，他们倾向于保持自身原有的文化身份，避免与新文化环境进行过多的交往和交流。他们可能在新的社会环境中形成一个独立的、具有原文化特色的社区。这种策略有利于保护和传承原有的文化，但同时可能会导致他们在新文化环境中感到孤立和不适应。

（3）整合策略。这是一种旨在平衡保持原有文化身份和融入主流社会的策略。选择整合策略的人希望在保留自身文化身份的同时，适应新的社会环境，积极与新的文化环境进行交流和互动。这种策略需要对两种文化有深入的理解，能够在其中找到合适的平衡点。成功的整合策略不仅可以促进个体的文化适应，还可以丰富社会的文化多样性。

（4）边缘化策略。这是一种选择维护原有文化身份，但对于主流社会交往并不感兴趣的策略。选择边缘化策略的人可能会在新的文化环境中感到无所适从，既不愿完全融入新的文化，也不愿保持过多的原文化联系。这种策略可能会导致他们在新的社会环境中处于边缘地位，缺乏归属感和认同感。

（二）文化休克

1. 文化休克的定义与内涵

文化休克是一种对新文化环境感到困扰和不适的心理反应，通常发生在人们初次进入一个全新的文化环境时。这个术语描绘的是由于身处不同文化环境而产生的心理困境和生存挑战，也可以说，它是人们由于文化背景的差异而面临的适应难题。文化休克的经历通常涉及两个阶段。首先，人们进入新的文化环境，开始体验新的生活方式、信仰、价值观、习俗、社交规则等。此时，他们可能会感到困惑、焦虑、不适和挫败感。然后，随着对新文化环境的理解和接受，他们开始逐渐适应，找到在新环境中生活的方式，而那些初始的不适感也将逐渐消失。

对于"文化休克"的严重程度，人们的认知和经历差异非常大。一般来说，文化差异越大，文化休克的体验也就越强烈。对于那些从同一种文化环境转变到另一种文化环境的人来说，他们可能会感受到强烈的文化休克。而对于那些在多元文化环境中长大或有广泛跨文化经验的人来说，他们可能对新文化环境的接受和适应能力更强，因此，他们所体验的文化休克可能较轻。

2. 造成或影响文化休克的原因

（1）文化差异。文化差异是造成文化休克的主要原因，文化差异包括文化环境的差异和文化模式的差异。其中文化环境差异主要来源于地理、历史和语言等方面。比如，生活在不同地理环境的人们往往有不同的生活方式和价值观。在一些偏远的山区，人们可能更注重社区的团结和共享，而在大城市，人们可能更强调个人的竞争力和独立性。这样的差异往往深深地影响了人们的思想和行为方式。语言是另一个关键的方面。例如，在中国文化中，"面子"是一种深深植根于社会关系中的概念，它关系一个人的社会地位、声誉和尊严。人们会通过一系列的社交行为来赢得和保持"面子"，比如，公开赞扬朋友的成就或者在饭局上为大家买单。失去"面子"则被视为一种社会失败。

但是，这种"面子"文化在西方是相对较少的。在西方文化中，人们更强调直接和实事求是。他们可能会更直接地表达自己的观点和感情，而不会过多地担心这可能会给别人带来的"丢脸"。这种直接的交流方式可能会让中国人感到不舒服，甚至被视为无礼。由此可见，不同文化环境中的人们通过语言来表达思想和情感，而不同的语言往往会塑造出不同的世界观。所以，为了理解和适应不同的文化环境，跨文化交际者需要开阔视野，学习新的语言和习俗，以此来克服可能的文化休克。

另一方面，文化模式差异主要体现在社会结构和规范层面，包括权威和权力的分配、社会角色和期望以及行为的规范等方面。比如，在某些文化中，年长的人被赋予了更多的权威和尊重，而在其他文化中，可能强调更多的平等和个体权利。此外，文化模式也影响着人们的行为方式和交往方式。在一些文化中，比如美国文化，"个人主义"被广泛认同和提倡。这里的人们通常更重视个人自由、独立和创新。在职场环境中，他们会鼓励冒险和挑战，更重视个人的成就和竞争。因此，他们在工作中更倾向于独立思考和行动，更愿意直接表达个人的观点。

在中国文化中，"集体主义"是一种更占主导地位的价值观。在这样的环境中，人们更看重团队的和谐和协作，更重视家庭和群体的利益。在职场上，他们更可能遵守层级和权威，避免与上司或同事产生冲突。因此，他们在工作中可能更倾向于团队合作，避免过于直接或者冒犯性的言论。所以，跨文化交际者需要灵活地调整自己的行为和交往方式，以适应不同的社会环境和期望。

（2）个体差异。个体的教育水平和知识背景是影响文化休克的一个重要因素。具有高等教育或广泛知识背景的人可能更容易适应新的文化环境。他们可能有更强的批判性思维和问题解决能力，这可以帮助他们理解和适应新的文化规则和社会规范。比如，一个在国际关系或文化研究方面受过高等教育的人可能比一个没有这些知识背景的人更容易适应文化差异。与之相似的，个体的语言能力也是影响文化休克的一个关键因素。语言不仅是沟通的工具，也是理解和适应新文化的关键。那些能够流利地使用新环境中的语言的人可能会比那些不懂该语言的人更快地适应新环境。例如，一个会说西班牙语的人可能会更快地适应西班牙或拉丁美洲的文化环境。

另外，个体的心理素质也会影响他们处理文化休克的能力。那些有较强应变能力和心理调适能力的人可能更容易应对新环境带来的压力和挑战。例如，一个在生活中习惯面对困难和挑战的人可能比一个习惯安逸生活的人更能应对文化休克。最后，个人的生活经历也是影响文化休克的重要因素。那些有更多旅行或在不同文化环境中生活的经验的人可能更容易适应新的文化环境。他们可能已经习惯于面对不同的人和事物，并且有足够的经验来处理新环境中的困难和挑战。例如，一个经常旅行的人可能比一个一直生活在一个固定的环境中的人更容易应对文化休克。

3. 文化休克的应对策略

（1）文化移情是非常有效的应对策略。这需要人们去理解和尊重不同的文化，并尝试从那个文化的角度来看待事物。例如，如果一个西方人，想要移居到中国，就需要理解和尊重中国的礼节和文化。这意味着需要去了解中国的语言、历史、社会习俗，并且尝试将自己置于中国人的角度，理解中国人的行为方式和思维方式。

（2）增加知识储备也是非常重要的应对文化休克的策略。在移居到新的文化环境之前，人们需要了解该文化的基本知识，如他们的价值观、道德观、习俗、语言等。例如，如果某人计划移居到法国，就可能需要学习法语，了解法国的历史、烹饪技艺、艺术氛围等。这样，就能更好地适应新的文化环境，减少文化休克带来的影响。

（3）提高自身的心理素质也是非常关键的应对文化休克的策略。在新的文化环境中，可能会面临语言障碍、习俗差异、生活习惯差异等挑战，此时就需要保持开放和乐观的心态，勇敢面对这些挑战。假设一个来自美国的学者被邀请到中国的一个大学进行为期一年的访学。在该学者抵达中国的第一周，可能会很难适应当地的饮食习惯。在中国，饭菜的口味和美国的口味有很大的不同。此外，中国的餐桌礼仪和美国的餐桌礼仪也不同，比如在中国吃饭需要用筷子，且筷子不能直插在饭碗中等。

这时，一个良好的心理素质就显得格外重要了，良好的心理素质会使学者保持开放和接纳的态度，尽管面临不熟悉的饮食习惯和餐桌礼仪，但学者会将这看作是一次了解新文化的机会，而不是一个困扰。你可能会主动学习如何使用筷子，询问当地的饮食习惯，尝试理解背后的文化含义，并逐渐适应和欣赏中国的饮食。在这个过程中，保持乐观和积极的心态也非常重要。可能一开始会觉得困难重重，感到压力和不安，但是如果能够一直保持乐观和学习的态度，很快就能克服这些挑战，并成功地适应新的文化环境。

四、跨文化交际的特征

跨文化交际的突出特征主要体现五个方面，如图 2-1 所示。

情绪反映
强烈

优越感
较强

充满挑战

冲突较多   差异突出

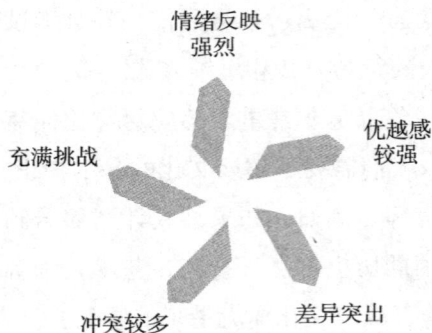

图 2-1　跨文化交际的突出特征

（一）优越感较强

长期沉浸在自身文化环境中的人往往在与外部文化交流时，会展现出一种文化优越感，即他们倾向于把自己的文化价值观、思维方式和行为准则视为普遍的或者优越的。这种态度源于他们对本民族文化的认同感和归属感，它可以在交际过程中起到保护自我文化的作用，但同时也可能对跨文化交际产生负面影响。以美国和日本的商业谈判为例。在美国文化中，直截了当、快速解决问题被视为有效的谈判方式。在日本文化中，礼节和关系建设的过程同样重要，而这需要时间和耐心。如果美国谈判者抱着自己的谈判方式是唯一正确的优越感，那么他们可能就会错过与日本合作者建立有利关系的机会，这可能对商业结果产生负面影响。

（二）差异突出

跨文化交际中的另一个重要特征是文化差异性。由于文化背景的不同，通常情况下交际双方的行为习惯、语言习惯、思维方式以及价值观念都存在显著差异，这些差异性是他们开展跨文化交际的困难和挑战，但也是跨文化交际的魅力和价值所在。一般情况下，这些存在差异的因素会相互作用，直接影响跨文化交流的过程和结果。例如，一个中国工程师在与其德国同事的交流中可能偏向于维护和谐的团队氛围，避免直接的冲突和争论；而他的德国同事可能更倾向于直接地表达自己的观点和批评，这是德国文化中强调的精确性和效率的反映。这种行为和价值观的差异可能导致双方的困扰和误解。如果他们能理解和尊重这些差异，他们就能找到共同的工作方式，从而受益于各自的独特观点和技能。

（三）冲突较多

跨文化交际的环境中，冲突的出现可谓是司空见惯。由于参与交际的各方来自不同的文化背景，各自的语言习惯、交际风格、思维方式都可能大相径庭。因此，在这种情况下，争议和误解可能会成为常态，而非偶然的例外。

对于交际双方而言，最重要的是要正确地看待这些冲突。虽然它们可能会带来一些不便和困扰，但在大多数情况下，这些冲突是源于对对方文化的不了解和误解。因此，应当把这些冲突看作是建设性的，是交际双方解决问题、增进理解的重要一步。

例如，来自欧美地区的人通常非常重视个人空间，认为这是尊重个人的一种表现。他们可能会对人与人之间保持一定距离，以避免无意侵犯别人的个人空间。但是，对于许多亚洲地区的人来说，他们可能更倾向于亲近和互动，认为这是友好和热情的表现。在这种情况下，如果欧美人认为亚洲人的接触过于亲近或者亚洲人认为欧美人的疏离表现得不够友好，就可能产生冲突。然而，这种冲突并不意味着任何一方都有意造成困扰。相反，这是由于各自对彼此文化的不理解所导致的。如果他们能够理解和接受这些文化差异，而不是把它们视为对方的错误或不理解，那么这些冲突就有可能变得更少，甚至消失。因此，在跨文化交际中，交际双方应尽力理解和接受对方的文化，避免因为文化差异而产生不必要的冲突。

（四）充满挑战

跨文化交际是一项充满挑战的任务，因为它要求交际者学习和理解不同的语言和文化，这本身就是一项复杂的学习活动。而在实际的交际过程中，常常会遇到误解、失败甚至冲突。然而，尽管充满挑战，跨文化交际也有其积极的一面。它可以引导人们从一个更广阔的视角来看待世界，增加个人的经验和见识。它也能提高人们的适应能力和交际技巧，使人们对差异更加宽容，从而变得更加成熟和独立。

例如，一个在跨国公司工作的人可能需要经常与来自不同文化背景的同事打交道。在这个过程中，他可能会遇到各种挑战，比如语言障碍、文化差异以及不同的工作风格。然而，通过应对这些挑战，他可以提高自己的沟通技巧，理解不同文化的价值观以及如何在复杂的环境中找到共同点。这些经验不仅对他的工作有益，而且对他的个人成长也是非常有帮助的。

（五）情绪反应强烈

一些跨文化交际活动会引发参与者的强烈情绪反应。这主要是由于在进行跨文化交际时，人们可能会面临许多的不确定性和陌生感，这些都可能引发人们的情绪反应。例如，参与跨文化交际的人可能会对交际的对方感到陌生，这种陌生感来源于文化的差异。对方的语言习惯、交际风格、价值观念等可能都与自己存在较大的差异，这种差异可能会让人感到不安，产生紧张和焦虑的情绪。又比如，有时交际者会担心跨文化交际的过程和结果。例如，自己的言语行为是否能被对方理解和接受？自己是否能理解和接受对方的言语行为？交际的结果会如何？这些都是人们在进行跨文化交际时可能会考虑的问题，这些不确定性也会增加人们的心理压力，进而引发强烈的情绪反应。

五、跨文化交际影响因素

在跨文化交际的过程中，每个参与者都希望能够与他人进行顺畅、无障碍的交流，达成理解和共识。然而，这样的理想状态在现实中却很难实现。原因在于，跨文化交际的有效性和适宜性常常受到各种因素的影响，这些因素多种多样，涉及语言、文化、认知习惯等多个方面。

（一）语言的局限性和文化难题

语言作为交流的主要工具，有时会给跨文化交际带来一定的局限性。例如，如果交际双方对所使用的语言理解和掌握程度不同，可能导致交际的困难，这包括但不限于发音、语义模糊、词汇缺失等问题。此外，语言本身是一种文化的载体，包含了丰富的文化信息和价值观，但这些信息和价值观往往与具体的文化背景紧密相关，不同文化背景的交际者可能会有完全不同的理解和感知。例如，中英两种语言在对"龙"这一概念的理解上就存在明显差异。在中文中，"龙"象征着权力和尊贵，而在英文中，"dragon"则往往与恶和毁灭联系在一起。

（二）思维方式的多样性

每个人都会受到他们所在文化环境的影响，形成特定的思维方式和世界观。文化环境中的语言、哲学、历史、生产方式等因素之间的差异导致了跨文化交际中的思维方式的多样性。这种思维方式的差异可能会导致交际者对同一问题的理解和处理方式不同。例如，西方文化倾向于使用逻辑分析的思维方式，强调理性和事实，而东方文化更加注重整体性和谐，强调直觉和情感。这种思维方式的差异在实际的交际过程中可能会导致诸多误解和冲突。

（三）交际风格的多样性

交际风格是人们在交际过程中传递和接收信息的习惯方式，这种方式深受其所处文化背景的影响。通常情况下，西方的交际风格通常偏向于详尽风格。他们倾向于充分阐述自己的观点，提供详细的解释，并期待他人做出相同的回应。相反，东方，特别是中国的交际风格，更加倾向于简洁风格，更注重寓意和暗示，讲究含蓄，而不是直接陈述所有的信息和想法。

从沉默寡言风格与侃侃而谈风格来看，西方人在交际中往往偏向于侃侃而谈的风格。他们鼓励公开表达自己的观点和情绪，认为这样可以增进彼此的理解。然而，中国人则更倾向于沉默寡言的风格，他们相信

"言多必失"，认为在某些情况下，保持沉默是最好的策略。中国人在交际中非常重视"含蓄"，他们倾向于通过寥寥几句话传递出大量信息或者通过不言而喻的方式来表达自己的意图和情感。

（四）价值观的冲突

价值观，包括认知模式、行为准则、道德标准和世界观，也是影响跨文化交际的重要因素。价值观反映了一个人对世界和生活的理解，因此，不同文化背景的人在交际过程中可能会有完全不同的认知模式和行为准则。例如，在西方文化中，人们有更大的空间和接受度去表达自我，鼓励个性的独立和自我主张，这体现在他们乐于分享个人观点、成就或展现自我个性的方式上。然而，在中国文化中，过于突出个人可能被视为自我中心或炫耀，人们更倾向于低调处理个人成就，并注重集体和谐。

第三节　跨文化修辞学理论

一、修辞的定义与内涵

（一）修辞的定义

1. 西方学者的定义

（1）《世界图书英语大辞典》认为："修辞是为了说服影响他人而运用语言和完成写作的一门艺术。"这个定义重点放在了修辞的目的上，即"说服影响他人"。在这里，修辞被视为一种工具，其主要功能是影响和说服听众或读者接受某种观点或看法。这个定义强调了修辞的实用性和目标导向性，它认为修辞是一种能够有效地影响他人思想和行为的语言技巧。

（2）《兰登书屋韦氏大学词典》则将修辞定义为："在口语和写作中有效使用的艺术，其中包含修辞格的使用。"这个定义指出修辞是"在口语和写作中有效使用的艺术"，强调了修辞的创造性和表达性。这个定义提醒人们修辞不仅仅是一种实用的工具，也是一种艺术形式，可以用来增强语言的表现力，使语言更加生动和有影响力。

（3）理查德在《修辞哲学》一书中指出："修辞主要是对人类交流中存在的误区进行研究，并基于此找到解决的方法。"该定义将修辞置于人类交流的背景下，聚焦修辞的功能性和实践性。在他看来，修辞并不只是一种语言装饰手法或者是说服和影响他人的策略，更是一种解决人类交流误区的有效工具。

2. 中国学者的定义

《现代汉语词典》对于修辞也进行了界定："修辞是采用各种修辞手段，对文章中词句进行修饰的形式，目的是保证整个文章的生动、形象、鲜明。"《辞海》给予了更为全面的界定，认为："修辞是根据主题和情境，运用各种表现手段，将所要传达的内容运用口语或者书面语恰当地传达出来。"这两个定义将修辞的手段、目的、形式等进行了全面而详细的阐述，表明修辞的主要作用是提高语言表达的艺术效果，增强语言的感染力。

陈望道在《修辞学发凡》一书中指出："修辞不过是对语辞的一种调整，使达意传情能够适切的一种努力。"陈望道这一定义着重强调了修辞的功能性，即对语言进行调整以适应特定的传达目的。这个定义将修辞看作是一种语言工具，主要用于改善语言的传达效果，使之能更准确、更有效地传达出所要表达的意思。

周振甫提出："修辞学是语言学和文学交界处的学科，它同语言学、美学、心理学等有着密切的关系，以研究语言运用的效果。"周振甫从学科角度对修辞进行了定义，这个定义把修辞学的研究范围扩大到了语言学、文学、美学、心理学等多个领域，表明修辞不仅仅是语言表达的艺术，还与人类的思维、感知、情感等方面有着很强的关联。

上述中外学者从不同角度阐释了修辞的定义，从整体上看，修辞的定义和内涵可以从以下几个方面进行阐述。

（1）修辞是一种语言活动，目的是使语言表达更为生动、形象和准确。这个角度体现了修辞的实用性和目的性，它不仅关乎语言的外在形式，更关乎语言的内在含义和效果。

（2）修辞是一门规范化的科学。它不只是随意的、临时的语言装饰，而是有其固定的规则和法则。这些规则可能来源于长期的语言实践，也可能来源于系统的学术研究。如同其他科学一样，修辞学也有其自身的理论体系和研究方法。

（3）修辞是一种语言手段和技巧，是人们在言说和写作中最有效的工具。这个层面的修辞强调了语言的工具性和技术性，认为通过修辞，人们可以更好地表达思想，更有效地影响听众或读者。

（二）修辞的特点

1. 民族性

修辞的民族性是修辞学中的一个重要概念，它强调修辞作为一种社会交际表达与其使用民族的文化特征紧密相连。在任何一种语言的修辞表达中，都会浓厚地体现出与该语言所对应民族的文化色彩和审美价值观。这主要表现在以下四个方面。

（1）修辞方式与民族的伦理道德观念息息相关。以日本社会为例，由于其深受儒家文化影响，尊敬长者和上级的观念深入人心，因此，日本人在对话或写作时，会更倾向于使用敬语，以此表达对对方的尊重和敬意。

（2）修辞方式与民族的心理特性密不可分。修辞方式在一定程度上反映了民族心理的倾向和喜好。如法国人擅长使用丰富的形象比喻和夸张手法，其背后反映的是法国人富有激情、热爱生活的民族心理特质。他们常用"阳光""烈酒"等来形容生活的热情和活力，用"玫瑰""百合"来比喻女性的美丽和纯洁。

（3）修辞活动与民族语言文字符号的运用关系紧密。语言文字是民族修辞行为的主要工具，同时也是修辞活动的重要素材。以俄罗斯为例，其严寒的气候环境和广袤的地理特点，使得其语言中充满了对"冰雪""森林"等自然元素的描述，展现出俄罗斯民族对于大自然的独特感知和理解。

（4）修辞方式与民族生活习俗的关联性也十分明显。例如，在美国，人们常以"How are you?"作为寒暄的问候语，这一问候语不仅反映了美国社会的开放与直接，也显示出了西方对个人情绪和心理状态的关注。另一方面，美国人在描述行动缓慢时，常用"like a tortoise"这样的表达方式，这也是他们生活环境中常见动物——乌龟的影响。

2. 应用性

修辞，作为一种语言艺术形式，展示了语言的变化性和创造性，其中应用性是修辞最基本且重要的特点。下面将从以下三个方面深入探讨修辞的应用性。

（1）修辞是一种语言的实践活动，是基于特定的社会交际背景下进行的。修辞不仅是表达者运用语言符号来传达信息和感情的手段，更是通过言辞的修饰、变形或组合，实现特定语境中的沟通目标。以政治演讲为例，通过使用象征、暗示、比喻等修辞手法，演讲者可以更加生动、有力地表达自己的政治观点和理念，从而打动听众，达到说服、鼓动、启示的效果。这一点充分体现了修辞的实用性和应用性。

（3）修辞手段本身具有显著的应用性特质。修辞方式和技巧都源自语言实践，并在具体的交际活动中得到应用和发展。例如，用反问的方式表达肯定意义，这是一种广泛应用的修辞手段。人们可以通过构造这样的反问句："这个问题难吗？"来实际表达："这个问题并不难。"这种手法的使用，可以使语言表达更具有情感色彩和说服力。此外，修辞手段的效果往往依赖于具体的应用环境，而非固定不变。同样的修辞手段，在不同的语境中，其效果可能会大相径庭。

（4）评价修辞的效果必须结合具体的应用环境。评价修辞效果不是独立的，而是需要结合具体的语言行为和语境进行。例如，一段诗歌，如果从理性的角度去分析，可能会觉得其表达过于抽象、混乱，但如果从艺术、情感的角度去理解和体验，就可能会感受到作者深藏的情感和思考。这是因为诗歌中的修辞手法，往往通过抽象和象征的表达方式，唤醒读者的情感共鸣和思考。因此，评价修辞效果，不能脱离具体的语境和应用背景。

3. 社会性

修辞学作为语言艺术和社交工具的研究领域，与社会的关系紧密不可分。从古至今，社会环境和历史背景对修辞的形成、发展和转变都产生了深远影响。以下是对修辞社会性特点的论述。

（1）修辞的产生和发展与社会历史背景紧密相连。这一点可以通过欧洲文艺复兴时期文学艺术的蓬勃发展来证明。在文艺复兴时期，人们对自由的向往、对知识的渴求和对艺术的尊崇，使得修辞学得到了前所未有的发展。人们开始关注个体的情感和经验，赞美人性的价值，从而发展出了富有情感和色彩的修辞手法，如夸张法、借代法、象征法等。这些手法的运用，使得人们的思想和感情得到了更为深刻和生动的表达，体现了修辞的社会性。

（2）修辞在现代社会中的重要性也不容忽视。随着科技的进步和全球化的推进，世界各地的人们交流更为频繁，不同的文化、思想和观念不断碰撞，使得语言交际的复杂度和挑战性都在提升。在这种环境下，修辞作为一种有效的沟通工具，被广泛应用于各种公共和私人场合。例如，在政治演讲中，政治家会运用各种修辞手法，如比喻、象征、夸张等，来传达他们的政治理念和观点，从而影响和引导公众的思想。在商业广告中，广告人会用巧妙的修辞技巧，如喻人化、排比等，来吸引消费者的注意，激发他们的购买欲望。这些例子充分证明了修辞在现代社会中的应用价值和重要性。

（3）修辞是社会交际的重要工具，它的运用能力直接影响个体在社会中的互动和成功。人们每天都在进行各种形式的修辞活动，无论是商业洽谈，还是朋友间的交谈，甚至是社交媒体上的互动，都离不开修辞的运用。精通修辞的人，通常能更有效地表达自己的想法，更容易得到他人的理解和赞同。修辞对于社会中的人来说，就像呼吸一样自然和必要。

二、修辞与文化

修辞行为，作为一种语言交际活动，是在生产和生活过程中，为了提升表达的效力和效率而创造的语言技巧和模式。由于语言与文化的紧密关系，修辞与文化之间也存在着深厚而不可分割的联系。不同的文化背景催生了各自独特的修辞方式。语言使用需要依照相应的文化环境，言语行为总是在特定的文化语境中产生。所谓的文化语境是指语言使用者所处的社会文化环境。不论语言行为发生在哪个地点，所处的社会文化都会对语言表达产生影响，从多个角度来限制和塑造言语行为。修辞，作为言语行为的重要元素，自然也会受到社会文化的影响和塑造。

（1）任何人无论来自何种背景、何种文化，都在其修辞行为中表达了其文化和社会背景的深深烙印。例如，地理环境、自然气候、生活方式、宗教信仰、思想观念，所有这些因素共同塑造了一个民族的文化，同时也影响和塑造了其修辞方式和风格。以地理环境为例，生活在严寒的北方，人们可能会在表达时更加喜欢使用刚硬、强烈的词汇，而在温暖的南方，人们在表达上可能更偏爱柔和、温润的词汇。这在诸多文学作品中有着明显的体现，诸如北方人壮志豪情的抒发，与南方人细腻情感的描绘，背后的文化和社会环境在修辞中得到了呈现。

（2）修辞活动是一种社会行为。人们通过语言交流来表达自己的想法，与他人交流。在这个过程中，人们的文化背景和个人经验构成了修辞活动的重要因素。言之有物，言之有理，人们在修辞活动中的选择和使用，无不体现出其背后的文化和价值观念。例如，受过高等教育的人在进行修辞时，可能会使用更多的学术术语或复杂的句子结构，而对于未受过高等教育的人来说，他们的修辞可能会更倾向于使用简洁明了的语言，因为他们的经验、教育背景，以及他们所在的文化环境影响了他们的语言选择。

同样，价值观念也对修辞有重要影响。例如，强调集体主义的文化背景下的人们可能会在表达时更多地使用"我们"这样的词语，强调个体主义的文化背景下的人们则可能更多地使用"I"或"me"这样的词语。这反映出来的是文化背景中不同的价值观念对于修辞行为的影响。因此，通过修辞，可以窥见个体背后的文化与价值观念。

（3）跨文化交流是当代社会的重要特征。修辞作为一种语言交际行为，在这种跨文化的背景下更加具有挑战性和复杂性。不同的文化具有不同的历史渊源、政治制度、社会体系、主要思想等，因此，其修辞方式和风格也各不相同。例如，汉语修辞学和英语修辞学在研究范围、研究重点、研究方法等方面有着明显的差异。以汉语修辞学为例，它强调信息的准确传达，注重修辞的形式和结构，如对比、并列、设问、夸张等等。汉语修辞中有很多从古至今被广泛使用的修辞手法，如四字成语、对联等，这些都体现了语言精练、意象生动的特点。例如，成语"鹤立鸡群"就通过寥寥几个字，形象地描绘出了某人在众人中鹤立鸡群的场景，这种精炼、形象的表达方式是汉语修辞的特点。

相比之下，西方修辞学，如英语修辞，更多地关注语言、人和社会的关系，注重语境、读者和作者之间的互动。例如，英语中的"show, don't tell"原则，鼓励作家通过描绘场景、行为和对话，而不是直接告诉读者来表达思想或情绪。又如英语中的隐喻，通过将一种事物与另一种完全不同的事物进行比较，让读者自己去理解和解析深层含义，这种强调读者主动参与的方式是西方修辞学的特色。

三、跨文化修辞学理论认知

（一）对比修辞学的提出

跨文化修辞学的概念最早是由美国学者康纳引入的，之前的研究者一直习惯将其称为对比修辞学。对比修辞学，作为西方修辞学研究的核心部分，起始于 20 世纪 60 年代。美国学者卡普兰在 1966 年发表的论文《跨文化教育的文化思维模式》被学界公认为对比修辞学的开创性研究。

卡普兰收集了超过 600 份由非母语者撰写的文章，发现不同语言和文化背景的学习者在写作过程中所运用的论证方式和语篇模式有各自的特征。他认为这是因为不同语言和文化背景的学生有着独特的文化思维模式和修辞模式。在学习外语写作的过程中，学生通常倾向于保留母语写作的习惯和方法。尽管长期的外语写作教学可以帮助学生调整其语言使用的倾向，但母语思维的影响并不能被完全消除。卡普兰的研究首次指出了文化和语言差异对外语写作教学的影响，开启了对比修辞学的研究。

卡普兰强调，作为修辞基础的逻辑是由特定文化所产生的，并不是普遍存在的。他指出，修辞因语言、文化以及文化的阶段性差异而有所不同，它具有语言和文化的特殊性。在他的观点中，修辞模式与思维模式存在互相依赖的关系，通过对比不同语言的修辞模式，可以揭示不同的文化思维模式。因此，对比修辞不仅跨越语言的差异，更跨越了文化的对比。卡普兰的这种看法引发了广泛的关注和辩论，部分原因是他尝试将语篇模式与思维模式联系起来。

尽管卡普兰后来对自己的初期观点进行了修订，并对早期的文章表示了自我批评，但他的观点仍然对后来的研究产生了深远的影响。他主张，语篇修辞模式的差异并不一定反映出思维模式的差异，而是可能更多地体现了在特定文化背景下，人们通过学习所习得的写作传统的差异。这种观点反映了语言和文化是如何在特定的社会和历史环境中相互作用和影响的。在这个过程中，写作习惯和修辞模式都被塑造成符合特定社区规范和预期的形式。因此，对于语篇修辞模式的研究，需要超越简单的语言结构对比，深入探讨社会文化因素的影响。

卡普兰的假设在学术界引起了广泛的讨论和研究。许多学者对他的假设进行了进一步的验证和探索。这些研究的结果多种多样，有的在不同程度上支持卡普兰的观点，但也有一些研究得出了完全相反的结论。例如，一些研究者发现，语篇修辞模式的差异确实可以部分反映出思维模式的差异。他们认为，虽然语言和写作传统的影响不容忽视，但在一定程度上，思维模式确实可以通过语篇修辞模式得到体现。然而，也有一些学者反对卡普兰的观点。他们认为，语篇修辞模式的差异完全是由于写作传统的影响，而与思维模式无关。这些学者认为，语篇修辞模式的差异只能反映出在特定文化中所习得的写作习惯，而不能用来推断思维模式的差异。

（二）对比修辞学的发展

在 1996 年，美国学者康纳发表了一项被称为《对比修辞学——第二语言写作的跨文化研究》的重要研究。此项研究拓宽了对比修辞学的探索领域，并将其与其他相关学科融合，寻找到了它与写作研究、语篇语言学、翻译学、体裁研究等领域的交叉点。目前，对比修辞学已经经历了从初期的结构性和行为性的比较分析向包含更多新研究路径和方法的发展阶段的转变。这一变化受到了体裁和写作语境的显著影响。在新的研究框架中，对比修辞学将认知和社会文化因素纳入其理论构建中，通过跨文化修辞的角度去深入探讨社会文化因素在一语和二语写作中的关键作用。这对于修辞研究以及二语写作教学和实践有着显著的、直接的指导意义。因此，对比修辞学已经适应了当前跨文化研究的趋势，进一步发展为跨文化修辞学。

在对比修辞学从聚焦语言本体分析向注重认知和社会文化模式分析的转变中，美国学者康纳于 2004 年在文章《跨文化修辞研究：超越语篇》中正式提出了"跨文化修辞"的概念。他的这一概念旨在揭示对比修辞学理论的核心和内涵，而这也反映了他对修辞学研究的深化和拓宽。康纳提出这一概念的动机在于，他认为"对比修辞"这一概念已经不适应现今时代发展的环境，对修辞学的研究应该更多地考虑到当下社会中跨文化交际活动的复杂程度。也就是说，修辞学的研究不应该只局限于单一文化或语言的内部，而应该关注不同文化和语言之间的交叉和互动。这种跨文化的视角，不仅能更好地理解修辞的本质，也有助于更深入地探索语言、文化和社会之间的相互影响。

康纳在后续的著作中进一步阐述了"跨文化修辞"的概念内涵，并希望今后的对比修辞研究可以朝这个方向发展。具体来说，他主张以更开放的心态和更宽广的视野来看待跨文化写作研究，比如采用民族志研究方法去研究跨文化修辞艺术。民族志研究方法是一种从人类学中借鉴的研究方法，通过对具体社群的深度观察和参与，来了解和描述该社群的文化现象。在修辞学研究中使用民族志研究方法，可以更直接、更深入地了解不同文化中的修辞规则和实践，从而揭示修辞的社会文化性质。康纳的这些观点为对比修辞学的研究开辟了新的研究路径，使得对比修辞学不再仅仅是语言学的一个分支，而更是一种融合了社会、文化、认知等多个领域的综合学科。

著者认为，不同语言和文化间修辞对比的术语选择可能并不是最关键的问题。最重要的是研究者需要明白当前对比修辞学研究的模式正在发生变化，并且需要转变自己的研究观念。在当前的社会环境下，跨文化修辞学的研究已经从单一的、静态的修辞模式描述转变为多元的、动态的互动研究。这样的转变不仅涉及修辞学的研究方法，更体现了对文化影响的更深入理解。现在，文化的影响不再仅仅是简单的二元对比，而是转向了对文化多维度的剖析。

需要特别指出的是，随着世界政治和经济格局的变化，当代文化已经呈现出多元化、复杂性和融合性的特征。文化界定已经变得流动和可变，这就要求在运用跨文化修辞理论进行语言翻译的实践过程中，译者需要关注不同文化的多层面的相互关系，考虑到文化间的复杂性关系。例如，译者需要理解源语和目标语的文化背景，同时也需要理解它们之间的交叉影响。这不仅包括了大的文化环境，比如历史、社会和政治环境，也包括了具体的文化实践，比如书写习惯、表达方式和修辞风格。同时，译者还需要理解文化的流动性和变化性，即文化不是静止不变的，而是在持续地发展和变化。

第三章 跨文化视角下外宣翻译的语言差异

第一节 汉英词汇差异

一、词汇类别差异

英语和汉语的词类差异是两者之间一个显著的对比点。汉语和英语都包含了大量的词类，然而，每种语言中的特定词类都反映了其特有的语言模式和文化背景。

（一）汉语的助词和量词

汉语的词类中包括了助词和量词这两种英语中不存在的词类。助词在汉语中起着至关重要的作用，它们常常用于标明句子中的语法关系或者表示语气。例如，"的""地"和"得"是汉语中最常用的助词之一，它们分别用于修饰名词、动词和副词。再比如"吗"，这个助词用于将陈述句变为疑问句。量词也是汉语中独特的一种词类。汉语中的名词在被数词修饰时，往往需要一个量词来起桥梁作用。例如，"一本书"中的"本"就是典型的量词，它用来计量"书"。这与英语不同，在英语中通常直接使用数词加名词的形式，如"one book"。

（二）英语的冠词和象声词

然而，英语也有其独特的词类，比如冠词。英语中的冠词主要包括定冠词"the"和不定冠词"a/an"。冠词在英语中起着重要的作用，它们用于标定名词的指代范围。例如，"the book"意味着人们正在谈论的是一本特定的书，而"a book"则表示人们谈论的是任意一本书。

另外，虽然汉语和英语都有象声词，但在英语中，象声词的词性更为灵活。在汉语中，象声词主要是用来模仿动物的叫声或自然的声音，如"喵""嗡嗡"等。在英语中，象声词可以作为名词、动词、形容词或副词使用，如"buzz"可以作为名词表示"嗡嗡声"，也可以作为动词表示"发出嗡嗡声"。形容词如"crispy"可以表示声音清脆，副词如"loudly"可以表示大声地。

总体而言，英语和汉语在词类的使用上都体现了各自语言的独特性。英语通过词性的变化，增加了语言的表达力和丰富性；而汉语通过添加独特的词类，如助词和量词，使得语言表达更为细致入微。这些词类的差异是语言学研究中的重要课题，也是学习者需要重点理解和掌握的内容。

二、词汇形态差异

英语和汉语是世界上广泛使用的两种语言，两者在词汇形态上具有显著的差异。英语的词汇形态变化丰富，能够通过词形的变化来表达不同的意思，而汉语的词汇形态变化较少，主要依靠词序和语境来确定词义。

在英语中，词汇，尤其是实词，存在许多形态变化。例如，英语名词有单数和复数之分，如"book"和"books"；动词则有各种时态和语态的变化，如"run""runs""ran""running"等。形容词和副词有比较级和最高级的变化，如"fast""faster""fastest"。代词也有各种变化，如"he""him""his"等。此外，词缀也在英语词汇中起着重要的作用，通过添加前缀和后缀，可以改变词的意义或者词性，如"happy"可以通过添加前缀"un-"变成"unhappy"，通过添加后缀"-ly"变成"happily"。由于英语是一种拼音文字，新词的创造十分便捷，所以每年都有大量的新词加入英语词汇中。

相比之下，汉语的词汇形态变化相对较少。在汉语中，词的形态通常是固定的，几乎没有形态变化。例如，汉语的名词无论是单数还是复数，形态都是不变的，如"书"可以表示一本书，也可以表示多本书。汉语的动词也没有时态和语态的变化，如"跑"在任何时态和语态下都是"跑"。汉语的形容词和副词也没有比较级和最高级的形态变化，而是通过添加其他词语来表示比较级和最高级，如"快""更快""最快"。由于汉语的词形基本不变，因此，词序和语境在汉语中起着至关重要的作用，它们帮助确定句子的意义。

二、词义对应差异

英语和汉语在词义方面的表达有着显著的差异。具体来说，英语更偏向于抽象表达，而汉语则更倾向于形象和具体的表达。英语在处理复杂的概念和理论时，常常使用抽象的词汇。这种方式使得英语在表达高阶概念时更为高效、简洁。例如，英语中的"freedom"可以包含了许多复杂且抽象的概念，比如独立、自由意志、无拘无束等。此外，英语常常借助颜色来隐喻情绪或状态，例如在英语中，"to feel blue"并非字面意思的"感觉是蓝色的"，而是表达了一种忧郁或悲伤的情绪。这种抽象的词义使用在英语中十分常见，而在汉语中则较少见。

相反，汉语的词义表达更倾向于形象和具体。汉语倾向于使用具有强烈解释性的词汇来描述抽象的概念，因此在表达时更加具体和直观。例如，对于自由这个概念，汉语可能会使用词语如"自由自在""无拘无束"等，而非单一的"自由"，这使得汉语在表达时更加细致且形象。同时，汉语中的隐喻通常更为直接和具象，比如"红红火火"表示繁荣昌盛，而非用颜色来象征某种情绪。

语言是随着社会实践的不断变化而发展的，不是静止不变的。词的意义也是如此。无论从哪个角度来理解词义，英汉词语的词义对应情况大致可归纳为以下四种。

（一）完全对应

在这种情况下，汉语词汇可以直接翻译为英语，词义在两种语言中完全对应。例如，"北京"可以直接翻译为"Beijing"，"苹果"可以翻译为"apple"。这类情况在汉译英时其实较为罕见，因为即使是专有名词和术语，也可能受到文化和语境的影响而产生不同的翻译。例如，"长城"在英文中就是"The Great Wall"，这是一个特殊的名称，其词义在英汉之间是完全对应的。

（二）部分对应

许多汉语词汇在英语中只有部分对应的词义，其原因可能是由于词义的广泛性或具体性，或者是因为某种文化或语境的特定性。例如，"面条"在英文中通常被翻译为"noodles"，但这并不能完全表达"面条"的所有意义，因为"noodles"同时也包括了意大利面、拉面等其他类型的面食。又如，"家"在英文中可以被翻译为"home"或者"house"，但是"home"更倾向于描述一个人的居住地，而"house"更偏向于实物的房屋。

（三）不对应

由于文化差异，有些汉语词语在英语中无法找到完全对应的词汇。如"人情味"这个词，它在中文中包含了复杂的社会和文化含义，而在英语中并无对应的单个词语能够全面表达这个概念。在这种情况下，翻译时需要用到注释或者解释的方式。例如，"孝顺"，在英语中无法找到一个完全对应的单词来表达其全部含义。在实际翻译过程中，可能需要使用诸如"respect and care for one's parents"这样的短语来表示。

（四）交叉对应

有些汉语词汇对应的英语词汇不止一个，这通常发生在一词多义的情况下。比如，"打"这个词，在不同的语境中可能被翻译为"hit""strike""beat"等不同的词汇。又比如，"看"，在不同的语境中可以被翻译为"see""watch""read"等。比如"看电影"可以翻译为"watch a movie"，而"看书"则翻译为"read a book"。再比如，"学习"可以被翻译为"learn"或"study"，取决于具体语境。例如，"学习英语"可以翻译为"learn English"，而"我在图书馆学习"则翻译为"I study in the library"。

四、文化内涵差异

各个社会有其独特的文化，文化包罗万象，在社会的各个层面都有所渗透。语言也属于一种特殊的文化，是文化的写照和载体。由于词汇是构成语言的基础，因此各民族文化的特性往往在词汇层面上有所体现。

（一）情感意义差异

语言是社会文化的反映，不同文化对同一事物的评价可能会有所不同，这就造成了英汉两种语言中同一词汇的情感意义存在差异。例如，汉语中的"龙"是神圣的、威猛的象征，如"龙马精神""龙飞凤舞"等，显示出高度的赞美和敬仰。但在英语中，"dragon"往往代表邪恶的、恐怖的动物。因此，翻译时应根据文化和语境进行情感意义的转化。

（二）联想意义差异

不同的文化背景会导致人们对同一事物有不同的联想。以植物为例，"竹"在中国文化中象征坚韧不屈、有高雅的品质，如"青竹"常被用来比喻高尚的人格。然而在英语中，"bamboo"一词并没有这种高尚的联想意义，只是单纯地指一种植物。同样，"rose"在英语中常被用来象征爱情和浪漫，而在中国文化中，"玫瑰"并没有这么深的象征意义，更多的是作为一种普通的花来看待。

（三）象征意义差异

由于英汉两种语言来自不同的文化，一些词汇的象征意义也会有所不同。例如，在中国文化中，"凤凰"是吉祥、美好的象征，有很高的地位，如"凤凰于飞""凤凰涅槃"等。但在英语中，"phoenix"一词主要与重生和永生的概念有关，并无特别吉祥的象征。再如，"黑"在中国文化中往往与神秘、严肃、庄重等概念有关，如"黑马"指出乎意料的胜者。然而在英语中，"black"往往与消极、悲观、恶劣等概念相连，如"black mood"（坏心情）"black market"（黑市）。

第二节　汉英语法差异

语法是一个语言系统的基础框架，它规定了词语如何组成意义完整、通顺的句子。语法包括了词序的规则、句子的结构、时态的变化等多个方面。而且，不同的语言，其语法规则是各不相同的。

一、词序规则差异

词序，也就是语言中词语的排列顺序，是构成句子结构的一个关键元素。汉语和英语，作为两种彼此迥异的语言，其词序差异也自然显著。这些差异源于两种语言的语言习惯、思维方式，甚至是文化背景的不同，因此，理解这些差异对于语言的学习和掌握是至关重要的。

在英语中，词序基本遵循"主语＋谓语＋宾语"（简称 SVO）的规则。例如，"I love you"（我爱你），这是一个非常直接、明确的表达方式，不容易产生歧义。除非在特殊的语境下，如诗歌、歌词或是强调某个句子成分时，否则基本不会改变这个词序。

汉语的词序则显得更为灵活多变。当然，汉语也有一定的基本词序，即"主语＋谓语＋宾语"，例如，"我爱你"。但与英语相比，汉语中的词序有时会因为强调、修辞需要、语境等因素而变化。例如，"你，我爱。"在这里，"你"被提前，以达到强调的效果。同样，汉语中还有宾语前置的情况，如"这本书，我已经看完了。"这样的词序在英语中是难以接受的，但在汉语中却显得完全自然。

此外，汉语中还有许多特殊的词序规则。例如，时间状语、地点状语通常都放在句首或动词之前，如"我昨天去了公园"或"我在公园看到了他"。这在英语中则通常放在句末，如"The concert will start at 7 p.m."（音乐会将在晚上七点开始），或"I saw him in the park."（我在公园看到了他。）汉语的疑问句通常通过疑问词的位置或语气词来构成，而不像英语那样需要借助助动词进行倒装。例如，"你是谁？"在英语中则为"Who are you?"，这里的"are"和"you"进行了倒装。

二、汉英句式差异

句式，即语言中的句子结构，是语言的核心组成部分之一。汉语和英语，作为源自两种不同语言家族的语言，其句式有着显著的不同。一个关键的差异表现在句子的长度和复杂性上：汉语偏向使用短句，而英语更倾向使用长句。汉语会大量使用短句和简洁的句式进行语义表达。这是因为汉语是一种意合型语言，更强调语义的精确表达。每一个短句都承载了特定的信息和含义，通过简洁明了的方式表达出来，使得信息的传递更为直接和清晰。例如，"天气冷。穿上大衣。"这两个简单的短句，各自传递了明确的信息：天气的状态以及由此引发的行动。

相反，英语作为一种形合语言，更注重句子的结构完整性。因此，英语更倾向于使用长句，将多个相关的信息和意思整合在一个句子中。例如，"Due to the cold weather, I put on my overcoat."这句话包含了与前述汉语例子相同的信息，但都集中在一个句子中。请看以下示例。

原文1：他是一个非常有才华的人。他的作品深受人们的喜爱。他的人格魅力也让人们对他充满了敬仰。

译文 2：He is a highly talented individual whose works are widely loved and whose personal charisma commands great respect.

在这个例子中可以看到，英语句子通过使用"whose"这个关系代词，将三个独立的汉语句子巧妙地融合在一起，形成了一个流畅且信息丰富的长句。

原文 2：这个城市的历史悠久。这里的建筑风格独特。这里的食物也非常美味。

译文 2：This city, with its long history, unique architectural style, and delicious food, is truly remarkable.

在这个例子中，英语句子采用了"with its"的结构，将三个描述城市特点的独立句子整合在一起，形成了一个描绘城市全貌的长句。

原文 3：他是一个勤奋的学生。他总是早早地来到学校。他的成绩也非常好。

译文 3：As a diligent student who always arrives at school early, he achieves excellent grades.

在这个例子中，英语句子通过"As a"和"who"的结构，将描述学生特点的三个独立句子连接在一起，形成了一个描绘学生形象的长句。

但这并不意味着英语中就不能使用短句，或者汉语中就不能使用长句。实际上，英语中也常常使用短句以提高语言的直接性和强调度，如在口语或者新闻报道中。"It's cold. Wear your overcoat."这是一个很好的英语短句例子。同样，汉语也可以构造长句，通常通过连词或者虚词将短句进行连接，如"因为天气冷，我穿上了大衣。"

三、汉英主谓结构差异

（一）汉语主谓结构

在形式上，汉语主语类型多样，并且只要符合语法规范且不影响句子理解，既可以出现，也可以不出现；在语义上，汉语主语既能表示施事者，又能表示受事者；既能表示时间，又能表示地点；既可以是名词，也可以是动词或者形容词。

（1）汉语主语形式复杂的具体分析。首先，在汉语中，主语可以省略。例如，在"去超市买菜"这个句子中，主语（我、你、他等）被省略了，但句子的意思仍然清晰；其次，在汉语中，主语可以是名词、代词、数词、量词等。在"三个人在跑步"这个句子中，"三个人"是主语，它是由数词和名词组成的。

（2）汉语语义复杂的具体分析。首先，在汉语中，主语可以表示施事者或受事者。例如，在"蛋糕都被小明吃完了"这个句子中，"蛋糕"是主语，但它是受事者，而不是施事者。其次，在汉语中，主语可以表示时间和地点。例如，"昨天下雨了。"在这个句子中，"昨天"是主语，它表示时间。又如，在"冬天的哈尔滨很冷"这个句子中，"冬天的哈尔滨"是主语，它表示地点。

除此之外，在汉语中，主语可以是动词或形容词。例如，在"长得高就是优势"这个句子中，"长得高"是主语，也是动词短语。又如，在"毛茸茸的最可爱"这个句子中，"毛茸茸的"是主语，也是形容词。

（二）英语主谓结构

英语是一种逻辑感很强的语言，其中一个重要特征就是明确的主谓结构。这种结构要求句子必须有一个主语和一个谓语，主语通常由名词或名词短语组成，而谓语则由动词或动词短语组成。更重要的是，主谓结构在英语中具有强制性的主谓一致规则。在英语的主谓结构中，主语是句子的核心部分，表示执行动作或状态的个体或事物。无论是简单句还是复合句，主语都是不可或缺的。例如在句子"The dog is barking"中，"The dog"就是主语，它是发出动作的主体。这也展示了英语主谓结构的另一个特点，即动词常常表示主语的动作或状态。

谓语部分则是描述主语动作或状态的部分，通常由动词或动词短语组成。例如在句子"The flowers bloom in spring"中，"bloom in spring"

是谓语部分，描述了主语"The flowers"的绽放行为。值得注意的是，英语中的主谓一致规则要求主语和谓语在数量上保持一致。例如，单数主语需要单数形式的动词，复数主语需要复数形式的动词。如"He reads a book"（他读书）和"They read books"（他们读书）。

然而，这种规则在某些情况下会有例外。例如，在表示集合名词时，英美英语的用法有所不同。在美国英语中，集合名词通常被视为单数，如"The team is winning"；而在英国英语中，集合名词可以被视为复数，如"The team are winning"。此外，英语中的主语不仅仅可以是名词或代词，还可以是动名词或不定式短语。如"To err is human"（犯错乃人之常情）中的"To err"就是主语。

四、汉英时态差异

（一）主动与被动

汉语和英语在使用主动和被动语态上的表达方式和习惯存在显著差异。在这个方面，最明显的差别就是汉语更多地使用主动语态，而英语则更倾向于使用被动语态。汉语中的语态表达相对较为隐性和内蕴，常常通过语境和语义来传达语态信息。例如，汉语句子"老师批改了作业"，在没有明确语境的情况下，可以理解为主动语态（老师主动批改了作业），也可以理解为被动语态（作业被老师批改了）。这种语态的灵活性反映了汉语重语义不重形式的特点。而在需要明确表示被动语态时，汉语通常使用"被""叫""让"等被动词，如"作业被老师批改了"。

相比之下，英语在语态表示上则明确得多。主动语态和被动语态有着清晰的形式区别。例如，"The teacher corrected the homework"（老师批改了作业，主动语态）和"The homework was corrected by the teacher"（作业被老师批改了，被动语态）。英语使用被动语态的情况比较多，特别是在科学、学术和正式的语境中，使用被动语态可以使句子显得更客观和中立。例如，科学论文中常见的表述方式如"The experiment was conducted…"（实验被进行了）。此外，英语中的被动语态也可以用于强调句子的信息焦点。例如，在"The cake was eaten by John"这句话中，"The cake"是句子的主语，被放在句首位置，则表示强调。

（二）过去、现在和将来

英语句子主要通过语法手段，即词形的变化来表示过去、现在和将来，如：go、going、went、gone 等。而汉语句子却会通过词汇手段和句法手段的变化来表示时态的变化，如用"了""着""过""已经""将要""正在""马上""今天""明天"等词，而动词本身没有任何变化。请看以下示例。

1. 过去时

英语：I played football yesterday.

汉语：我昨天踢足球了。

在英语中，动词"play"变为过去式"played"来表示过去时态。而在汉语中，动词"踢"没有变化，而是通过添加了助词"了"和时间状语"昨天"来表示过去时态。

2. 现在时

英语：I am playing football.

汉语：我正在踢足球。

在英语中，使用 be 动词"am"和动词的现在分词形式"playing"来表示现在进行时。而在汉语中，动词"踢"没有变化，而是通过添加副词"正在"来表示现在进行时。

3. 将来时

英语：I will play football tomorrow.

汉语：我明天会踢足球。

在英语中，使用"will"和动词的原型"play"来表示将来时。而在汉语中，动词"踢"没有变化，而是通过添加助词"会"和时间状语"明天"来表示将来时。

第三节 汉英修辞差异

在汉英翻译的过程中，译者可能会遇到一个共同的问题：他们的译文为何总是显得不够流畅，或者说，为何他们的英语（或汉语）表达不够地道？这种情况的出现有多种原因，其中一个关键因素就是译者尚未完全掌握目标语言的修辞规则。修辞，也就是使用语言进行表达的艺术，深受其所处的文化背景影响。不同的文化在运用语言时会以各自独特的方式进行调整、修饰和优化。因此，汉语和英语在词汇、语法等方面的差异以外，还在修辞方面，即选词和造句方面展现出各自的规则和特点。

理解和掌握这些修辞差异对于进行跨文化交流的人们极其重要，因为这可以帮助他们更有效地进行交流。对于译者来说，了解并掌握这些差异同样至关重要，因为这有助于他们在翻译过程中避免一些常见问题，提升译文的品质。尽管此处的讨论只能对两种语言的修辞规则进行简略的比较和探讨，但希望能够为译者在掌握和应用这些规则方面提供一些启示。因为译者需要明白的是，无论在汉语还是英语中，有效且地道的表达都需要对修辞规则有深入的理解和运用。

一、语义修辞

英汉语言都在表达中广泛应用各种修辞技巧，其中包括比喻、委婉、夸张、双关和移就等形式。这些修辞技巧都是通过创新的语言组合和超越日常逻辑的思维方式，生成一种超出常规的新的词汇或语言意义。在翻译英汉修辞表达时，译者须特别注意保持译文在目标语言中的自然性和流畅性。以下是针对比喻、夸张和委婉这三种语义修辞方式在翻译中的分析。

（一）比 喻

比喻是一种通过将所要描述的事物与某种具有相似特点的事物相比较，以便使表达更加生动和鲜明的修辞方式。比喻的四个基本元素分别是：被比较的事物（本体）、用来比较的事物（喻体）、比喻的媒介词和它们之间的相似之处。比喻主要可分为明喻、暗喻、借喻和提喻四种类型，对应到英语中分别是 simile、metaphor、metonymy 和 synecdoche。这里主要讨论明喻和暗喻的差异。

明喻在英语中通常由"like"或"as""as if"引导，用来明确比较两个或更多的不同事物。在汉语中，明喻与英语中的 simile 非常相似，四个基本元素都必须齐全。同时，汉语的比喻媒介词比英语要丰富得多，包括"像""仿佛""如同""犹如""好似"等。翻译时，译者可以根据语境选择直译或意译。暗喻在英语中是指通过将一个事物视为另一个事物，从而隐含地比较两个或更多的不同事物。这种方式在汉语中同样常见，与英语中的 metaphor 对应。暗喻的特点在于不使用比喻媒介词，有时甚至只有本体存在，这使得比喻与被比喻的事物之间的关系不易看出。

（二）夸 张

夸张这一修辞手法在英语中表现为对某一事物或情况的夸大描述，其本身并非单纯的字面意思，需要读者进一步理解和解读。汉语中的夸张则是通过对事物进行夸大或缩小的描述，甚至在某些情况下，以违反常规的方式进行表述，以达到强调和突出的目的。尽管表述上有过度夸大的成分，但这种夸张的修辞方式的实质和深层含义是与现实情况相符的。夸张的目的在于揭示事物的本质，增强语言的感染力，激发人们的想象力，并通过这种方式，达到一种既严肃又滑稽的效果。例如，英语中的表述"I'm so hungry I could eat a horse."尽管字面上是"我饿得可以吃掉一匹马"，但实际上，这只是表达了极度的饥饿状态。翻译时，译者通常可以直接将原文的夸张结构翻译到目标语言中，同时也要注意保持这种夸张的语气和风格。

（三）委　婉

在英语中，委婉语是一种以含蓄、礼貌的方式来表达一些可能使人感到尴尬或忌讳的话题，如性、身体、死亡等。当需要谈论这些令人不悦或不适的话题时，英语习惯使用委婉的方式来间接地暗示其含义，以此来保持交流的得体性。例如，英语中的"pass away"是对"die"的委婉表达，汉语中的"逝世""与世长辞""牺牲"等是对"死亡"的委婉表达，这些表达方式更显得含蓄、得体。尽管英汉两种语言的委婉语在语用功能和语义特征上有很大的相似性，但由于英汉两种语言背后的思维方式、审美标准和价值观的差异，它们在具体的表达方式上也存在着差异。因此，翻译时，译者需要灵活地根据具体的语境，选择保留原文的委婉表达，或者选择用译文的委婉表达来替换原文的表达。这需要译者深入理解源语言和目标语言的文化背景和语言规则，以确保译文的准确性和自然性。

二、结构修辞

结构修辞是一个通过调整语言表达中词语组合和排列顺序的修辞手法，其主要目的是创造强烈的强调效果。这种修辞形式在英语和汉语中都有广泛的应用，但由于两种语言在词汇和结构特征上的差异，其实现方式和效果也存在显著差异。

（一）平行结构

平行结构是结构修辞的一种重要形式，它涉及相同或类似的结构、相关的语义和一致的语气的词组或句子的连续重复。英语中的平行结构侧重于通过平行的结构来表达意义不同的内容，这在一定程度上类似于汉语中的排比。由于英语词汇和结构的特点，其平行结构的要求通常不会过于严格，大多时候只需要达到大体上的平行即可。

英语中的平行结构往往通过语言形式的相似性，强调语义内容的对比或连贯性。例如，马丁·路德·金的著名演说"I have a dream"，其中"I have a dream"这一句子的反复出现，形成了平行结构，增强了演讲的感染力，使听众对他的梦想有了深刻的记忆。然而，在英汉翻译中，平行结构的处理需要具备灵活性和巧妙性。首先，由于英语和汉语的结构特性和表达习惯的差异，一些在英语中自然流畅的平行结构，在汉语中可能显得生硬或重复。比如英语中常见的"not only... but also..."结构，如果直译为汉语就可能过于啰唆，需要适当调整为"既……也……"结构来保持语言的流畅性。

由于英语和汉语对词汇重复的接受度不同，英语中的平行结构往往会采用替代或省略的手法来避免重复，而汉语中则更倾向于通过词汇的重复来实现强调。因此，在处理平行结构时，译者需要根据语境灵活选择保留原文的平行结构，或者采用替换、省略等方式来调整平行结构，以达到符合目标语言习惯的译文表达。

此外，考虑到平行结构的强调作用，有时候保留原文的平行结构并不一定能有效传达原文的强调意图。比如，如果一个句子中包含了多个并列的平行结构，而这些平行结构之间的关系在原文中没有明确指出，直接保留原文的平行结构可能会使译文的意思变得模糊不清。在这种情况下，翻译者可能需要对原文的平行结构进行适当的调整，例如通过增加连接词或者调整词序，来明确平行结构之间的逻辑关系，从而使译文的意思更加明确。

（二）对　照

在英语中，对照作为一种常见的修辞手法，通过将两个对立或相似的事物进行比较，产生深刻的影响。例如，在狄更斯的作品《双城记》的开篇："It was the best of times, it was the worst of times..."通过对最好的时代与最坏的时代的对照，形成了强烈的对比效果，从而对读者产生深刻影响。在汉语中使用对照修辞的例子也非常常见。例如，成语"欢天喜地"就使用了对照修辞。这里，"欢天"和"喜地"分别表示了高兴到可以使天空和大地都感受到的程度，构成了一种对照关系。这样的表达形式使得语言更加生动形象，表达出了人们极度欢喜的情感状态。

然而，在英汉翻译中，对照修辞的处理常常具有挑战性。由于英语和汉语的语言结构、语法规则和表达习惯的不同，对照修辞的直接翻译可能会导致译文的表达不够流畅或含义不够明确。因此，在处理对照修辞时，译者需要根据译入语的语法规则和表达习惯，适当调整原文的语言结构和表达方式，以保证译文的语言流畅性和含义明确性。

除此之外，对照修辞往往涉及具有文化特色的语言元素，这些元素在源语言中可能具有特定的意义和感情色彩，但在目标语言中可能没有对应的表达方式。因此，翻译者在处理这些元素时，需要根据目标语言的文化背景和表达习惯，选择合适的译词或表达方式，以保证译文的文化适应性。例如，英语中有一句常见的说法："Actions speak louder than words." 如果直接翻译成"行动比话语更响亮"，可能会使人困惑。而如果译为"行动胜于雄辩"，则更符合汉语的表达习惯，更能体现出原文的对比修辞效果。

三、音韵修辞

音韵修辞是一种重要的修辞技巧，它依赖于语言的音韵特征，通过声音的高低、节奏和长短的变化，产生鲜明、生动和形象的语言效果。英语和汉语都广泛使用音韵修辞，虽然两种语言的音韵系统有所不同，但都能借助音韵修辞创造出富有韵律美感的语言效果。

在英语中，音韵修辞主要表现为押韵、同音词和音节的重复等方式。例如，押韵是一种常见的音韵修辞手法，主要通过词尾的音节重复来增强语言的韵律感。诸如 "I think that I shall never see a poem lovely as a tree." 这种押韵方式，使得整句话读起来更具韵律感。另外，音节的重复也是一种常见的音韵修辞手法，也就是人们常说的"头韵"。比如："Peter Piper picked a peck of pickled peppers." 这句话中的"p"的重复使用，增强了语句的节奏感和音乐性。

在汉语中，音韵修辞的手法更为丰富，包括平仄、押韵、对仗、叠词等。如古诗中的平仄和押韵就是典型的音韵修辞手法。比如，《静夜思》中的"床前明月光，疑是地上霜"，利用平仄和押韵，形成了富有韵律感的语言效果。

对仗和叠词也是汉语中常见的音韵修辞手法，如"人山人海""高矮胖瘦"等。这些修辞手法，不仅有助于增强语言的韵律感，也使得表达更加生动形象。

第四节　汉英语篇差异

一、语篇的定义与内涵

语篇可以理解为一个更大的语言单位，它包括了词汇、句法、语境等多个要素，这些要素共同构建了语篇的内涵和功能。在实际的语言交流中，语篇不仅仅是单个句子或词汇的堆叠，而是需要遵循一定的组织结构和逻辑关系来传达特定的信息和意图。语篇可以视为一种语言表达的艺术，它的形式可以多样，可以是一首歌曲、一段对话、一篇文章，甚至一部小说或一部电影。

语篇的功能和意义往往是根据其组织结构来确定的。在一个良好组织的语篇中，信息的传递是有序的，每个部分都承担着特定的功能，与其他部分相互配合，共同达到语篇的整体意义。比如，在一个故事中，引言部分可能设置场景和背景，接下来的情节发展部分推动故事情节，最后的结尾部分对故事进行升华。这种组织方式使得读者能够更好地理解和感知故事的内容和意图。

二、汉英语篇差异

（一）语篇衔接手段差异

英语语篇中，结构的完整性是一个显著特点。具有明确的主干和分支，它们之间的关系通过形态变化和丰富的连接手段进行明确标示，这种语篇组织方式可以比喻为"葡萄型"。在这种类型的语篇中，主干结构简洁明了，而周围的分支通过各种扩展元素进行扩展和延伸。这种结构使得英语语篇具有严密的时间和空间逻辑框架，增强了语篇的连贯性。

相比之下，汉语语篇的表达则更为流畅和均衡。过多的连接手段可能会打破其节奏，而且汉语语篇中的衔接大多通过词汇来进行，而不是形态变化。汉语在表达时空和语义关系时，更倾向于使用意合手段，呈现出"竹节型"的特点。在这种类型的语篇中，句子和词组如同竹子的节，按照自然的时间顺序平面展开，形成一种自由流动的叙述方式。

在汉语中，省略并列连词和隐性表达从属关系是常见的现象。例如，"东西南北"和"中美关系"，这些表达并没有明显的并列连词，但读者可以从上下文中明白它们之间的并列关系。同样，句子之间的从属关系常常通过语境和语义关系来隐性表示，而不需要英语中的关系代词、关系副词等。具体分析，英汉语篇在照应、连接和省略这三项语法衔接手段方面具有较大差异。

1. 照应

照应在语言中是一种重要的语义关系，通常是指一个词是如何通过上下文关联而被理解的。在英语中，照应通常依赖于代词（如 he，she，it）和指示代词（如 this，that）。例如，在句子"He is an author. He wrote many books."中，第二句的"He"就是照应第一句中的"author"。然而在汉语中，由于缺乏关系代词，照应关系的建立依赖于词汇的内在联系和上下文语境。比如，"小明喜欢读书。他的书房里堆满了各种书。"在这里，"他"是对"小明"的照应。

2. 连接

连接是语篇的重要组成部分，它确保了语篇的连贯性。在英语中，连接词（如 but，and，because）在句子中的角色十分明显，它们将不同的句子或句子部分连接起来，如 "The cake is sweet, but it is too dry." 在这句话中，"but" 是连接词，明确地表示出两个句子之间的关系。相反，汉语的连接方式往往更为隐性和灵活，像是对偶和排比等修辞手法。比如，"人山人海，热闹非凡。" 在这个例子中，通过对偶和排比的手法形成了一种内在的连接。

3. 省略

省略在语言中是一种常见的现象，尤其在口语中更为明显。在英语中，由于其语法结构的严谨性，某些情况下允许省略，比如 "The boy bought a book and (he) read it immediately." 在这个句子中，第二个 "he" 被省略了。然而在汉语中，主语的省略更为常见，因为上下文已经为读者提供了足够的信息来理解省略的部分。例如，"她买了一本书，立刻就开始读了。" 在这里，"她" 就被省略了。

（二）语篇段落结构差异

理解英汉语篇段落结构的差异，实际上是理解两种语言的思维方式和表达习惯的差异。英语语篇的结构呈现出直线型的特点，而汉语则更偏向螺旋形的结构。英语的直线型结构强调逻辑性和明确性，而汉语的螺旋形结构强调深入和丰富，两者各有其特点，理解这些差异对于学习者更好地理解和使用这两种语言是十分有帮助的。

1. 英语直线型结构

英语语篇的直线型结构，旨在明确、逻辑、直接，一般首先会给出中心主题，然后逐一解释，层层深入。这样的方式，使得读者在开始阅读时就能对全文的主题有一个大致的理解，然后随着阅读的深入，对主题的理解也会逐渐加深。以一篇关于环保的文章为例，文章可能会首先指出："Climate change is the most urgent issue of our time." 然后，接下来的句子或段落将分别探讨气候变化的影响，如极端天气、海平面上升、生态系统的影响等，每个部分都是对主题的深入探讨。由此，读者可以清晰地了解到气候变化带来的各种问题，从而理解其为何被定义为最紧迫的问题。

2. 汉语螺旋形结构

相比之下，汉语语篇的螺旋形结构则更符合中国人的思维方式，即通过逐步深化的方式来处理一个主题。这种方式，看似重复，实则是一种对主题深入挖掘的方式，每一次的"回旋"都会使主题更加深入和丰富。比如，关于中国古典文学的一篇文章，可能首先给出主题："红楼梦是中国古代四大名著之一。"然后，作者可能先描绘了《红楼梦》的概括性内容，接着介绍人物关系，再进一步讲述主要人物的性格特点，再到书中的象征意义等。这些都是对主题的再次阐述和深化，每次的"回旋"都在以不同的角度深化和丰富主题。这种螺旋形结构体现了中国人特有的"状物思人"的文化特质，是逐层深化、由浅入深的思维方式的体现。

（三）语篇组织模式差异

语篇组织模式是指在语篇构建过程中，作者如何组织和安排句子以形成一致、连贯的文本的一种模式。这种模式可以帮助读者更好地理解作者的主张和论点，也是评估一个文本是否成功的重要标准。在各种语言中，这种模式可能会有所不同，反映了不同的文化和思维方式。对于中西两种语篇，其段落组织模式存在相似的地方，即都使用主张—反主张模式叙事模式、匹配比较模式等，但是二者也存在差异。

1. 英语语篇组织模式

在英语语篇的段落组织模式中，可以明显分辨出五种主要的模式：主张—反主张模式、叙事模式、匹配比较模式、概括—具体模式以及问题—解决模式。下面主要介绍概括—具体模式和问题—解决模式。

（1）概括—具体模式是英语中最具有代表性的常见模式，也被称为"一般—特殊模式"。它的核心是，先提出一个总体的观点或概述，然后通过列举具体的例子或事实来支持或展开这个总体观点。举例来说，假设一篇论文的主题是"社交媒体的影响"。文章可能首先提出总体观点："社交媒体正在深刻地改变我们的生活。"接着，文章可能会分别探讨社交媒体在各个方面的具体影响，比如它如何改变了人们获取信息的方式、如何影响了人们的社交行为以及如何影响了人们的购买行为等。这样，读者可以从总体和具体两个层面，深入理解社交媒体对人们生活的影响。

（2）问题—解决模式在英语语篇中也十分常见，特别是在新闻报道、科学论文等类型的文章中。这种模式先设置一个问题或情境，然后提出并评估解决方法。该模式的基本程序主要包含以下五点。

第一点：说明情景。

第二点：出现问题。

第三点：针对问题给出相应的反应。

第四点：提出解决问题的具体办法。

第五点：对办法进行详细评价。

例如，在一篇关于某疫苗分配的新闻报道中，可能先描述了当前全球疫苗分配不均的问题，并表示该问题的严重性，然后针对该问题提出了几种可能的解决方案，如增加生产、调整分配策略等，最后对这些方案进行评估，分析其可能的影响和效果。这种模式能帮助读者理解问题的严重性，并引导读者思考和评估可能的解决方案。

2.汉语语篇组织模式

在理解和比较汉语和英语的段落组织模式时，可以发现汉语语篇的组织模式有一些独特的特点。

（1）汉语语篇的重心和焦点位置往往位于句首，但并不绝对，它具有一定的流动性和灵活性。在具体的语境中，汉语的重心和焦点位置有可能在句尾，甚至在段落的中间，这取决于作者的写作意图和具体内容。例如，假设有一篇游记的开头："长城的雄伟壮丽让我深深震撼，它的历史沉淀和人文内涵让我为之动容。走在每一步石板路上，仿佛能听到历史的呼唤。然而，让我最难忘的却是与路人的一次简短交谈。"在这段文字中，重心和焦点在段落的最后，那次与路人的交谈。这是作者想要引导读者关注的重点，展示了汉语语篇段落组织的灵活性。

（2）汉语语篇的重心和焦点有时候并不明显，没有在段落中特定的位置体现出来，甚至可以说没有明确的重心句和焦点句。这种情况下，每个句子都可能成为段落的焦点，共同构成一个完整的信息体。请看一段描述苏州园林的文字："拙政园是中国最著名的园林之一，美丽的湖水、错落有致的建筑和精致的小径让人流连忘返。您可以在其中闲逛，欣赏倒映在湖面的亭台楼阁，也可以静静地坐在石凳上，聆听风吹过竹林的声音。"在这个例子中，语篇重心和焦点并没有特定的位置，每个句子都在描述拙政园的不同方面，一起构建出一个全面、立体的拙政园形象。

在深入理解和比较英语与汉语的段落组织模式后，可以发现汉语语篇的特点既包含了具有流动性和灵活性的重心与焦点位置，也包含了重心和焦点可能的模糊性。这些特征的存在赋予了汉语语篇丰富的多样性和高度的自由度，使得汉语能更加细腻和准确地描述复杂、多元的事物或情景。这也意味着汉语语篇能够以更加全面的方式展现主题，为读者提供一个更广阔的视角去理解和欣赏文本。

第四章 跨文化视角下外宣翻译的文化对比

第一节 汉英语言文化对比

一、语言文化的概念内涵

语言文化是一种特殊的文化形式，它包括特定的语言以及使用那种语言的社区的风俗、传统、观念和价值观。语言不仅是一种交流工具，它也反映了社会的历史、地理、心理、身份和权力等方面。简单来说，语言文化就是通过语言反映出来的文化。语言文化突出体现在以下两个方面：第一，语言习惯。这包括用语、俚语、惯用语等，它们反映了特定文化的一些常见观念和行为模式。第二，文化习俗。这包括通过语言传达的风俗、传统、节日、神话、故事等，它们是特定文化的重要组成部分。本节将通过习语文化、称谓语文化和委婉语文化方面的对比研究展现汉英语言文化的异同。

二、汉英语言文化对比分析

（一）汉语和英语中的习惯用语文化对比分析

习惯用语，作为语言的一种重要形式，它是在长期的语言使用中形成，具有固定的表达和意义，是语言中的精练和高效元素。它们是独特的，无法通过字面意思做到完全理解，需要理结合语境理解其含义，同时也不能轻易地对其组成部分进行调整或替换。习惯用语是一种独特的语言现象，它把文化、历史、哲学和人们的生活经验浓缩在短短的几个词语之间。

在语义上，习惯用语构成了一个不可分割的整体，其整体的意义超过了其部分的累积。尽管习惯用语由单独的词语组成，但这些词语在习惯用语中的意义往往与其在其他语境中的意义大不相同。也就是说，习惯用语的整体意义不是其组成部分的简单组合，而是经过特殊的语义整合形成的新的含义。在结构上，习惯用语的词序和构造都是固定的，无法随意调整。就像一种特殊的配方，每个词在习惯用语中都有其特定的位置和角色，只有当所有的元素都按照规定的顺序和方式组合在一起时，习惯用语才能发挥其特殊的语义功能。

习惯用语是语言的骨干和精髓，它们赋予语言独特的韵律和魅力，使得语言表达更加生动，富有深度。习惯用语的运用往往能够让语言表达更加生动形象，富有文化色彩，从而使得语言表达更有力量。习惯用语包含了丰富的文化信息和历史内涵，是一种语言的历史和文化的痕迹，同时也是对生活智慧的体现。[①]

1. 广义上的汉英习惯用语

无论是在汉语中还是在英语中，习惯用语都占据着重要的地位。汉语的习惯用语包括成语、谚语、俗语、俚语、歇后语等，而英语的习惯用语则包括俗语、短语、谚语等。不同的习惯用语类型反映了不同的文化特色和语言习惯。尽管汉语和英语的习惯用语在形式和表达上有所不同，但它们都承载了各自文化的精华，是语言中的瑰宝。汉语习惯用语的多样性和

---

① 杨元刚. 英汉词语文化语义对比研究 [M]. 武汉：武汉大学出版社，2008：188-189.

丰富性是其魅力的来源，它们以不同的形式表现出了中国文化的独特性和深度。其中，成语、谚语、歇后语等构成了习惯用语的重要部分。

成语是汉语习惯用语中非常核心的一个组成部分，主要包括四个汉字，且这四个字的顺序和构造不能轻易地改变。成语源于中国古代文学和历史，它们通常包含丰富的历史故事和文化内涵，常常用来以简洁精练的方式表达复杂的意念和观点。比如"井底之蛙"取自《庄子·秋水》，形象地描绘了视野狭窄的人。谚语则是民间流传的、言简意赅的普通话语，它们通常以口语形式出现，富有生活智慧和人民群众的思考。谚语以其生动形象和语义明确的特点被广大民众所喜爱。比如"瑞雪兆丰年"意味着好的预兆往往预示着美好的未来。歇后语是汉语习惯用语的另一种特殊形式，通常由两部分组成，前一部分是比喻，后一部分是解释，常常只说出前一部分，后一部分不言自明。例如"泥菩萨过河——自身难保"就是一个典型的歇后语。

在英语中，习惯用语通常被称为 idiom 或 set phrase。它们是在长期的语言使用过程中形成的固定的词组或短句，具有独特的内涵和结构。这些习惯用语不能从字面上理解，而需要理解其在语境中的实际意义。比如英语的习惯用语"kick the bucket"并不是指踢桶，而是表示"死亡"。

习惯用语在英语中的范围比较广泛，包括 proverbs 和 sayings。"proverbs"如"A bird in the hand is worth two in the bush."（手中一鸟胜过林中两鸟），即现有的好处比未得到的好处要实在得多。"sayings"像"Every cloud has a silver lining."（乌云背后总有银边）这句话表达的是在困境或不幸中总会有一线希望的道理。"bread and butter"或"pros and cons"这两个短语可以分别翻译为"面包和黄油"和"利弊"，但在具体语境中，它们往往不是字面意思。例如"bread and butter"通常用来指代基础的生计或基础需求，而"pros and cons"则用来表示事情的优点和缺点。

2. 汉英习语的主要类型

在探讨习惯用语的内涵和分类时，可以依据各部分词义与整体词义关系的差异，将习惯用语划分为三种主要类型：融合性习惯用语、综合性习惯用语和组合性习惯用语。

（1）融合性习惯用语是整体意义与各组成部分词义无直接联系的习惯用语。这类习惯用语往往源自特定的历史、文化背景或特定的语境，因此，即使了解其各个组成词的字面意义，也无法直接推导出其整体意义。例如，以英文习惯用语"Bite the bullet"为例，其字面意思是"咬住子弹"，但在使用时，它的实际意思是"勇敢地面对困难或挑战"。这个短语的来源是在早期的战争中没有麻醉药时，士兵在接受手术时会咬住一颗子弹以忍受疼痛。同样，若单纯从字面上理解汉语习语"画蛇添足"，人们无法推知其实际意思"多此一举"。

（2）综合性习惯用语是指整体意义虽不等于各部分词义之和，但可以通过比喻或象征的方式从组成词汇推断出来的习惯用语。它们通常带有强烈的形象性和隐喻性。例如，英文习惯用语"to smell a rat"（嗅到鼠的气味）实际上表示"感觉到可疑"的意思，用"嗅到老鼠的气味"这一形象的比喻，寓意对某事的怀疑。同样，汉语习惯用语"瓜熟蒂落"，通过"瓜熟了自然会从藤上掉下来"这一自然景象，隐喻事情自然而然地发生或结果的出现。

（3）组合性习惯用语是指整体意义可以通过各组成词义的直接组合或合成推知的习惯用语。在这类习惯用语中，可以明显看到某个词语的意义受到限制，而其他部分则保持其原有意义。例如，英文习惯用语"take a break"（休息一下）可以直接通过"take"（拿取）和"break"（休息）两个词的字面意思推知其整体意思。汉语习惯用语"捧场打酱油"可以理解为以旁观者的身份在现场为他人助阵。

3. 汉英习惯用语的文化差异

（1）地域文化差异。英汉习惯用语的地域文化差异是一个值得深入探讨的话题。习惯用语作为一种语言现象，其深层含义和应用范围往往与其源自的文化背景息息相关。通过对比英汉习惯用语，学习者可以更清晰地看到两种语言中地域文化的影响。

从英语习惯用语来看，由于英国和许多使用英语的国家都处在海洋周边，发展了丰富的海洋文化，因此与海洋、航海和捕鱼有关的习惯用语在英语中非常丰富。比如"plain sailing"（一帆风顺）"sink or swim"（孤注一掷）等，这些习惯用语不仅揭示了英国等国家的人民依赖海洋的生活方式，也体现了他们面对困难时勇往直前的性格特征。此外，诸如"big fish"（重要人物）这样的习语，再次证明了海洋文化在英语习惯用语中的深远影响。

相对于英语的海洋文化，中国则以农业文化为主，因为中国是一个拥有广大土地资源和适宜农耕的气候的国家。在汉语中，大量的习惯用语都与农业生产和生活有关，反映出中国古代社会的生活方式。例如，"春华秋实"用来形容事物的成长过程，"雨后春笋"用来形容事物快速增长。这些习惯用语不仅反映了中国古代农业社会的生活图景，也揭示了中国传统文化中的一些核心价值观。

（2）神话、寓言差异。汉语和英语作为两种具有丰富历史和文化底蕴的语言，习惯用语的形成在很大程度上受到各自源自的神话传说、寓言故事的影响。这种来源文化的差异为习惯用语赋予了各自独特的色彩。

汉语中许多习惯用语源自中国古代的神话传说，比如"夸父逐日"象征着无私的奉献精神和顽强不屈的精神；"精卫填海"则体现了坚韧不拔、孜孜不倦的精神。还有那些寓言故事，如"叶公好龙"，讲述了一个人表面上声称自己喜欢某事物，但实际上并非真心实意的故事，进一步揭示了假象与实质的矛盾。这些习惯用语代表了中国文化中重视道德品质、强调团结协作和坚韧不拔精神的价值观。

许多英语习惯用语源于西方的神话传说和寓言，如"dead sea fruit"，象征了表面上看起来吸引人，但实际内在却毫无价值的事物；

"apple of discord"则源自希腊神话中的金苹果之争，用来描述引起纷争的原因或焦点。这类习惯用语在某种程度上揭示了西方文化中对理性批判和对现实世界的透视。再如"sour grape"这个习惯用语，源于《伊索寓言》中的一则寓言故事，用来描述那些无法得到某样东西后，就贬低该物或者说不再喜欢它的行为。这些习惯用语代表了西方文化中强调个人主义、实用主义和批判性思维的价值观。

（3）历史事件差异。习惯用语不仅仅是语言表达的工具，更是一种文化的载体。汉英习惯用语的差异性源自两种语言背后所代表的文化中对历史事件、人物以及社会行为的不同认知和表达方式。汉语习惯用语更多地反映了中国的历史故事和道德观念，而英语习惯用语则更多地揭示了西方的独立思考、冒险精神和坚持原则。这种差异性是语言与文化密切关系的生动体现，也是人类文化多样性的体现。

汉语习惯用语，尤其是历史习语，往往与中国古代的历史事件和人物密切相关。比如，"三顾茅庐"反映了刘备诚心诚意求才的精神，"四面楚歌"揭示了处于孤立无援的困境，"司马昭之心，路人皆知"则揭示了一个人的阴谋诡计已为众人所知的现象。这些习惯用语几乎都与中国历史中的重大事件和人物相关，反映了中国古代社会的价值观和行为模式。更重要的是，它们在揭示历史事件和人物的同时，也体现了中国古代文化中重视团体合作，崇尚道德和儒家思想的特点。

英语的习惯用语经常借鉴西方的历史事件和重要人物。这些习惯用语深深根植于西方文化的土壤中，凸显出其独特的价值观和观察生活的角度。例如，习惯用语"Parthian arrow"源自古代的帕提亚骑兵，他们擅长在撤退时向敌人射出致命的箭矢。这个习惯用语用来描述在看似绝望的情况下，仍不放弃向对手施加压力、维持对抗的情况。这不仅体现了西方文化中对于战术的理解，同时也暗示了西方文化中倡导的坚持原则、独立思考和冒险探索的精神。在英语习惯用语中，经常可以看到对于个人英勇行为和决策的赞扬，这反映出西方文化中对个人主义的崇尚，也体现了西方社会对于独立思考、创新突破和勇敢探索的鼓励。英语习惯用语通过这些生动的历史事件和人物塑造，成为一种独特的表达方式，同时也使得这些历史事件和文化价值得以传承。

尽管汉语和英语的文化背景大相径庭，但在习惯用语的创造和使用上，两种语言仍存在一些共性。其中一个最明显的例子就是汉语的"破釜沉舟"与英语的"burn one's boats"。这两个习惯用语都来源于各自的历史故事，都是用来表达一种决绝的态度和无路可退的决心。"破釜沉舟"源于中国古代战争，当战士们跨过了大河，他们破掉了锅，沉了舟，表示他们已经没有后路，只有前进和战斗。同样，英语中的"burn one's boats"源自历史上的军事行动，意味着在进攻前烧毁自己的船只，从而剥夺了自己退路，全军只能勇往直前。

这两个习惯用语在表达形式和内容上都有惊人的相似性，它们都强调了人类面对困境时的决心和毅力。这种相似性反映了尽管文化背景和历史环境不同，人类在面对困难和挑战时展现出的决心和勇气是相通的。这是一种人性的普遍性，也是人类文化的共性。

（二）汉英问候语文化对比分析

问候是一种社交行为，通常出现在人们见面时或者在通信中。它是一种表达关心、尊重、友善和热情的方式。问候可以是简单的如"你好"，也可以是询问别人的近况、表达祝福等。问候是人类社交活动的基本组成部分，无论在日常交往还是在正式场合，都扮演着至关重要的角色。

问候语文化则是指在一定文化背景和社会环境下形成并流传下来的问候习惯和规范。每种文化都有其独特的问候方式，这些方式深受该文化的价值观、信仰、社会结构以及历史传统等多方面因素的影响。例如，亚洲一些地方的文化中，鞠躬是一种常见的问候方式，反映了这些文化中对尊重和谦逊的高度重视。而在欧美，握手则是一种常见的问候方式，代表了平等和开放的交往态度。

1.关心式问候

在中国的社交环境中，表现出对他人生活细节的关心是一种常见的问候方式。例如，中国人常会问"最近忙什么呢？"或者"今天吃什么好的？"这些问题并没有实际的意图或预期得到具体的答案，它们更像是一种表达关心和亲近的方式。但是，如果这样的问候方式用在英语的语境中，就可能会引起误解。如果一个中国人问一个英国人"你吃过早餐了吗？"英国人可能会认为这是在邀请他们一起吃早餐，或者是在过分关心他们的个人生活。在英语的问候中，通常会更倾向于使用较为抽象和广泛的问题，如"How are you?"或"How's everything going?"以此表示关心但不涉及过多的个人私生活细节。

2.赞美式问候

中国人和外国人都会在问候时夹带一些赞美的话语，然而具体的形式和含义却存在显著的差异。在中国，长时间未见的朋友可能会相互赞美对方"越来越漂亮了"或者"变瘦了"，这样的称赞更偏向于具体的形象或者体态的改变。但在西方文化中，相同的情况可能会听到"You look great!"这样的评价，这样的赞美更加泛化，不特指某个方面的变化。此外，中国人在称赞时经常使用的"你一点都没变"这样的话语，对于中国人来说，是对稳定和持久的友情的一种赞美。然而，如果这句话被用在英语的语境中，可能会被理解为对方一直停留在原地，没有进步，从而带有一定的贬义。

3.谈话式问候

对于交谈式问候的方式，中西文化也呈现出鲜明的差异。在中国，人们通常会询问对方的日常活动或状态，比如"最近在忙什么？"或者"工作顺利吗？"这类的问题都是常见的开场白，其目的是启动对话并加强社交关系。但是，这样的问候方式可能会在西方文化中引起误解，可能被视为对隐私的侵犯。西方人在打招呼时，通常会选择比较中性且普遍的话题，比如天气，而不会涉及具体的个人生活或工作细节。例如，

"今天天气不错，对吧？"这样的话语在英语的日常对话中十分常见。

这种差异的产生，既是文化背景的影响，也与个人隐私的界定有关。在中国文化中，人们习惯于通过询问对方的生活细节来表达关心，显示出一种亲近感，这也是一种社交互动的方式。而在西方文化中，个人生活被认为是私人领域，不适合在初次见面或不太熟悉的人之间谈论，因此，西方人更倾向于选择一些公共领域的话题作为交谈的开头。这些差异反映了两种文化对个人隐私的不同认知和理解。理解这些差异，能够帮助人们在跨文化交流中更好地进行沟通和理解，避免出现冲突和误解。因此，无论是在学习语言还是进行跨文化交流时，人们都需要关注这些微妙的文化差异，并尊重各自的文化传统和习俗。

（三）汉英称谓语文化对比分析

1. 亲戚关系称谓

汉英亲属称谓语文化的差异显然涉及了许多复杂的因素，包括宗族观、血缘与婚姻关系以及性别界限的表达方式。

（1）宗族观念的体现。从宗族观念的角度来看，汉语的亲属称谓体现了中国强烈的宗族观念。以姓氏作为区分的基准，不同的称谓词用以表明对方与自己是否同属于一个宗族。例如，对于父系亲属伯叔的子女，汉语使用"堂"作为前缀（如"堂兄""堂姐"），以此强调其与自己的共同宗族归属。相反，对于母系或外系亲属，如舅舅、姨母、姑母的子女，使用"表"作为前缀，表示其不属于同一个宗族。而在英语中，这种宗族观念的体现就较为弱化。无论是伯叔、舅舅还是姨父，英语都统称为"uncle"，并没有明确地区分其宗族归属。

（2）血缘、婚姻关系的体现。从血缘与婚姻关系的角度来看，汉语在亲属称谓上强调了血缘关系，而对婚姻关系的强调相对较少。例如，叔父、伯父、姑母这些称谓都强调了与自己的血缘关系，而对于嫂子、姑父、姨父这类通过婚姻关系得到的亲属，汉语的称呼则相对泛化。然而在英语中，血缘关系和婚姻关系的区分并不明显，例如无论是父亲的兄弟还是母亲的兄弟，英语中都用"uncle"来称呼。

（3）性别界限的体现。从性别界限的角度来看，汉语的亲属称谓还十分细致地体现了性别差异。男性与女性在称谓中有着明显的不同。例如，在称呼堂兄弟姐妹与表兄弟姐妹时，汉语会根据性别、系属、姓氏等因素进行区分。然而在英语中，这种性别界限就相对模糊，"cousin"一词可涵盖堂兄弟姐妹和表兄弟姐妹，且不论性别。

2. 社交关系称谓

（1）尊敬称谓。敬意的体现方式在汉英两种语言中都十分重要，但具体形式则有所差异。在汉语中，不论晚辈对长辈还是长辈对晚辈，都有许多敬称用以表示敬意。如"令堂、令尊、令兄、令妹、令爱"等都可以作为对对方家人的敬称，"贤侄、贤弟、贤婿"则是长辈对晚辈的敬称。相对应地，在英语中，虽然也有一些敬称用于表示尊敬，但更多的是用于特定社会职务或身份的人，如"Father Smith""Professor John""Doctor White"等。

拟亲属称谓在汉语中的使用较为广泛，但在英语中则相对较少。汉语的拟亲属称谓不仅限于直接使用亲属称谓，还包括以"姓、大、老加亲属称谓语"的形式以及"职业称谓加亲属称谓"的形式来表达敬意，如"老师傅""大爷""军嫂"等。这种方式使得汉语在表示尊敬的同时还保留了一种亲密和熟悉的感觉。而在英语中，拟亲属称谓的使用相对较少，更多的是直接使用具体的名字或者头衔。

头衔可以被用作称谓语的包括官方头衔、职称头衔、学术头衔和军衔。汉语文化中所有的官衔都可以被用作称呼语，这是因为每个人对自己的头衔都十分重视。在中国的社会文化里，在称呼人时把他们的头衔喊出来，是为了显示对他们的社会地位的尊重、对不同等级的权力的尊重。如张部长、王教授、李将军等。而在英语文化中，头衔用来充当称谓语的情况也比较少见，不是说权力和权威在西方国家不重要，而是一般情况下人们的思想是比较平等的。英语中的官方头衔集中在教授、医生、博士以及一些皇室、政界、军事界、宗教界的人身上。

（2）普通称谓。在汉语中，通常使用的普通称谓包括"先生""女士""太太"等。这些称谓语可以直接附加在对方的姓氏后面，作为对他们的称呼。此外，"同志"和"师傅"也是常见的社交称谓，这两种称谓语具有中性的特点，可以用来称呼男性和女性。这些称谓既可以单独使用，也可以和姓氏、名字、头衔等一起使用。例如，"张先生""司机先生"等。

相对地，在英语中，最常见的普通称谓包括"Mr.""Mrs.""Miss""Ms."和"Madam"。其中，"Mr."用来称呼男性，而"Mrs." Miss "Ms."和"Madam"则用来称呼女性。这些词在使用时有一些特殊的规定。例如，"Sir""Madam"通常单独使用，来称呼不熟悉的人；而"Ms.""Mr.""Mrs."和"Miss"则通常和人的姓氏一起使用，如"Mr. John""Miss Smith"等。

第二节　汉英精神文化对比

一、精神文化的概念内涵

"精神文化"这一概念深入描述了社会和个人的非物质性现象，体现了一种深层次的价值观、理念和行为规范。它渗透在人们的生活中，不仅影响了人们的思维方式，也塑造了人们的行为模式。

在宏观层面上，精神文化构成了社会的核心结构，它形成了一种通用的道德和伦理标准，以及一套关于生活、宇宙和自我之间关系的理念和观念。在西方社会，"人权至上"的理念深深根植于人们的心中，体现在各种社会政策和法规之中。而在东方社会，如中国，"和为贵"的理念，强调和谐共处、集体利益至上，深深影响了社会的运作模式。

在微观层面上，精神文化塑造了个人的行为方式和世界观。每个个体都是社会精神文化的接收者，也是传播者。人们的思考方式、决策模式，甚至人们的艺术欣赏和审美都受到所处社会的精神文化的深刻影响。例如，西方社会强调个人主义，提倡独立思考和自我表达，这在很多西方人的行为和决策中都可以看出；而在集体主义更为盛行的东方社会，人们往往更注重家庭和群体的利益，这也体现在他们日常生活的各个方面。

精神文化是社会发展的推动力之一，它不仅在个人和群体中传承下来，而且在历史的长河中演化和发展，反过来又影响和塑造社会。在今天这个全球化的世界中，不同的精神文化相互交融，相互影响，不断产生新的价值观念和行为规范，从而推动社会的进步和发展。

二、汉英精神文化对比分析

（一）汉英"三观"文化对比分析

1. 世界观文化对比分析

（1）世界观基本认知。世界观，是一个哲学术语，指的是人类对宇宙、生活、人生、社会以及自身在宇宙中的地位和价值的总的看法和根本观念。这是一个全局性的、整体性的理论框架，包括对世界本质、世界发展规律、人的地位、任务、前途和理想等问题的看法。

（2）汉英世界观对比。在历史的长河中，中国人的生活方式从早期的游牧生活转变为稳定的农耕生活。这种生活方式的转变，不仅受到了中国优越的地理环境和气候条件的影响，也与中国人对自然的尊重和感恩密切相关。中国人在享受大自然的恩赐的同时，也深深地理解自己的生存依赖于自然。这种理解使中国人对大自然充满敬畏，认为人类在大自然面前显得微不足道。对于无法理解和抗拒的自然灾害，中国人常常通过祈祷的方式，寻求对抗自然灾害的力量。这一方面是因为在古代，人们对自然现象的科学理解还十分有限，很多自然现象对他们来说都是神秘的，甚至恐怖的。另一方面，这也是中国人尊重自然、敬畏自然的表现，他们相信大自然有其自身的意愿和规律，人类需要在自然面前保持敬畏之心。

在现代社会，中国人仍坚持寻求人与自然的和谐共存，致力于可持续发展的理念。这种理念不仅是中国农耕文化的延续，也是中国人敬畏自然、尊重自然的现代表现。它反映了中国人对世界的理解，即人类不是自然的主宰，而是自然的一部分，人类的发展需要与自然的发展相协调，这也是中国文化的一个重要特征。

古代生活在欧洲大部分地区的西方人，其生存和发展的条件相对艰苦。一方面，欧洲在古代气候变化明显，自然灾害频发；另一方面，受地形地势条件的影响，古代西方社会在相当长的时间里以游牧为主，这使得他们的生活方式多变且不稳定，并经常受到自然条件的影响和约束。在这样的环境中，他们对于人与自然关系的认知，自然而然地分化为两种基本的观点，即顺从和征服。

对于顺从这一观点可理解为，部分西方人认为自己在大自然面前是微不足道的，无法改变或控制自然，因此只能顺应自然规律，期待自然的恩赐。在这种思想下，人们通常会尊重自然，尽量减少对自然的破坏，并且会根据季节和天气变化调整他们的生活方式。例如，他们会在温暖的季节种植农作物，在寒冷的季节则转向狩猎或畜牧。这种顺从自然的观点在某种程度上保护了自然环境，也使人们学会了如何在与自然的互动中寻求生存和发展的可能。

另一种征服观点则体现出西方人在面对自然时表现出更为积极、主动的态度。他们认为人类是大自然的主人，可以通过智慧和工具征服自然，战胜自然的威胁，让自然为人类服务。在这个观点的影响下，人们不断开发和使用新的技术，例如，他们可能会建造房屋和堤坝来防止洪水或者开发农业和手工业以提高生产效率。这种征服自然的观点促进了科技的发展，但同时也可能造成对自然环境的过度开发和破坏。

2. 人生观文化对比分析

（1）人生观基本认知。人生观是个人或群体对于生命意义、生活目标和价值追求的一种基本理解和态度。它关乎一个人怎样看待自己的存在，怎样理解生活的意义，怎样确定自己的生活目标，以及怎样评价自己和他人的行为。人生观主要包含两个方面的内容：其一，对生命的认识。这涉及对生命的本质、起源和目的的理解。这可能包括关于人类的性质、人的意识和个性，以及人的生命在宇宙中的位置等问题的思考。其二，对生活的态度。这涉及人们如何看待和应对生活中的各种经验，包括喜悦、悲伤、挑战和成功等。这可能包括对待工作、家庭、友情和爱情等方面的态度，以及对于幸福和成功的理解。

（2）汉英人生观对比。中国文化深受儒家、道家、佛家等思想的影响，其中蕴含了丰富的人生观念。"万变不离其宗"这句古话揭示了中国人重视稳定、和谐和中庸之道的人生观。在中国文化中，稳定被视为美德和理想的生活状态。这种追求稳定的精神深深植根于中国的社会、家庭和个人生活中。在社会层面，稳定被认为是和平、繁荣和社会秩序的象征，人们强调团结、和谐和社会责任。在家庭层面，稳定则意味着家庭关系的和睦、家庭责任的履行以及对子女的教育和培养。在个人层面，人们追求的稳定则主要表现在对职业稳定、经济安定和精神满足的追求。

但稳定并不意味着静止不变，而是指在变化中寻找均衡。中国人强调适应环境、随机应变，因此他们的人生观也强调中庸之道和谦虚谨慎的生活态度。这种人生观既承认生活的变化和不确定性，也强调人应该有面对挑战和困难的智慧和勇气。

西方人的人生观在很大程度上受到希腊罗马文化、基督教以及启蒙运动等历史文化影响。他们强调个人自由、独立思考以及对未知和变化的探索。在西方文化中，人是理性的主体，具有独立思考和自我改造的能力。这种理性主义精神鼓励人们通过观察、思考和实践去认识自我、理解世界并塑造自己的生活。因此，西方人的人生观强调个人的责任和自由，鼓励人们勇于尝试、追求创新。

此外，西方人的人生观也强调变化。他们认为变化是生命的本质，是进步和发展的驱动力。因此，他们追求多元化的生活方式，强调开放的思想和包容的态度，鼓励人们突破传统，不断追求新的知识、技能和经验。这种人生观使得西方社会在科技、艺术、哲学等多个领域具有强大的创新力和开放性，为社会的进步和个人的发展提供了广阔的空间。

3. 价值观文化对比分析

（1）价值观基本认知。价值观是个人或社会集体对于什么重要、什么是好的、什么值得追求和尊重的一种深层次的信念和评价标准。它影响人们对于自身和他人的行为、思想和生活方式的评价以及人们在面临道德和生活选择时的决定。价值观可以分为个人价值观和社会价值观两种。

个人价值观是个人根据自身的信仰、经验和理解形成的价值评价和选择标准。这可能包括个人的道德标准、生活目标、人生信条等。例如，一个人可能认为诚实、努力和包容是重要的价值，因此他会努力实践这些价值，也会按照这些价值来评价自己和他人的行为。社会价值观是社会集体或文化群体共享的价值信念和评价标准。这可能包括社会的道德规范、社会目标、社会信条等。例如，一个社会可能认为公平、法治和人权是重要的价值，因此它会建立相关的法律和制度来保护这些价值，也会通过教育和媒体来传播这些价值。

中西方文化在价值观方面有许多相同与不同之处。需要注意的是，这些描述是一种概括，而实际中每个个体可能有所不同，因为他们的价值观也受到个人生活经验、教育背景等多种因素的影响。

（2）汉英文化在价值观方面的相同之处。一方面，汉英文化都把尊重人权、认同人的生命尊严看作非常重要的价值观念。这一观念基于对每个人的价值的认知，即每个人都是独特的存在，有其固有的尊严，应当受到尊重。人权包括生命权、自由权、发展权等基本权利。这些权利在中西方文化中都是受到保障的，尽管实际的保障方式和保障程度可能会因文化和社会环境的差异而有所不同。在这个基础上，中西方文化都认为每个人都有追求幸福的权利。这种幸福不仅指物质生活的丰富，也包括精神生活的丰富和满足，如知识的获取、情感的满足、价值的实现等。

另一方面，在道德与伦理的价值观上，中西方文化都强调诚实、公平、尊重他人等原则。诚实被视为人格的基石，是建立人与人之间互信关系的前提。公平则是社会正义的核心，是维护社会和谐稳定的基础。尊重他人，是个人在处理与他人的关系时应遵循的基本原则，这包括尊重他人的人格尊严、尊重他人的权利和利益、尊重他人的选择和决定等。这些原则不仅指导个人的日常行为，也体现在社会的法律制度和公共政策中，被用来评价和规范个人和集体的行为。

与此同时，社会责任是中西方文化都强调的价值观念。个人作为社会的一员，既享有社会提供的权利，也应该承担对社会的责任。这种责任不仅包括遵守法律和规则，维护社会秩序，也包括对社会的积极贡献，如通过工作和创新推动社会的发展，通过公益活动回馈社会等。这种责任意识体现了个人的社会角色认同和社会参与意愿，是提高社会凝聚力和实现社会进步的重要动力。在这个价值观念的指导下，个人行为应以不损害社会的福祉为前提，要尽可能地降低对社会和他人的负面影响，增加对社会和他人的积极影响。

（3）汉英文化在价值观方面的不同之处。中国文化和西方文化在价值观上的最显著区别，即前者偏向集体主义，而后者则倾向个人主义。这两种价值观影响了各自文化的成员在生活中的行为、思维方式和人际关系等方面。

在中国文化中，"万物一体"和"天人合一"的理念贯穿始终，集体主义的思想在社会生活中被高度弘扬。中国人的行为常常受到这种集体利益高于个人利益的观念的引导。当个人利益和集体利益不一致时，个人通常会被鼓励去顺应集体，以此维护社会的和谐稳定。而且，中国人常常抱着一种恭敬、低调的态度对待生活，追求的是内心的平和、满足和和谐，而不是对个人竞争和超越的渴望。

另一方面，西方文化在对"主体客体二分"的理解上强调分明的二元对立。在这样的理念引导下，个人主义成了西方社会的主导价值观。西方人尊重个性、推崇自由，注重自我追求和挑战。他们通过对现有知识的批判和质疑，不断地获取新的认识，以此推动个人和社会的进步。西方文化鼓励个体的独立性和个性，这使他们具有了持续创新的动力和活力。然而，过度的个人主义也可能带来社会竞争的激烈和社会凝聚力的下降等问题。

中西文化在价值观上的不同体现在集体主义和个人主义的对立上，但这种对立并不代表优劣之分，而是由各自的历史、社会、文化背景所塑造的。了解这种差异对于跨文化交流是非常重要的，因为这能帮助人们更好地理解和尊重彼此的文化，促进更好的人际交流和理解。

除此之外，在中国文化中，权威和传统往往被视为社会秩序和谐的基础，需要得到尊重和服从。这一观念来源于中国深厚的历史文化传统，尤其是儒家文化中对权威和顺序的重视。在社会结构上，中国文化鼓励尊敬长辈，服从上级，尊重知识和经验。在思想领域，它强调遵循传统的智慧和教义。但这并不意味着中国文化完全排斥创新和变革。事实上，古代中国许多伟大的科技和文化成就就是在尊重传统的基础上进行创新的结果。

相反，西方文化更倾向于挑战权威，鼓励批判和创新。这源于西方文化的启蒙传统，这一传统强调个人理性，认为人们有能力和权利对既有的知识和规则进行审视和质疑。在这一观念下，挑战权威并不意味着无法无天，而是通过批判和改革来推动社会和知识的进步。这也是西方社会实现科技进步和社会变革的重要驱动力。

最后，在时间观方面，西方文化通常将时间视为线性的，强调效率和未来的规划。在西方社会中，时间被认为是有限的资源，需要被有效地利用。这一观念鼓励人们制定计划、设置目标、追求效率，以尽可能地实现自我和社会的价值。这种线性时间观的影响在西方社会的各个方面都能看到，比如工作中的效率追求、生活中的规划习惯、教育中的目标设定等。

相比之下，中国文化更可能将时间视为循环的，强调和谐和适应。在中国文化中，人们更愿意接受生活的节奏和自然的变化，而不是试图控制和改变它。这种时间观念也反映在中国传统的农耕文化中，农耕生活的节奏就是按照四季的循环而变化。在这种视角下，时间是可以调整和平衡的，人们需要在面对时间的压力时，寻找生活的平衡与和谐。

（二）汉英思维文化对比分析

傅雷曾这样说过："中西方的思想方式之间存在分歧，我们重综合、重归纳、重暗示、重含蓄，西方人重分析，细微曲折，挖掘唯恐不尽，描写唯恐不周。"[①] 傅雷的这段话描述了中西文化在思维方式上的主要差异。具体来说，他提出了四个对比：综合与分析、归纳与细微、暗示与曲折、含蓄与周全。具体分析如下。

1. 整体思维与分析思维

中国的思维方式更强调整体观念。在中国的哲学中，如道家的"天人合一"，儒家的"和为贵"，都强调对事物整体的理解和尊重。例如，在园林艺术中，中国的园林设计更强调的是人与自然的和谐共生，整体布局往往是一幅流动的山水画，体现了整体思维的特色。

西方的思维方式则偏重于分析。例如在艺术领域，西方的绘画更强调对单个对象的细致描绘。在文艺复兴时期，西方画家创造的透视画法，使得作品更接近物体的真实比例，这种对事物逐步剖析的分析思维在西方艺术创作中得到了充分体现。此外，西方科学发展，如物理学、生物

---

① 张义桂 . 中西方传统思维方式的差异及成因 [J]. 文史博览（理论），2016(6)：44.

学等领域的发展，也依赖于深度分析思维，他们通过对单个事物的深入研究，从而推动整个科学领域的发展。

2. 形象思维与抽象思维

中国的文化传统中，形象思维方式起着主导作用。其中，中国的诗词就是典型的例证。比如杜甫的《春望》一诗，描绘了一个被战乱摧毁后的春天景象，通过"国破山河在，城春草木深"等语句，形象地反映了作者心中的忧国忧民之情。杜甫并未直接抒写自己的感情，而是通过对景的描绘，让读者去感受他的情感，这便是形象思维的典型体现。

另一方面，西方人的思维方式往往更为抽象和更具逻辑性。以哲学为例，西方哲学自古希腊时期起，就强调逻辑推理和抽象思考。像亚里士多德的形而上学就强调了对事物本质的深入理解和探索。西方的科学研究也体现了抽象思维，如物理学中的力学模型，需要通过抽象化和数学化才能进行有效的研究和分析。

3. 感性思维与理性思维

在对世界的认知过程中，感性思维和理性思维形成了人类思维的两个重要方面。中国文化中的感性思维，或许可以看作一种对世界更直观、更本能的感知方式。这种方式并不只是单纯接受感觉，而是把观察到的事物融入情感和情绪中去，从而形成一种更为丰富的认知。例如，在中国古代四大名著之一的《红楼梦》中可以看到深厚的感性思维的痕迹。作者曹雪芹精细刻画了人物的情感世界，通过故事情节的巧妙设计，引导读者感受到人物的喜怒哀乐，感受到生死离别的辛酸，通过这种直观的感受，他成功地表达出对人生、对世界的深深感慨。这种通过感性思维表达出的对世界的理解，构成了中国文化的一个重要特色。

然而，在西方文化中，尤其是在西方的哲学和科学领域，人们更强调理性思维。古希腊的柏拉图和亚里士多德通过对世界的逻辑推理，试图用理性思维建立起对世界的认知。他们通过对世界的理性思考，形成了一套深入人心的哲学体系，深深地影响了西方的哲学和科学。在科学领域，理性思维更是起到了决定性的作用。例如，牛顿的三大定律就是通过理性推理和数学建模得出的。牛顿通过对自然现象的观察，用理性思维得出了解释这些现象的定律，这些定律已经成为现代物理学的基石。

4. 归纳思维与演绎思维

归纳思维和演绎思维是科学思维的两种基本方式，它们在中西文化中各自有所体现。在中国文化中，人们的思维方式往往偏向于归纳。归纳是从众多的具体事实中抽取出共性，形成一般性的理论或规律。例如，中国的历史观强调历史的周期性反复。在观察历史现象时，中国的历史学家通常会从许多具体的历史事实出发，通过比较和归纳，找出它们之间的共性，从而得出一般的历史规律。如"朝代更迭论"，这种观点就是通过对中国历史的大量事实进行归纳得出的。

相反，在西方文化中，人们的思维方式更倾向于演绎。演绎是从一般性的原理或理论出发，推导出具体的结论。欧几里得的《几何原本》就是一个典型的演绎体系。欧几里得从一些基本的公理和定义出发，通过逻辑推理得出一个又一个的定理，这种从一般到具体的思维方式，是西方科学思维的重要特征。这两种思维方式，一种从具体到一般，一种从一般到具体，各自有各自的优势，也各自有各自的局限。但是，它们共同构成了人类对世界认知的基础，使人们能够更全面、更深入地理解这个世界。

5. 对立思维与统一思维

对立思维乃是对世界万物存在的本质认知，它承认事物内在的矛盾和对立面，而这种认知在中西方文化中都有所体现，但展现方式却大有不同。中国文化在处理对立面时，倾向于寻找共同点并强调和谐，即"求同存异"的思想，中国古代的《道德经》中可以看到这种思想。《道德经》强调"道法自然"，即万物皆有其道，人应与自然和谐共处。在道家看来，人和自然是一个整体，这一观念体现了中国文化中重视和谐的价值观。

西方文化中的对立思维则偏向于强调对立和冲突，认为通过对立和斗争才能实现进步和发展。例如，霍布斯在其著作《利维坦》中，描述了一个"人人自危，互相战斗"的状态，他认为人的本性是自私和竞争的，人性本恶，这也是为什么社会需要法律和政府来规制人类行为，保护人们的生存和权利。在这种观点中，对立和斗争被看作是个体发展和社会进步的动力，人性的复杂和分裂也被认为是人的常态。这种对立的观念，对西方的法律、政治、经济等多个领域产生了深远影响。

（三）中西艺术文化对比分析

艺术文化通常指的是一种文化表现方式，它涉及艺术作品的创造、欣赏和理解。艺术文化可以包括许多形式的艺术，包括绘画、雕塑、音乐、舞蹈、戏剧、电影、摄影等。这些艺术形式都是人类创造性和表达性的重要渠道，是人类文化的重要组成部分。

艺术文化不仅包括艺术作品本身，还包括与艺术创作、传播和接受相关的社会行为、习俗和观念。例如，艺术创作的过程反映了创作者的视角、技能和情感，艺术作品的欣赏反映了观众的审美观念和价值观，艺术作品的传播反映了社会的传播机制和文化环境。所有这些因素都构成了艺术文化的丰富内容。

艺术文化在不同的文化和历史背景中表现出极大的多样性。在不同的文化中，人们对艺术的理解、创作和欣赏方式可能会有很大不同。例如，中国和西方的艺术传统在审美观念、艺术形式和创作手法等方面都有明显的差异。这种差异既是各自文化背景的反映，也是艺术文化自身丰富多样性的表现。

1. 审美观念对比

在审美观念上，中西方艺术文化有明显的差异。中国文化的艺术更注重意境的表达，强调作品的内涵，追求和谐、平衡。如中国古代的山水画，其描绘并不完全追求自然的真实性，更多的是追求表达画家内心的意境和情感。书法艺术则注重笔力、墨色、布局等元素的和谐统一，以表达艺术家的心情和气质。

相比之下，西方艺术文化在审美上更注重形象的真实性和理念的传达，强调比例、透视等细节，追求真实与完美。从文艺复兴时期的艺术作品中，可以看到艺术家对于人体比例、光影效果等细节的追求以及对于人文主义理念的传达。这并不是说中西方艺术文化完全对立。在现代和当代艺术中，东西方的艺术家都在吸收彼此的艺术观念，创造出具有跨文化特征的艺术作品。

2. 艺术形式对比

在艺术形式上，中西方艺术文化也有明显的差异。中国艺术有许多独特的艺术形式，如书法、国画、剪纸、皮影等，它们深受中国传统文化影响，有着深厚的文化底蕴。例如，中国画强调空白留白，这既是技巧上的要求，也是哲学上的理念，表达了"虚实相生，有形中的无形"等哲理。

西方艺术则包括了绘画、雕塑、建筑等多种形式。西方绘画从文艺复兴时期开始大量运用透视法进行创作，使得画面具有更强的立体感和深度。雕塑和建筑则强调体积、空间和比例，体现了对理性和科学的追求。

3. 创作手法对比

在创作手法上，中国艺术注重笔墨和线条的运用，强调情感的寓言和象征。例如，中国画的笔墨运用和线条勾勒，旨在捕捉对象的气韵生动，通过艺术家的个人情感和独特见解，向观者传达深层的意境和哲理。

西方艺术的创作手法更加注重光影、空间和色彩的运用，以及透视和比例等技术的掌握。这些创作往往追求作品的真实性和详细性，希望通过细致入微的描绘来表现对象的真实特征和艺术家的个人视角。从文艺复兴时期的透视画法到印象派的光影和色彩运用，再到现代艺术的抽象和象征手法，都体现了西方艺术创作手法的丰富和变化。

第三节 汉英物质文化对比

一、物质文化的概念内涵

物质文化是人类文明的直观表现和具体载体，包含了社会历史的众多方面，反映了人类在不同时期的生活方式、科技水平、艺术观念等诸多方面。

（1）物质文化首先包括了各种建筑物，这些建筑物不仅包括生活居所，还包括宗教寺庙、公共建筑、纪念碑等。每一座建筑都是人类智慧的结晶，从建筑的设计风格、使用的材料、装饰的图案等方面，都可以反映出那个时代的科技发展水平和审美趋势。例如，中世纪欧洲的哥特式教堂、明清时期中国的故宫等建筑，都是各自文化的代表。

（2）艺术品、工艺品、书籍和文献等也是物质文化的重要组成部分。这些物品无论是经过艺术家精心创作的绘画、雕塑，还是工匠们手工制作的陶器、金属器皿，都体现了人们对美的追求和艺术创新的精神。书籍和文献则是记录历史的重要工具，它们包含了过去的思想、知识和经验，是人类文明的重要记忆。

（3）工具、服饰、饮食、家具等日常生活用品，虽然看似平常，却同样是物质文化的重要部分。它们直接反映了人们的生活方式、生产技术、社会习俗等。比如，石器时代的石斧，展现了早期人类制作生产工具的技术；唐朝的胡服骑射，体现了当时的服饰风尚和社会风气；中国的饺子、法国的面包，都是各自国家饮食文化的象征。

二、汉英物质文化对比分析

（一）汉英服饰文化对比分析

1.服饰文化基本认知

服饰文化是指在一定的历史条件和地域环境下，人们在生产、生活的实践中，通过传统和习俗塑造并发展起来的关于衣着的一套文化体系。它包括衣着的设计、制作、佩戴、装饰以及相关礼仪等内容，体现了一个民族的审美观念、社会观念、道德观念以及历史、地理、宗教、民俗等多个方面的特征。服饰文化是世界人民日常生活不可缺少的组成部分，也是物质文化的重要组成部分。此处将从服饰颜色、着装观念、审美基调以及重要服饰四个方面分析汉英服饰文化的异同。

2.汉英服饰文化对比

（1）服饰观念对比。在中国历史悠久的文化传统中，服饰充当着多重功能，既是个人身份的标识、礼仪的承载、道德的象征，也是人与自然和谐共处的表现。这些观念深深地影响了中国人的服装选择和着装风格。例如，中国古代儒家文化深厚的底蕴赋予了服饰以道德和礼仪的象征意义。儒家强调人的行为应符合礼制，其中就包括穿着打扮。服饰不仅须遵循节令，更要体现穿戴者的社会地位和身份。例如，中国古代官员官服上的图案、颜色等都有严格的规定，用来显示他们的官阶和身份。在这种观念的影响下，中国人对服饰的选择，往往更多地体现出对社会秩序的尊重和维护。

中国道家文化强调人与自然的和谐相处，认为人应当顺应自然、符合人体的需求。在服装设计上，这一思想表现为追求服装的舒适度和合体性，比如中国的汉服，就因其宽松的设计而被赞为天然的"人体工学"服装。此外，中国的教育理念也在一定程度上影响了人们的穿衣观念。例如，在中国许多高等教育机构中，仍然保留着穿着学士服的传统，这体现了对学术严谨的尊重和对知识追求的崇高理想。

　　然而，在近现代，随着西方文化的引入，中国的着装文化开始逐渐变得多元和开放。人们的穿衣风格不再单一，而是融合了东西方的设计元素，更加强调个人风格的表达。尽管如此，中国传统的着装理念并未完全消失，依然在现代服饰中留下了独特的印记。总的来说，中国服饰的着装观念，既积淀了丰富的历史文化，又展示了现代社会的变迁和发展，成为中国文化的一道独特风景线。

　　西方的服饰文化深深地反映了其对个性表达和自我实现的尊重和追求。他们强调在服饰选择中展现出自我、表现出自己的态度和偏好。这种追求自我表达的精神，无论在传统还是现代的西方服饰中都能看到。传统的西方服饰设计往往凸显了人的身体特征。男士的服饰设计，通常突出他们胸部和肩部的宽大、结实。例如，经典的西装剪裁设计能够使男士的胸肌和肩膀看起来更为广阔，展现出男性的强壮。同时，他们的裤装也经常强调腿部的长度和直立，这一设计思路是为了表现男性的阳刚。

　　在女士的服饰设计中，也突出了女性的身材曲线。设计师通常通过收紧腰身、拓宽臀部、强调胸部的服装设计来展现女性身材的特点，这些都是女性魅力的体现。在女士晚礼服或连衣裙的设计中，常常可以看到这些元素。但西方服饰文化并不止于此，随着社会的发展和进步，西方人开始更多地关注自我表达和个性展现。他们认为服饰不仅仅是遮体和装饰，更是一种自我表达和个性展示的方式。比如说，在西方国家，很多年轻人喜欢穿着带有各种图案或口号的 T 恤，这些设计旨在展示他们的兴趣、观点或生活态度。另外，他们也会根据自己的喜好选择不同风格的配饰，如首饰、手表、帽子等。这些选择往往反映了他们的生活方式和个性。

　　（2）服饰颜色对比。在中国的服装文化中，颜色扮演着重要的角色，各种颜色都有其特定的象征意义和历史背景。颜色的选择不仅体现了人们对自然环境的观察和理解，也富含了深厚的文化和哲学内涵。

在古代，黑色被视为至高无上的颜色，代表着神秘和威严。这种颜色观念源自古人对天地自然的敬畏和对宇宙的探索。比如，在中国的神话传说中，伏羲、女娲等创世神祇，他们的形象通常被描绘为黑色，寓意着他们掌管天地、主宰万物的神圣地位。黄色逐渐被视为最尊贵的颜色。在中国的土地上，黄色是沃土的颜色，象征着丰饶和富饶。在古代社会中，黄色也是皇家的专属色彩，代表了至高无上的权力和尊贵。比如，清朝禁止平民穿黄色服装的规定，就凸显了黄色的特殊地位。在中国的建筑中，黄色也被广泛运用，如故宫的琉璃瓦顶就是黄色的，象征着皇帝至高无上的权力。

近代以来，随着中国社会的开放和全球化进程的推进，中国的服装颜色也开始出现了多元化的趋势。一方面，传统的颜色观念仍然在人们的服装选择中起到影响作用；另一方面，各种新的颜色也开始被广泛接受和采用。这种变化既体现了中国社会的开放和多元，也表明了中国文化的内涵在持续地丰富和扩大。

与中国不同，自古罗马帝国时期起，西方社会就形成了对白色和紫色的特殊尊重和喜好。在广泛的西方文化语境中，白色被广泛认为是纯净、高贵以及诚实的代表。这种观念深深地植根于西方的历史、艺术和宗教中。在西方的神话故事中，天使作为神圣的信使和护卫，常常以身着白色服装、翅膀洁白如雪的形象出现。这种白色的装扮，创造了一种白色等同于神圣和纯净的共识，使得白色成为一种宗教和精神的象征。

西方国家对白色的尊崇也延伸到了婚礼这一重要的社会仪式中。在西方婚礼中，新娘通常会选择穿上白色的婚纱，手捧白色的鲜花，来强调她的纯洁和无瑕。白色婚纱已经成为西方婚礼的一个标志性元素，象征着爱情和婚姻的神圣和纯洁。

另一方面，紫色在西方社会，特别是贵族阶层中，也是一个备受推崇的颜色。紫色的独特魅力在于其富贵和奢华的感觉，给人一种优雅而神秘的印象。在基督教的信仰体系中，紫色被视为最高的、源于圣灵的力量的象征。这使得紫色在基督教中的地位非常重要并经常被用于装饰教堂和宗教仪式。在天主教和犹太教的宗教传统中，紫色也被视为是神圣和尊贵的象征。比如，在教堂的装饰和宗教服装中，紫色经常被用作重要的颜色。这些都使得紫色在西方社会中拥有了非常高的地位和价值。

（3）审美基调对比。中西方服饰文化的审美基调在很大程度上反映了其各自的文化背景和哲学思想。中国的审美基调主张"逍遥"，而西方的审美基调则偏向于"荒诞"，这两者之间的对比展现了东西方文化的鲜明差异。

在中国，服饰的审美基调体现了一种"逍遥"的理念，这源自中国古代哲学家庄子的"逍遥"思想。"逍遥"意味着自由、随性和洒脱，这是人与自然、人与社会和谐共处的理想状态。在这种审美基调下，中国的服饰设计强调的是服饰与人的精神和气质的和谐统一，而非过于突出个人的独特风格。比如，宋代的男子服饰就是这种审美基调的体现，宽松的袍子、淡雅的色彩，展现出一种优雅而又沉稳的气质。

与此相对，西方的服饰审美基调则主张"荒诞"。这源自西方的存在主义思想，强调人的自由意志和创新精神，挑战传统的审美标准。在这种审美基调下，西方的服饰设计强调个性和创新，不拘泥于传统的形式和规则。比如，20世纪出现的"新波普"文化，就是这种审美基调的体现，通过服装的颜色、图案和剪裁，展现出一种强烈的个性和无拘无束的自由精神。

随着全球化进程的加速，中西方的服饰审美基调也在发生变化。在中国，随着社会的开放和个性的崇尚，"逍遥"的审美基调开始融入更多的创新和个性元素，比如，设计师马可的作品就以其独特的创新设计和浓郁的个性色彩，赢得了国内外的广泛关注。在西方，"荒诞"的审美基调也开始接纳和融合更多的传统和和谐元素，比如，设计师亚历山大·麦昆的作品就深受中国传统文化的影响，通过融合东西方的元素，呈现出一种全新的审美风格。

（二）汉英饮食文化对比分析

在全球文化多样性日益增强的当下，各国各地的饮食文化为大家提供了更多了解和接触的机会。饮食是支撑人类生命的基础，中国和西方国家都拥有其各自独特且丰富的饮食文化特色。下面将从饮食观念、选用食材、烹饪方式、聚餐方式、用餐氛围五个方面来对比汉英饮食文化的异同。

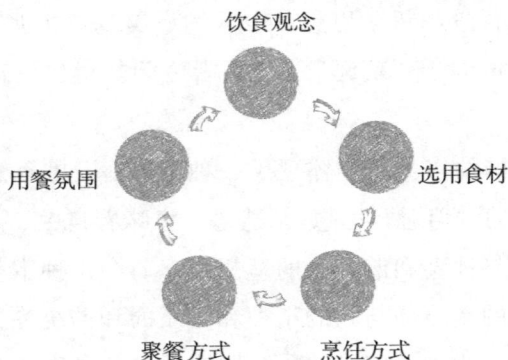

图 4-1　汉英饮食文化对比

1. 饮食观念对比

（1）中国的饮食观念。中国的饮食观念源远流长，且丰富多样，体现出的是一种文化、一种生活态度以及对生活的热爱和享受。中国人的饮食观念不仅仅关注于食物的味道和营养价值，更强调食物的文化、社会和情感价值。"民以食为天"的观念早已深深地植根于中国人的生活中，从古至今，其影响力依然不减。具体分析如下。

中国人的饮食观念非常注重社区和家庭的凝聚力。一顿饭，是联络情感、增进友谊、亲朋好友共享美食的重要场合。比如，当亲友们聚在一起庆祝节日时，人们会举行丰盛的晚宴，共同分享美食和欢笑，通过这种方式加强彼此之间的感情。家庭聚餐更是中国人日常生活的重要组成部分，一家人围坐在餐桌前，共享美食，谈笑风生，不仅能增进亲情，更是展现了中国人的家庭观念。

中国的饮食观念与其传统文化和哲学思想紧密相关。阴阳五行的理论，被广泛地应用于中国的烹饪中，食物的颜色、口味、性质等，都被细致地研究和利用，以达到阴阳平衡、健康养生的目的。另外，中国的饮食也强调道德和伦理，重视礼仪和风俗，比如座位的安排、菜肴的摆放，都有一定的规定和含义。

中国的饮食文化还表现在对食物的赞美和艺术化处理上。例如，"佛跳墙"这道菜的名字，就取自于菜肴的美味能让僧人都忘记了戒律；"狮子头"这道菜，取名自其形状酷似狮子头，意象生动；又如"龙虾炒年糕"，不仅美味，而且"龙"和"年糕"在中文中都有好运和富贵的含义，寓意人们生活富贵吉祥。这些富有艺术感和文化底蕴的菜名，使得中国饮食成为一种文化的传播和展示。

（2）西方饮食观念。西方国家对于饮食的重视不言而喻，然而，他们的饮食观念与中国存在显著的差异。在西方人看来，饮食不仅是维持生存的基本手段，也是构建和发展人际关系的一种方式。因此，即使面对食物相对单一，味道并不那么令人满意的情况，他们仍会将其食用，这都是为了生存所需。举例来说，一些西方人会选择吃无味的麦片和简单的白水煮鸡胸肉，这些食物虽然味道可能较为平淡，但营养丰富，能为人体提供必要的能量和营养。

另一方面，西方人视饮食为保持身体健康的重要手段，他们对食物营养的考量往往大于对食物味道的关注。换言之，他们更看重食物的营养价值和合理的饮食搭配，关注食物能否被人体有效吸收。这种饮食观念在他们的日常饮食中得到了体现。例如，西方人在选择食物时，往往会偏爱富含蛋白质和纤维的食物，同时会尽量避免摄入过多的油腻和糖分。比如，西方的膳食建议中就强调了五颜六色的蔬果摄入，保证营养的多样性和全面性。此外，他们也倾向于选择全麦面包和糙米等复杂碳水化合物的来源，因为这些食物对健康有诸多益处。这也是西方人理性饮食观的体现。

2. 选用食材对比

（1）中国选用食材。中国的美食文化博大精深，汇聚了多元化的食材。这些食材的来源和中国的生存环境及生产方式密切相关，它们共同塑造了中国的美食文化。

中国的地理环境多样，山川江河、草原湖海，在这广袤的土地上生活着丰富多样的植物和动物，为中国的饮食文化提供了丰富的食材基础。由于受地理环境和气候条件的影响，中国的生产方式以农业为主，人们根据当地的自然环境和气候条件选择种植和养殖的作物和动物。因此，中国人的饮食构成中，主食如米饭和面食占主导地位，蔬菜和水果也占据重要位置，肉食如猪肉、鸡肉、鱼肉等则占据较小部分。

随着中国经济的发展，中国人的生活方式也在发生变化，人们的饮食需求和选择也在不断扩大和丰富。越来越多的肉食和水果被送上餐桌，这不仅丰富了中国的美食，也使得中国人的饮食结构更加均衡，尤其是进入 21 世纪以来，中国的经济发展速度加快，人们的生活水平不断提高，更多的食物资源得以充分利用，进一步丰富了中国的美食文化。

（2）西方选用食材。大多数西方国家的主要产业以畜牧业为主，相对而言，种植业的规模较小。因此，西方人的饮食习惯中，奶制品和肉制品占据了主导地位，而谷物等农作物则居于辅助地位。西方的饮食常常以高热量、高脂肪为特点，但他们在饮食中更注重食物原本的口感和味道。虽然他们使用的食材营养丰富，但制作方法往往较为简单，使用的调味品较少。这种饮食方式的目标并非主要追求美食的享受，而是为了保持生存和健康。

例如，西方的早餐可能包括牛奶和全麦面包，其中牛奶和全麦面包都是高脂肪和高热量的食物。在主食方面，他们可能会选择烤牛排或者烤鸡肉，这些食物含有丰富的蛋白质，但在烹饪过程中往往只会加入少量的盐和胡椒以突出食物原本的味道。再比如，奶酪是西方人餐桌上常见的一种食品，它们通常含有较高的脂肪和蛋白质，是西方人的主要蛋白质来源之一。西方人也会用奶酪来搭配面包或是酒，这些都体现了他们在饮食对象上的偏好。

3. 烹饪方式对比

（1）中国烹饪方式。烹饪方式的多变是中国美食的另一大特点。中国的厨师们创造出了各种烹饪技巧，包括煎、炒、烧、烤、蒸、炖等多种烹饪方式，各种技巧之间的结合和变化使得中国的美食层次丰富，口感和风味各异。此外，烹饪规则和程序的多样性也让中国的烹饪充满了变化和惊喜，厨师会根据自己的经验和感觉调整烹饪步骤和火候，这使得每道菜都有其独特的味道和风格。

再者，中国各地的口味差异也显著影响了中国的烹饪文化。四川人喜欢麻辣，江南人则青睐清淡，每一地的饮食都反映了当地人的生活习惯和地方特色。因此，中国的美食也形成了众多的地方菜系，比如鲜辣的四川菜、酸甜的广东菜、清淡的江浙菜等，这些菜系在地域特色和个性上的差异更是凸显了中国美食文化的多元化和多样性。

在烹饪过程中，厨师们通常会根据自己的经验和感觉添加适量的调料，如"一勺""半勺"这样的度量标准并没有精确的数值，这是因为中国的烹饪强调的是感性和直观。同样，火候的控制也并没有一个精确的标准，大火、中火、小火、慢火、文火，每一种火候都有其适用的场景和特点，而厨师们通过丰富的经验和敏锐的感觉去把握火候，这也是中国烹饪的一种艺术。

（2）西方饮食烹饪方式。西方饮食追求保留食材的原始味道和营养价值，并将饮食视作生存和社交的工具，因此他们的烹饪步骤常常遵循一定的规范。与中国饮食的调料和烹饪步骤相比，西方的烹饪方式通常更为精确。他们严格控制烹饪时间和调料的比例与量，以尽可能地保留食物原有的风味。由于这种精确的烹饪方式，不同的厨师往往能制作出口味一致的菜品。

例如，制作西方传统的烤鸡，通常会有明确的烹饪时间和调料的比例要求。厨师会根据菜谱精确控制每个步骤，如腌制时间、烤箱温度和烘烤时间等，以确保鸡肉的口感和原有的鸡肉风味。又比如，在制作蛋糕时，西方糕点师傅会严格按照比例配制面粉、糖、鸡蛋和其他配料，并且还会明确烘烤的时间和温度，这样每次制作出来的蛋糕味道和质地都能保持一致。

4. 聚餐方式对比

（1）中国聚餐方式。在中国的饮食文化中，无论宴会规模大小、气氛轻松或正式，都有一个共同的特点，那就是围桌而坐，食物通常被摆放在桌子中心供大家分享。凉菜、热菜、甜点，不论是何种菜式，都放在中央供所有人共享。此外，根据用餐人的身份、年龄、地位等因素，会有明确的座位分配。在餐桌上，互相敬酒、给对方夹菜是常见的礼仪，目的是营造出一种和谐、欢乐的氛围。例如，在春节家宴中，人们围坐在圆桌旁，互相敬酒祝福，享受着美食，同时也享受着家庭的温暖。这种聚餐方式体现出中国人追求和睦、团结的民族心理。

（2）西方聚餐方式。相比之下，西方的饮食文化以生存和社交为主要目的，通常采用分餐制。在分餐时，他们使用公用的餐具，每个人都可以根据自己的口味和需求选择添加的食物。自助餐是外国人非常喜欢的一种用餐方式，自助餐的场所一般布置得十分优雅、舒适。食物会按照种类摆放，大家可以根据自己的需求取食，既方便了个人的选择，也方便了人们的交流和互动。比如，国外的烧烤派对，人们可以自由选择喜欢的肉类和蔬菜，自己烤制，并在此过程中互相交谈，增进感情。这种聚餐方式体现了西方人尊重个人选择、重视结构与形式的民族心理。

5. 用餐氛围对比

（1）中国的用餐氛围。中国的餐桌上通常会摆满各种丰富的菜肴，一餐中可能涵盖多达几道甚至十几道不同的美食。因此，人们习惯于共聚一桌，共享美食，筷子因其便捷性成为首选的餐具，不论食物的大小或形状，筷子都能轻易夹起。同时，中国的用餐氛围一般比较热烈，尤其在集体聚餐或喝酒场合，人们喜欢开怀大笑，说笑声音往往充满整个餐厅，营造出一种热闹、喜庆的氛围。例如，传统的中国年夜饭，家人们围坐一桌，大声谈笑，享受着美食，享受着团聚的欢乐。

（2）西方的用餐氛围。西方的饮食以肉类为主，通常使用刀叉作为主要的餐具，方便切割和享用。在宴会场合，他们倾向于创造一种宁静、雅致的环境。吃饭时，人们注重礼仪，不会大声谈笑，切食、嚼食的声音都尽可能小，给人一种高雅、舒适的感觉。敬酒时，人们会举起酒杯表示尊重，而我们中国人喜欢碰杯，也喜欢劝人喝酒。例如，在西方的宴会上，每个人都有自己的一套餐具和餐盘，人们低声交谈，乐在其中，享受着宁静优雅的氛围。

（三）汉英建筑文化对比分析

1. 木质材料和砖石材料

（1）在中国的建筑历史中，木质材料一直被广泛采用。这主要由于木材具有的深邃与坚韧的特质，恰恰符合儒家主张的"仁"的理念，寓意着温和而有韧性的人格品质。此外，木质结构的灵活性也十分适应中国传统建筑对于高大、平整的追求。同时，相比砖石，木材的开采与加工过程更为简单，建筑过程也相对轻便。另一方面，木质建筑在实用性方面也表现出色，其良好的防震性能，在地震频发的地区尤其重要。

进入近现代，中国的建筑材料已经发生了深刻的变化。由于工业化进程的推动，钢铁、水泥、玻璃等现代建筑材料被广泛采用，这些材料的特性使得中国的建筑形态发生了巨大变化。随着绿色建筑理念的兴起，一些传统的和环保的建筑材料如竹材、土壤也得到了重新关注和应用。

（2）西方的传统建筑更多地倾向于采用砖石材料。这部分是由于早期的西方人曾居住在山洞之中，因此对砖石有深厚的情感依赖。砖石给人的感觉坚固、稳重，与西方人的实用主义精神相吻合。典型的砖石建筑如英国的哥特式建筑，无论从设计到施工，都充分展示了西方建筑师们的精湛技艺和独特审美。

2. 宫室本位和宗室本位

（1）中国的建筑风格大多受到宫室本位的影响。在中国古代，君王声称自己的统治是奉天命、顺应历史发展的必然，因而他们被赋予了至高无上的地位和无可挑战的权利，在建筑上则体现为宫室本位。中国的皇宫，如故宫和明清皇家园林，是这种建筑本位的典型例子。这些建筑以皇帝为中心，通过宏伟的建筑规模、华丽的装饰风格，强调皇帝的至高地位和权力。此外，这些建筑还通过复杂的布局和严密的防护设施，显示出皇室的神秘和高人一等。

（2）西方建筑大多受到宗室本位的影响。宗教建筑，如英国的圣保罗大教堂、法国的巴黎圣母院，都是宗室本位的典型代表。这些哥特式的教堂在建筑设计上强调垂直线条，高耸入云的塔尖、飞扶壁和彩绘玻璃窗都展现出一种灵动而又奔放的力量。这些建筑试图营造出一种通向天堂的氛围，使参观者有机会接触神秘的超自然力量。这种建筑风格体现了西方人对神的敬畏和崇拜，也代表了他们对人类命运和宇宙真理的探索。

3. 中轴对称与单体形式

（1）中国传统建筑的形态受到"天人合一"思想的深刻影响，强调中轴对称和外合内开的布局。在中国的宫殿和庭院式建筑中，可以看到这种特色。中国古代的宫廷建筑群，如北京的故宫，其建筑布局严格按照中轴线对称，通过中心轴线的延伸，形成了一种庄重而和谐的视觉效果。庭院式建筑，如北京四合院、苏州园林等则以院落为单位，通过院落和院落之间的联系，营造出一种寂静、闲适的环境。

（2）西方建筑形态的主要考虑因素是建筑的功能，功能达标后才会考虑建筑形式。因此，西方传统的建筑形式多为单体形式，强调建筑的实用性和独立性。比如，古罗马的斗兽场，就是以满足大众娱乐需求为主要目的。在建筑风格上，西方建筑注重展现个体风格，体现人与自然的关系。如意大利的巴洛克建筑，往往注重使用曲线、对称、对比等手法，强调动态、丰富和富丽，从而展现出强烈的个性特点。同时，这些建筑还试图描绘出人与自然的和谐共生，通过建筑展现人与自然的相互关系和影响。

4. 和谐统一与公开透明

从建筑的形态形式上可以看出，中国的建筑风格倾向于内敛，一种轻灵的气质透过每一砖每一瓦呈现出来。这源于中国古代的哲学思想，认为人应该与自然和谐相处，而不是去征服和改造自然。因此，在中国的传统建筑中，空间的布局往往重视与自然的融合，试图在建筑与环境之间寻找一种平衡。院落是中国传统建筑的核心元素，它不仅是建筑的主体，也是生活的中心。院落的设计和布置，旨在创造一个既有私密性又充满活力的生活空间，让人们能够在日常生活中感受到自然的韵律和节奏。这种以院落为中心的空间布局，强调的是和谐统一，体现的是中国文化中的和谐、内敛的精神特质。

与中国的内敛式建筑风格不同，西方的建筑风格更加开放，秩序感和几何感强烈。这一特点反映了西方文化强调的理性、秩序和个体主义的价值观。在西方建筑中，空间的设计往往旨在满足建筑的功能和使用的需求，因此，空间的布置和利用更加讲究效率和实用性。广场是西方建筑中的重要元素，它不仅是城市的中心，也是公共生活的舞台。广场的设计和布置强调的是开放性和共享性，体现了西方文化中的公开、透明和平等的理念。与此同时，广场也是表达公众意识和集体意识的重要场所，这与西方文化强调的个体主义和公共性是相一致的。

5. 对称之美与形式之美

（1）中国的建筑艺术中，对称之美占据着核心地位，这主要得益于中轴线设计的普遍采用。这种设计使得建筑的各个部分形成了层层叠加、环环相扣的结构和效果。从整体上看，这种建筑有一种庄重、稳定的气质，无论从视觉还是心理上都能给人一种安稳和谐的感觉。这种审美风格是中国传统儒家思想中提倡的和谐、中庸理念的具体体现。

对于中国人来说，建筑不仅仅是遮风避雨、居住的地方，更是一个情感寄托、彰显审美的空间。因此，除了对称美，中国建筑艺术还大量使用了园林建筑，以彰显人们对意境美、自然美的追求。园林设计注重空间的利用和布局，通过布置山石、筑堤造湖、种植花木、建造亭台楼阁，创造出各种不同的景观，让人感觉仿佛置身于大自然之中。例如，苏州园林就是这种设计理念的杰出代表，它的景观丰富多变，设计独特精致，让人流连忘返。

（2）相比之下，西方的建筑艺术则更注重形式之美和建筑的外观镜像。西方古典建筑以其壮观、大气而闻名于世，多采用几何图形的设计，如方形、圆形、三角形等，这既体现了西方建筑文化的明确合理性，又满足了人们对形式美的追求。这种设计理念在罗马斗兽场、帕特农神庙、圣彼得大教堂等西方标志性建筑中得到了充分的体现。

6. 内敛含蓄与开放有序

（1）中国的建筑布局多以"围墙"为特征，这正体现出了中国文化的内敛和含蓄。在中国，无论是皇宫、庙宇，还是普通人的住所，都有明显的围墙，形成了独特的庭院空间。这种建筑布局方式源于中国的家族观念和严格的社会等级制度。围墙的存在，既保护了建筑内的私密性，也象征着权力和地位的展示。在这种布局中，宫殿和大堂作为核心区域，被其他建筑环绕，凸显出其尊贵和重要的地位。

（2）西方建筑的布局则体现出明显的几何线条，尤其是广场等公共空间，更注重整体与周边环境的融合，体现出开放和有序的特点。这源于西方社会的公共性和个体主义理念。广场作为城市的心脏和舞台，常常是各种公共活动的场所，体现了民主、公开和集体参与的精神。除此以外，西方建筑也有其他个性风格，如古罗马式建筑的穹顶特色、哥特式建筑的垂直线条和尖顶，都体现了西方建筑在布局上的创新和探索。

7. 保守稳定与变革创新

（1）建筑文化是人类生活的反映，既继承了历史，也要适应社会的变化和发展。中国的建筑文化在发展过程中呈现出相对保守的特点。据研究，中国的建筑形式和材料在古代基本没有发生太大的变化，如木构架、斗拱、瓦片等都保持了很长时间的延续。这是因为中国的社会结构和文化观念在很长的历史时期内保持相对稳定，人们注重对传统的继承和尊重。

（2）与中国长期稳定的建筑文化不同的是西方的建筑文化发生了重大变化。西方建筑历史上，建筑风格、建筑材料、装饰手法、空间布局等都发生了重大的变化。从古希腊的柱廊式建筑到古罗马的穹顶建筑，再到中世纪的哥特式建筑，再到现代建筑大量使用钢铁和玻璃，西方建筑一直在变革和创新中发展。这源于西方文化鼓励创新、实验和探索，以及西方社会经济、科技、艺术等各方面的快速发展推动了建筑艺术的革新。

第四节　汉英民俗文化对比

一、民俗文化的概念内涵

民俗文化，如同一颗多彩的宝石，闪耀着一个民族、集群或社区的历史光辉和文化魅力。它的内涵丰富多样，不仅包括庆祝节日的方式、风俗习惯、信仰、故事，还涵盖音乐、舞蹈、手工艺、口头传统以及所有其他与社区生活和文化身份有关的元素。

（1）庆祝节日的方式和风俗习惯是民俗文化中极具特色的部分。不同的地方、民族或社区，庆祝同一节日的方式可能大相径庭，从饮食习惯到庆祝仪式，都承载了丰富的地方特色和历史信息。日常生活中的风俗习惯，比如婚嫁习俗、饮食习俗、礼仪习俗等，更是深刻反映了一个社区的生活方式和价值观。

（2）民俗文化中的信仰、故事、音乐、舞蹈和手工艺，是社区成员情感交流和文化表达的重要载体。信仰对于社区成员来说，是他们理解世界、解释生活经验的一种方式，同时也提供了他们共同的精神支柱。故事、音乐和舞蹈则通过艺术的方式，讲述社区的历史，表达社区成员的情感，描绘他们的理想世界。

（3）口头传统和社区生活方式等与文化身份紧密相关的元素，是构成社区成员共享认同感的关键。它们代代相传，形成了独特的文化遗产，是社区成员之间的精神纽带。同时，这些元素也是社区对外展示自身特色，与其他社区进行交流互鉴的重要方式。本节将以社交文化、婚庆文化和节日文化为例对比分析中国和西方国家在民俗文化方面的异同。

二、汉英民俗文化对比分析

（一）汉英社交文化对比分析

1. 迎客礼节与送别礼节

（1）在中国的传统社交文化中，有尊贵的客人来访时，主人通常会迈出家门，向客人展示他们的尊敬和欢迎。这种习俗源自儒家文化的深厚影响，强调尊重他人和保持礼仪。在正式的见面仪式上，中国人通常会选择握手或拱手作为表达敬意的方式，而在一些更加庄重的场合，他们会选择鞠躬作为见面的礼节。在交流过程中，中国人习惯用"欢迎光临""一路平安"等词语来表达对客人的欢迎和尊重。

相较之下，西方的迎客礼节则更为简洁和直接。在一般的场合下，西方人通常不会出门迎接客人，除非是在外交等正式场合。他们主要使用握手的方式来欢迎客人，而在一些更为庄重的场合，他们会选择拥抱或亲吻对方的脸颊以示亲近和欢迎。在问候语方面，西方人通常使用"How are you？"或"Nice to see you again."等表达方式。

（2）中国的道别礼节融入了深厚的文化底蕴。在中国文化中，送客被视为一种重要的礼仪，其表现形式多种多样，主要体现在行为和语言上。在行为上，中国人在道别时，通常会送客出门甚至远送，以示尊重。这种习惯也表现出了中国传统文化中重视和谐与礼节的价值观。在语言上，中国人在道别时会说些叮嘱的话，比如"注意安全""一路顺风"等，其中蕴含着对客人的关心与祝福。中国人在道别时，还常常会说"欢迎再来"，这不仅是对客人的再次邀约，更是对来访者的欢迎和期待。

在西方文化中，道别礼节更强调效率和简洁。西方人在道别时通常不会远送，这一点既表现出他们的实际性，也体现了他们尊重他人的时间和空间。在道别的语言表达上，西方人更喜欢直接明了的词语，如"Goodbye"或"See you later"。这些简洁直接的语言，既传达出尊重与友善，又体现了他们的直接和开放性。更重要的是，西方道别礼节中的"See you later"等表达，体现了他们乐观向上的生活态度，把告别看作是短暂的离别，相信未来还会再次相见。

2. 致谢礼节与答谢礼节

（1）在中国文化中，致谢礼节包含了深层次的文化内涵和社会价值。在接受他人的帮助或善意后，中国人通常会向对方表达感谢，但并非在所有情况下都会这样做。对于中国人来说，致谢主要是对他人提供的重要而有意义的帮助和支持的回应，他们更看重的是真诚的感谢，而非形式上的礼节。比如，他人提供了其职责或义务范围内的帮助，或者是亲朋好友之间的互助，中国人通常不会特意表达谢意，因为这在他们看来是理所当然的，而且过于频繁的感谢反而可能会让关系变得生疏。另外，在受到他人的赞扬时，中国人往往会以谦虚的态度回应，而不是直接表示感谢，这体现了中国传统文化中谦逊的价值观。

西方文化中的致谢礼节则表现出了一种更为公开和自由的社交方式。无论在何种关系或场合，无论对方提供的帮助多么微小，西方人都习惯于说"Thank you"。这种频繁的表达感谢，既可以视为一种社交习惯，也可以理解为他们对他人帮助的尊重和认可，以及对平等和尊重个人的价值观的体现。对西方人来说，表达感谢是一种有力的人际交往工具，可以拉近人与人之间的距离，强化社会关系。

（2）在中国文化中，答谢被视为一种基本的人际交往礼仪，体现了中国人深入骨髓的谦虚精神和对人际和谐的追求。对于别人的感谢，中国人往往会回答"不用客气""别这么说""过奖了""这是我应该做的"等，这些回答充满了谦虚的含义，既表示自己的行为并非出于特殊的目的，也降低了别人的感谢压力。同时，中国人普遍推崇"施恩不求报"的美德，故在收到受惠者的物质回馈或金钱奖励时，往往推脱不受或者是表现出谦卑的接受态度。

相反，在西方文化中，答谢的方式更直接和开放。对于别人的感谢，西方人常常会回答"Not at all""It's my pleasure""Don't mention it"或"You're welcome"，这些回应更加强调个人的自由和平等，表达出自己的善意是愿意和开心的，而非出于义务或责任。此外，西方人对于物质回馈或金钱奖励的态度也大相径庭。他们通常会欣然接受，因为他们认为这是对自己善举的肯定和尊重，也是对他们付出的回报。

3. 宴请礼节与道歉礼节

（1）在社交活动中，宴请是一个常见且重要的部分，不同的文化背景下，中西方的宴请礼仪也存在显著的差异。在中国文化中，宴请被视为表示尊敬和感谢的重要方式。通常在接受他人的帮助后，中国人会以设宴的形式来回馈。为了展示尊重，主人会提前发出请帖，并在宴会当天亲自在门口迎接宾客。此外，宴席上的对话常常充满了各种客套话，如"感情深，一口闷""略备薄酒，不成敬意"等。因为中国人重视面子和名声，宴会常常被打理得气派豪华，但这也容易带来一些资源浪费的问题。在就餐过程中，中国人常常倾向于烦琐的菜式和丰富的酒水，这都体现了中国人热情好客的性格。

相对于中国人的大排场，西方人在宴请上更注重情调和舒适。他们会明确地告知受邀者活动的具体时间、地点和内容，并期待受邀者的明确回复。例如："I would like to invite you for a reception at my house at

Saturday evening, can you come?"这种邀请方式可以让受邀者有充足的时间进行准备，同时也尊重了受邀者的选择。在饮宴安排上，西方人更倾向于轻松愉快的氛围，所以他们的宴请多以自助餐、酒会、茶话会等形式进行，场地布置精致而温馨。在这样的环境中，主人和客人都可以自由地交谈和享受美食，缺少了一些华丽的装饰和烦琐的礼节，但是充满了轻松愉快的气氛。

（2）无论在何处何时，道歉都是维护和修复人际关系的重要方式，而在不同的文化背景下，中西方对于何时以及如何道歉的理解和实践也有所不同。在中国，人们通常会更加倾向于和谐共处，尽量避免发生冲突。由于注重集体的和谐与一致，中国人在社交中会努力"大事化小，小事化了"，以保持人际关系的稳定。例如，在公共场合，如果无意间碰到他人，中国人可能只是微微一笑，轻轻点头示意道歉，而不是明确地说出"对不起"。此外，一些无法控制的身体反应，如打嗝、打喷嚏或咳嗽，这些在中国文化中都被视为正常的生理现象，不需要为此道歉。

相反，在西方，由于人权意识强烈，人们对自己的权益和隐私有着高度的敏感性，因此在触犯他人的隐私或权益时，西方人会立即道歉以表示尊重和歉意。例如，如果在公共场合无意间触碰到他人，西方人可能会立即说出"I'm sorry"或"Excuse me"来明确表示道歉。此外，他们甚至会为一些无法控制的生理现象，如打嗝、打喷嚏或咳嗽道歉，因为他们认为这可能会影响到他人。

（二）汉英婚庆文化对比分析

婚庆文化是指与婚礼和婚姻相关的各种传统和习俗，包括婚礼仪式、仪式用品、婚宴、婚后习俗等。它是一种特殊的民俗文化，体现了社区对婚姻的理解和尊重，以及对新婚夫妇的祝福。对比中西方婚庆文化，可以看到各自文化的特点和风格。

1. 中国婚庆文化

中国的婚庆文化源远流长，充满了丰富的传统象征意义，同时也在不断吸收现代元素，展现出活力和创新。传统的中国婚庆有着复杂的仪式和深厚的文化底蕴。婚礼一般分为提亲、定亲、过大礼、请帖、迎亲、婚礼和婚宴等步骤。在婚礼上，新婚夫妇需要向长辈三鞠躬，以示孝敬和尊重。红色在中国婚庆中占据了主导地位，象征着喜庆和吉祥。婚庆用品如喜糖、喜饼、喜帖等，也富有象征意义，体现了对新婚夫妇的祝福和期望。

然而，在现代社会，中国的婚庆文化也在发生着变化。受西方文化影响，许多新人选择在教堂或酒店举行婚礼，由主持人主持，新郎新娘互换戒指，亲朋好友共同见证。同时，一些传统的婚庆习俗如婚车装饰、婚宴菜肴、新娘的婚纱和新郎的礼服，也融入了更多现代元素和个性化选择。此外，许多年轻夫妇更喜欢在婚礼上表达个人情感和个性。他们可能会选择在海边、乡村或者其他有特殊意义的地方举行婚礼，或者制作个性化的请柬和婚礼视频，甚至自己编写婚礼誓言，以表达他们的爱情和承诺。

虽然现代元素在中国婚庆文化中占据了一席之地，但是，传统的婚庆习俗和象征意义并没有消失。相反，它们在与现代元素的交融中，赋予了婚礼更深层次的文化内涵。许多新人和家庭依然重视婚礼的传统仪式，认为它们是传承文化，连接亲情，以及祝福新婚夫妇的重要方式。

2. 西方婚庆文化

西方的婚庆文化以其浓郁的浪漫主义和个人主义色彩而闻名，其中充满了深深的情感和个性表达。同时，它也在继续发展和创新，吸纳新的元素和理念。传统的西方婚庆一般在教堂进行，由牧师主持。新郎新娘会在众人面前互换誓词和戒指，象征他们的爱情和承诺。白色是西方婚庆的主导色彩，代表纯洁和高雅。在婚礼后的宴会上，新娘和新郎的首舞通常是婚礼的一大亮点，舞蹈的优雅和浪漫象征着他们的爱情。同时，新娘抛捧花的习俗也是西方婚庆的一大特色，象征着幸福和美好的祝福。

在现代社会，西方的婚庆文化也在不断创新和发展。许多新娘和新郎开始在教堂之外的地方举行婚礼，如海边、公园甚至他们自己的家中。他们也开始自己编写婚礼誓言，表达他们对爱情的个人理解和期待。同时，现代的婚庆也越来越注重个性化和体验化。从定制的请柬，到独特的婚礼主题，再到精心策划的婚礼活动，都展示了新人的个性和创新精神。随着时代的发展，现代西方婚庆也更加注重包容和多样性。不论是同性婚礼，还是跨文化婚礼，都能得到社会的接纳和尊重。这种开放和包容的精神，体现了西方文化在尊重个体权利和推动社会进步上的价值取向。

（三）汉英节日文化对比分析

节日文化是指以特定节日为载体的一种社会文化现象。它是由特定的历史、风俗、宗教、传统、习俗和仪式构成的，通常会在特定的日期进行庆祝或纪念。节日文化不仅包括节日的庆祝方式和习俗，也涵盖了节日背后深层次的文化含义和社会意义。中西方的节日文化有着较大差异，下面主要从节日起源、节日活动及重要节日对它们进行比较研究。

1. 节日起源

当对比分析中西方节日文化时，一个显而易见的差异便是它们的起源和主题。在这方面，西方节日主要以宗教为主题，而中国节日则以时令和农历为主。

（1）西方节日大多源于宗教，尤其是基督教。例如，复活节是为了纪念耶稣基督的复活，圣诞节则庆祝耶稣的诞生。即使一些西方节日看起来更世俗，如万圣节和情人节，它们的起源和初衷也与宗教有关。例如，万圣节起源于欧洲的一个古老的宗教节日，称为萨温节。在这个节日里，人们相信亡灵可以返回人间与生者交流。另外，圣瓦伦丁节（情人节）则源于罗马时期的一种春季庆祝活动，后来在基督教化过程中被赋予了新的含义，成为纪念殉道者瓦伦丁的节日。

（2）中国节日则更多地反映了农业社会对于季节更替的重视。例如，春节标志着新的一年的开始，人们通过庆祝春节祈求来年五谷丰登、平安吉祥；清明节是人们扫墓、祭奠祖先的节日；中秋节则是庆祝秋季丰收的节日，人们通过赏月、吃月饼等方式欢度佳节。中国节日的这种特性与中国古代的农业社会有着密切关系。在农业社会中，季节更替直接关系到农作物的生长和收成，因此对于季节变化的庆祝在中国节日中占据了重要地位。

2. 节日活动

在庆祝节日的方式和活动中，中西方也存在显著的差异。西方节日活动更偏向于社交交往，而中国节日活动则更强调食物和家庭的重要性。下面对其展开具体的对比分析。

（1）在西方，节日通常被视为人们开展社交、互动和庆祝的机会，这与他们崇尚的个人主义和自由精神有关。在西方文化中，个人主义是一个核心概念，它强调个人自由、权利和尊严的重要性。因此，在节日期间，这种个人主义的价值观表现得尤为明显。人们会积极参与各种社交活动，包括派对、游行和家庭聚会，以庆祝这些特殊的日子。

例如，在新年之夜，人们会举行或参加各种各样的活动来欢庆新年的到来。这些活动可能包括狂欢派对、家庭聚餐、音乐会或者其他社区活动。所有这些活动都是为了让人们在这个特殊的夜晚有所交流、分享快乐并与他人一起庆祝新的一年。在万圣节，人们通常会参加或举办各种庆祝活动。孩子们会装扮成各种角色，敲门讨要糖果，这个活动被称为"不给糖就捣蛋"。这是一个让孩子们走出家门，到社区中去交流和互动的机会。与此同时，成年人也会举办或参加万圣节派对，彼此交流，分享快乐。在这些派对中，人们会穿着各种万圣节主题的服装，享受美食、音乐和舞蹈。

（2）中国的节日活动，无论是春节、端午节还是中秋节，无一不强调食物和家庭的重要性。这是因为中国的传统文化以农业社会为背景，强调集体主义和家庭价值观，对于饮食的重视源自农业社会对食物的依赖。此外，中国传统节日中的食物，往往有着深厚的文化内涵和象征意义。例如，春节吃饺子，寓意着辞旧迎新；中秋节吃月饼，象征着家庭的团圆；冬至南方人有吃馄饨的习俗，因为该时节正是阴阳交替、阳气即将发生之时，暗喻祖先开混沌而创天地之意，借以表达对祖先的缅怀与感激之情。这种饮食习俗，不仅反映了中国人的生活方式和思想观念，也赋予了中国节日独特的文化魅力。

3. 重要节日

圣诞节和春节分别是西方和中国的两个重要节日，它们的共同之处是都突显了家庭大团圆而营造的欢乐、祥和的氛围。西方传统的圣诞节具有浓厚的宗教色彩，而中国的春节通常会伴随着各种节日活动，举家同庆新年的快乐。下面分别论述西方圣诞节和中国春节的节日习俗。

（1）对于西方人来说，圣诞节是一年中极其重要的节日之一。它的起源是基督教为了纪念耶稣的诞生，但在现代社会，圣诞节已经超越了其宗教意义，成了一个充满欢乐和祥和的庆祝活动。圣诞节通常是在每年的 12 月 25 日，但庆祝活动通常会持续到新年。在圣诞节期间，人们会聚在一起，享受美食，交换礼物，唱圣诞歌，以此来庆祝这个特殊的日子。

西方人在圣诞节期间，尤其重视与家人团聚。在圣诞节前夕，即平安夜，家人会聚在一起吃晚餐，享受美食，并一起唱圣诞歌，庆祝节日。此外，圣诞树是圣诞节庆祝活动中的重要元素。家中的每个人都会为圣诞树挂上装饰物，包括灯光、彩色的球和其他的装饰品。在树下，人们会放上礼物，供家人在圣诞节早晨开启。

在西方社会，圣诞节的庆祝活动不仅局限于家庭聚会。在公共场所，比如商场、公园、街道等，也会进行大规模的庆祝活动。商店会举办特别的促销活动，街道和公园会被装饰得像童话世界一样，吸引人们前来庆祝。人们也会去参加音乐会、狂欢派对等社区活动，以此来庆祝圣诞节。

（2）春节是中国最重要的节日，也是中国人最盛大、最隆重的庆祝活动。春节的庆祝活动通常在农历的最后一个月开始，一直持续到新的一年的正月十五，也就是元宵节。春节是中国人辞旧迎新的日子，也是家人团聚的日子。

春节期间，中国人有很多特别的习俗。一个重要的习俗就是扫尘。人们会在春节前清扫房屋，寓意新的一年里清除旧的不好的事物，迎接新的开始。除此之外，人们还会贴春联。春联是中国人特有的艺术形式，它是由两句诗加上一个横批组成的。春联上的诗句通常是吉祥的语句，寓意新的一年里有好运气、好事情。

在春节的除夕夜，全家人会聚在一起吃年夜饭。年夜饭是一个重要的习俗，代表家人的团聚。在年夜饭上，人们会吃各种各样的美食，如饺子、年糕、汤圆等，这些食物都有特殊的寓意，象征着新的一年里充满好运和幸福。

除了家庭庆祝活动，春节期间的社区活动也非常丰富。比如放鞭炮、舞龙舞狮、猜灯谜等，这些都是中国人在春节期间的传统习俗，给春节增添了独特的风味。

在春节这个特殊时刻，中国人不仅强调与现世的家人朋友的团圆，同样也重视与已故亲人的精神相聚。为此，在除夕这一天，许多家庭会前往祖先的墓地进行一系列的仪式，如焚香、烧纸钱、燃放爆竹等，以此表达邀请祖先们在节日期间回家与生者共享团圆的意愿。

第五章　跨文化视角下外宣翻译的基本原则

第一节　坚守政治原则

由于很多对外宣传材料涉及与国家发展相关的一些内容，所以译者在进行外宣翻译的过程中要十分注意自己的措辞，要把维护国家的形象和利益放在首位，注意翻译的技巧。翻译新闻报道材料时，既要客观、公正地描述真实的新闻事件，又要委婉地表明自己的观点，以赢得目标受众的信任，达到宣传的效果，力求翻译工作达到一种微妙的平衡感。

在处理敏感或争议性的话题时，这种平衡尤为重要。译者应该保持中立和专业的立场，避免引入个人的偏见或情感色彩。同时，他们也需要灵活运用语言技巧，以委婉的方式处理可能会引发争议的问题。这不仅能帮助译者赢得目标受众的信任，还能有效地避免误解和冲突。从这个意义上来讲，措辞严谨、坚守政治原则要求从事外宣翻译的译者能够在表达上做到"润物细无声"，在政治上保持高度敏感性，从而宣传好我国的政治思想和主流文化。

一、"润物细无声"的表达

在进行外宣翻译时，"润物细无声"的表达原则起着至关重要的作用。这个原则意味着译者需要在传播信息时，尽量避免产生强行灌输的感觉，而要让信息的接收者自愿接触、了解和喜欢所传播的内容。"润物细无声"表达原则的理论支撑是：在社会心理学中，人们通常会对他人为自己的利益而进行的宣传产生逆反心理。例如，一个公司过度准销其产品，消费者可能会感觉到压力，甚至产生反感情绪，从而影响了宣传的效果。同样，在开展外宣翻译工作的过程中，如果读者感觉到被强行灌输中国文化、思想、理念，他们可能也会产生相同的逆反心理。因此，译者在开展外宣翻译工作时秉持"润物细无声"的表达原则就显得尤为重要。

在跨文化传播中，外宣翻译需要精心包装，采取更柔软、更含蓄的方式来传播信息，同时保持信息的核心和效果。举例来说，设想要向国外民众介绍中国的环保政策，译者就需要以平等、友好的态度进行翻译。在这个过程中，译者首先要准确地理解政策的核心意图和具体内容，在翻译时要尽可能地保持中立，准确地传达政策的目标和实施方式，而不是过度赞扬或过分简化。译者需要对受众的文化背景有足够的了解，以便采用更贴近受众的语言和表达方式，让他们更容易接受和理解。在此过程中，译者还需要注意信息的传播应循序渐进。例如，首先可以从简单的环保概念和中国环保政策的背景入手，逐步介绍具体的政策内容和实施情况，让读者有足够的时间去接触、理解和接受这些新的信息。

而对于那些对中国情况不了解的外国读者，译者需要更加注意他们可能产生的困惑和难题。中国的一些思想观念和事物对他们来说可能完全陌生，如果不加解释地介绍这些内容，可能会让他们感到困扰，而无法理解所传达的信息。因此，译者需要细心处理每一个细节，确保信息的有效传递。例如，当译者需要介绍中国的儒家思想时，他们可能面临的主要问题是这些思想观念对于外国读者来说可能完全没听说过，甚至可能与他们的文化背景存在冲突。在这种情况下，过于直白或生硬的表达方式可能会让读者感到困扰、无法理解甚至产生抵触情绪。

因此，译者需要细心处理每一个细节，包括语言的选择、表达的方式、信息的组织等。例如，他们首先可以简单地介绍儒家思想的背景和基本理念，其次通过一些具体的例子或故事来展示这些思想的实际意义和影响，从而让读者更容易接受和理解。同时，译者也需要考虑文化差异，避免引发不必要的误解或冲突。

二、高度敏感的政治性

外宣翻译工作与政治紧密相连，外宣翻译被视为政治服务的有效工具之一。这是因为翻译能够传播并推广国家的政策和价值观，而这些通常是与政治相互作用和影响的。翻译在服务于政治的同时，也可能影响政治活动的发展。例如，对于中国政府发布的一项新环保政策，如果译者选择用"strict"这个词来描述，那么这可能会给英语读者留下中国政府对环保有严格规定的印象。然而，如果译者选择用"rigorous"这个词，那么这可能会给英语读者留下中国政府对环保问题持有认真且细致的态度的印象。这就说明了译者在传达信息的同时，也在塑造读者的观念和看法。这种微妙的差异可能会影响中国在国际政治舞台上的形象和影响力。如果翻译工作得当，可以帮助提升中国的全球形象，进而提高其在国际社会的影响力。相反，如果翻译不准确或带有误导性，可能会导致误解，从而损害中国的国际形象。

译者的政治敏锐性在此环境中扮演着关键角色。它既需要译者对政治环境有深刻的理解，又要求译者保持对具体译文中政治元素的高度警觉。因此，译者需要具备坚定的政治立场，并理解国家的政策方向。他们需要谨慎处理翻译过程中遇到的具有政治含义的词句，并努力提高翻译的质量。为了实现这一点，译者需要不断学习翻译知识，提高自身的翻译水平，选择最准确的措辞，以确保信息的准确传达。

在处理一些可能引起负面联想的词汇或表达时，译者需要特别谨慎。他们可以使用委婉的方式来表达这部分内容，以降低或消除可能引起的负面影响。但是，这并不意味着译者在翻译时是生硬和无趣的，在保持对政治内容的高度敏感性的同时，译者也需要提高译文的灵活性和可读性。例如，翻译一份涉及环保政策的文档时，也许会遇到一些可能引起争议的词汇或表达。译者可以选择使用更中立的词汇或通过对文本的合理解读和适当的重述，来避免可能的误解或争议。同时，他们也需要确保译文的可读性，使其既准确又吸引人，以满足读者的阅读需求。

第二节　主体突出原则

外宣活动的种类丰富多样，每个活动都有明确的目标和受众群体。这就要求服务于这些活动的外宣翻译在翻译原则上做出相应调整。所谓调整，实际上就是要求译者在翻译过程中，凸显出文本的主要内容，强调材料的核心观点，并依据译者自身的立场，展现出译者的主体性。比如，如果是面向商业人士的贸易活动，那么在翻译过程中，译者就应当注重将相关的商业术语和概念准确地传达给目标受众；如果是面向广大公众的文化交流活动，译者就应该努力在翻译过程中尽可能地保持原文的风格和韵味，使目标语言的读者能更好地理解和欣赏原文的文化内涵。

一、凸显材料核心信息

在开展外宣翻译工作时，译者应该投入精力仔细研究待翻译的内容。了解并识别宣传活动的目标受众对信息的需求、他们的个人喜好以及他们的心态，这些细节是保证翻译质量的关键。这样做可以帮助译者更好地理解和评估外宣材料中的信息，从而对其进行有效的分析和调整。通常情况下，外宣材料中的信息可以包括各种形式的内容，如文本、图片、图表、声音和视频等。每种形式都可能包含重要的信息，译者需要从中识别出对受众有价值的信息，并以适当的方式表达出来。这就要求译者具有丰富的语言知识和文化背景知识以及一定的信息处理能力。一般来说，译者可以将材料中的信息分为以下三类。

（1）核心信息。核心信息是文本的主旨，是其主要想表达的观点和信息。在一个关于环保活动的外宣材料中，其核心信息可能是关于活动的目标、活动的主办方、活动的日程安排等。例如，一篇介绍"全球环保日"的文章，其核心信息可能是"全球环保日是由联合国环境署主办，旨在提高全球公众对环保问题的关注，每年6月5日举行"。这些信息对于理解文章的主题非常关键，因此在翻译时应该优先处理，尽可能准确和全面地表达出来。

（2）次要信息。次要信息是补充和扩展核心信息的内容，它们可能不直接涉及主题，但有助于读者理解和接受核心信息。在同样的环保活动的外宣材料中，次要信息可能包括历年来的活动概况、一些成功案例、知名人士的支持等。虽然这些信息在全文中的地位较为次要，但是在传达全局观念、增强说服力等方面起着关键作用。译者在处理这些信息时，可以依据其对核心信息的补充和支持程度，决定是否译出以及如何译出。

（3）冗余信息。冗余信息是指那些对于理解文本没有实质帮助，甚至可能造成混淆的信息。例如，在一个介绍中华文化的文章中，可能会包含大量的古诗词引用，这些古诗词在汉语中有很深的文化含义和美学价值，但是在英文中却往往难以找到对应的表达方式。如果强行翻译，可能会使句子变得冗长且难以理解，反而阻碍了读者对核心信息的理解。因此，在处理这类信息时，译者应考虑舍弃不必要的信息或者找到一种简洁明了的方式来进行表达。

在外宣翻译的实践过程中，翻译的优劣并非与传递的信息量直接相关。译者需要具备将外宣材料的信息进行识别、分类的技能，并根据自己对文本的理解，采用合适的翻译策略。这样做不仅能确保关键信息的准确传递，而且可以保障译文的质量。从这个角度分析，外宣翻译并不仅仅是对汉英两种语言进行简单、机械的转换。任何一味追求内容与形式上的一致性的翻译都是不理想的。每一次的外宣翻译活动都必须考虑到翻译的目的，这个目的就像一盏灯塔，为译者在语言重构和信息呈现的过程中指明方向。

除了要站在宣传者的角度考虑宣传的目的，译者还需要站在接受者的角度，考虑他们的实际需求。这涉及语言表达的精准度、必要信息的保留、冗余信息的剔除以及富含内涵的信息的解释。这是因为，虽然译者是信息的传递者，但是在这个过程中，他们必须以受众为中心，以他们的需求为导向，才能实现有效的信息传递。在这种情况下，译者在翻译过程中不仅要理解原文的意思，还要理解原文的用意。他们需要理解原文的语境，了解原文作者的写作目的以及他们试图对读者产生的影响。只有这样，译者才能正确地传达原文的信息，让受众得到他们需要的信息。

二、突出译者主体地位

虽然传统的翻译观念倾向于将忠实度视为翻译质量的首要衡量标准，强调在理论研究和实践中尽可能真实地反映原文信息，力图让目标语言的读者和源语言的读者有相同的阅读体验，但这种观点通常将译者的角色边缘化，忽视了译者的主观性。在外宣翻译的过程中，译者不仅是整个活动中不可或缺的部分，而且是掌控全局的关键因素。在为了更有效地传播中国文化以及发出最真实、最坚定的中国声音的任务中，译者需要在理解目标受众的理解能力和接受心理的基础上，对原材料进行适当的调整，充分发挥自身的创造性，展现自身的语言和翻译技巧。因此，外宣翻译的过程中应该强调译者的主观性，这不仅是实现翻译目标的重要保证，也是进一步提升翻译效果的关键。

进行外宣翻译工作时，应赋予译者充分的尊重，并鼓励他们在翻译目标的指导下，发挥出他们的主观创新性，同时表现出他们的知识储备和文化敏感度。具体来看，译者在外宣翻译工作中的主体性可以在以下三个层面得到体现。

（1）在理解和分析外宣材料的过程中，译者需要利用自己的理解能力、分析能力和逻辑思维能力来理解和分析原文的内容。他们需要精准把握材料的核心信息，了解次要信息，识别并剔除冗余信息。这需要译者具备扎实的知识储备和敏锐的洞察力。

（2）在翻译外宣材料的过程中，译者需要根据外宣活动的目标和原文的内容，以及目标受众的理解和接受程度，来选择合适的语言表达。这一步骤可能需要译者对原文进行适当的解释或合理的裁剪，旨在更好地传达信息，提高译文的接受度。

（3）在翻译文化信息的过程中，译者需要充分利用自己的语言文化水平和对中英文化差异的理解，选择最佳的翻译策略，从而使译入语的读者能够准确理解和接受汉语文化的内涵。这需要译者具备较高的跨文化交际能力，同时也需要他们具备丰富的翻译经验和高度的文化敏感度。

（4）在开展外宣翻译工作时，译者需要灵活运用其主观能动性。例如，译者需要娴熟处理政治敏感性词汇，同时通过翻译激发读者对中国发展和中国文化的热情。然而，尽管译者的主体性能在跨语言、跨文化翻译中帮助他们更为自由地发挥创造力，以达到优质的翻译效果，满足外宣工作需求，并推动跨文化交流活动的进行，但这并不意味着译者可以自由地进行翻译，完全忽略其他外部因素的影响。

译者在外宣翻译过程中，其角色可以看作是中华文化与其他语言文化之间交流的桥梁，他们的选择和决策必须在特定的范围内进行，以便在传达准确信息的同时，也能展现中华文化的独特魅力。例如，在处理政治敏感词时，他们不能完全按照自己的主观意愿去进行翻译，而应该在考虑译入语读者接受程度的同时，尽可能地保留原文的精神。比如，"和平崛起"一词在翻译时就应该考虑到其背后所代表的中国发展理念，不仅要翻译出字面意思，还要在译文中透露出中国追求和平发展的愿望。

第三节　经济达意原则

一、"语言简洁，经济达意"的内涵

在外宣翻译工作中，尤其是在汉译英的过程中，有一项重要原则就是语言简洁，经济达意。这个原则基于一种理念，即在传递信息时，应优先保证信息的简洁性和实用性，避免冗余和重复。这主要是因为汉语和英语在表达方式上存在差异。汉语倾向于使用华丽的词汇，强调语句的平衡和韵律，使行文工整匀称；而英语更强调简洁、自然和逻辑性，避免堆砌、重复和累赘的表达。具体分析如下。

汉语的表达方式非常丰富，往往富于诗意和象征性。比如，"风和日丽"，这是一个简单的汉语表达，它直接描述了一个美好的天气情况，但它的寓意更深。风和日丽通常被用来比喻事物的顺利进行或者生活的安宁幸福。在汉语中，类似的象征性表达方式非常常见，这种方式带给语言丰富的层次感和深远的含义。此外，汉语还特别强调语句的对称和平衡，比如"有志者，事竟成"，两个短语的构造完全一样，以此达到平衡的效果。还有"天高地厚""山高水长"等，这些表达方式充分展现了汉语追求的平衡与和谐。

然而，英语的表达方式则更偏向简洁、自然和逻辑性。例如，如果要描述一个人的勤奋，英语可能会直接说"He works hard."这句话直接、明确，无须进一步解读。而在汉语中，人们可能会使用象征性的表达方式，如"他如同一个默默耕耘的农夫"，这种表达方式需要读者理解"默默耕耘"代表着勤奋这一象征意义。此外，英语的表达方式也更强调逻辑性。比如，在进行因果论述时，英语中会明确使用"because""since""therefore"等连接词来表明逻辑关系；而在汉语中，这种逻辑关系可能需要通过上下文来推断。

汉英表达方式的这一显著差异体现在外宣翻译实践中就需要译者做出一些选择。例如，汉语中常见的"彻底粉碎""走南闯北""欢天喜地""平淡无奇"等表达，在英语中往往无法找到直接等效的表达方式。对于英语读者而言，这种华丽辞藻和重复表达可能会降低信息的清晰度和传播效果，甚至被误解为空洞的宣传。

二、翻译示例分析

因此，在外宣翻译工作中，"语言简洁，经济达意原则"是非常关键的。具体来说，译者需要尽可能地删减或省略一些非关键的、对意义传达没有决定性作用的语言表达。为了更好地解释这一原则，可以从以下两个方面进行深入理解。一方面，这一原则要求译者要做到以最经济的方式传达原文的意义。在实践中，这可能意味着译者需要根据目标语言的习惯和文化背景对原文进行适当的调整和删减。例如，汉语中的"彻底粉碎"在英文中可以简化为"smash"，汉语的"走南闯北"可以翻译为"travel a lot"。这样的翻译既保留了原文的主要意义，又避免了语言的冗余。

另一方面，译者还要注意不能为了满足形式表达而采取逐词对译的方式，这也不符合"语言简洁，经济达意原则"。请看以下示例。

原文 1：我们为实现现代化目标所做的努力。

译文 1：our efforts to reach the goal of modernization.

译文 2：our efforts to modernize

在第一个示例中，"我们为实现现代化目标所做的努力"这句话的译文 1 是"our efforts to reach the goal of modernization"。这是一个较直译的版本，虽然保留了原句中的所有信息，但在英文表达中显得有些冗余。在译文 2 中则是翻译成"our efforts to modernize"，这种表达更加精练，"modernize"这个词本身就包含了"实现现代化"的含义，因此无须再明确提出"目标"一词，既简化了句子结构，又没有改变原句的主要意义。

原文2：中国民航决定开展提前订票业务。

译文1：The Civil Aviation Administration of China has decided to start the business of advance booking and ticketing on connecting and return flights.

译文2：The Civil Aviation Administration of China has decided to start advance booking and ticketing for connecting and return flights.

在第二个示例中，译文1把"订票业务"翻译为"the business of advance booking and ticketing"，这种逐词翻译的方式虽然表达了原句的全部信息，但对于英语表达来说过于冗长。译文2则更符合英语的习惯，因为"advance booking and ticketing"已经包含了"订票业务"的含义，无须再加上"business"一词，这样的表达更符合"语言简洁，经济达意原则"。

第四节　保留风格原则

一、"形神俱备，保留风格"的内涵

严复是中国翻译学界的杰出代表，他提出的"信达雅"原则广为人知并备受尊崇。在这个原则中，"信"被赋予了首要的位置，它强调翻译必须对原文本的含义和思想进行精确且忠实的译述；"达"的概念强调译文在忠实原意的前提下，要确保语言的流畅性，以便读者理解。这是因为语句的流畅度对于读者理解译文的含义至关重要；"雅"的理念主张译文的词汇应当适宜，表述应当简明而高雅。随着时间的推移，"雅"的内涵已经发生了变化。在现代的翻译标准中，"雅"也可以被理解为"风格"。

以严复的"信达雅"观点为翻译标准，假设译者要翻译一段关于中国传统文化的文字。首先，"信"的要求告诉译者应该尽可能精确地传达原文的含义，比如译者不能将"孝道"随意翻译为"respect for parents"，因为这样无法全面准确地传达"孝道"的深层含义。"达"的要求让译者需要用流畅、通顺的英文来表达这个概念，这可能需要译者对原文进行某种程度的改写，使其更加符合英文读者的阅读习惯。最后，"雅"告诉译者在翻译过程中应该力求选用得体、优雅的词语，同时保持简洁，因此译者可能会选择"filial piety"来翻译"孝道"，因为这个词更能体现出该概念的尊重和庄重。

外宣翻译作为应用翻译的一类，强调不仅仅是在语义层面对原材料进行精确的传递，还须关注到原作的风格。当涉及中国文学作品这类外宣材料的时候，译者则需要格外关注其深厚的美学价值和艺术特质，要遵循"形神俱备，保留风格"的原则。

以中国的古代诗词为例，其丰富的类别、简练的措辞、深邃的文化内涵、遥远的意境以及对语言韵律美的追求等特性，让其成为中国人用来阐述观点或表达情感的重要工具。分析其蕴含的文化内容，可以看到中国古代的诗人对生活的多个方面的深刻洞见。在跨文化交流的背景下，古诗词的翻译主要出现在两种情境中。一是在国际会议上，这些诗词可能被用来点缀演讲，以展示中国文化的魅力；另一种情况是在旅游行程中，其中的诗词可能被用来介绍某个地方的历史或文化，从而吸引游客。

例如，在国际会议上，翻译者可能需要翻译杜甫的诗句"国破山河在"以传达中国人坚韧不屈的家国精神；而在旅游行程中，翻译者可能需要翻译杨慎的诗句"青山依旧在，几度夕阳红"以激起游客对于中国壮丽景色的想象。在这两种情境中，译者都需要保持原作的风格，同时确保译文的准确性和流畅性。

二、翻译示例分析

在处理中国古诗词翻译时，译者不仅要准确传达诗词的含义，还须特别关注诗词的"音律之美"与"形态之美"。"音律之美"关乎诗词的节拍和韵脚；"形态之美"则主要涉及诗歌的词汇选择、体裁、句型结构以及表达技巧等。这些都有助于维持诗词的韵致，使外宣受众能够通过诗词的韵致感受到诗词所描绘的意境、艺术气质和诗人的情感。如唐代诗人李白的《早发白帝城》。

原文：

早发白帝城

李白

朝辞白帝彩云间，

千里江陵一日还。

两岸猿声啼不住，

轻舟已过万重山。

译文：

Departure from the Empire Town at Dawn

Li Bai

Bidding the town farewell when morning clouds hang low，

A long trip through canyons I made in a mere day.

Monkey cries were heard on either bank all through the day，

While the boat passed by mountains in a low.

这个诗词翻译的例子体现了尽可能保持诗词"音美"和"形美"的原则。在尊重原文意义的基础上，译者尽力在英语诗歌中体现出原诗的韵律、节奏、用词以及句子结构等艺术特点。

例如，原诗中的"朝辞白帝彩云间，千里江陵一日还。两岸猿声啼不住，轻舟已过万重山。"每句的韵脚都是"an"声，表现出强烈的音韵美感。在翻译中，虽然英文无法完全复制这种韵脚，译者仍努力在每句诗的末尾采用相同的"ay"和"ow"等元音音节，以此来模仿原诗的韵脚。

其次，关于诗词的"形美"，翻译中的每一句诗都尽可能地保持了原诗句子的结构和表达方式。例如，"朝辞白帝彩云间"翻译为"Bidding the town farewell when morning clouds hang low"，虽然单词的顺序发生了变化，但是整体上的主题"告别早晨的白帝城"被准确地保留下来。

同时，翻译诗歌还需要注意意境的传达。在这首诗中，李白以"两岸猿声啼不住，轻舟已过万重山"，描绘出诗人航行在崇山峻岭、猿猴在峡谷中不断叫喊的画面。在英译诗中，译者同样以"Monkey cries were heard on either bank all through the day，While the boat passed by mountains in a low"表达了这种意境，同时也反映出诗人的情感。总体来说，这个诗词翻译的例子充分体现了在翻译过程中如何处理语言形式和意义的关系，既保留了诗词的原始美感，也准确地传达了诗词的内涵和意境。

第五节 区分外外原则

外宣翻译活动在跨文化背景下进行，其接触的听众源于各个不同的国家，并拥有各自独特的文化背景。因此，翻译工作应尊重这一多样性，并按照每个文化背景的独特思维方式和表达习惯进行精细化处理。更具体地说，根据外宣活动的目标地区，可以将这种差异化的处理方式划分为区分内外和区分外外两种原则。

一、区分内外原则

区分内外原则是跨文化翻译中的一个重要考量因素，主要是因为汉语文化与其他语言文化，特别是英语文化之间存在显著的差异。这些差异不仅表现在语言的音节、词汇、语法、句法以及修辞等层面，也根植在两种文化的地理环境、风俗习惯、宗教信仰以及思维方式等多个方面。

例如，汉语在表达方式上通常更倾向于隐晦含蓄，讲究"言不尽意"，而英语文化中则普遍倾向于直接明了的表达方式，以达到信息的明确传递。因此，在进行外宣翻译活动时，单纯的词义翻译可能无法有效传达原文的真实意图，译者需要根据目标读者的文化习惯和理解方式，进行适当的转换和调整。举个例子，假设译者需要翻译一句中国的成语"饮水思源"。单纯的词义翻译可能会变成"think of the source when drinking water"，这样的直译，对于不了解中国文化的外国读者来说，可能无法理解其真正的含义。因此，为了更好地传达这个成语的含义，译者可以将其翻译为"never forget where one's happiness comes from"，这样就更符合英语读者的理解方式。

当然，遵守区分内外原则并非意味着让译者把所有的注意力都放在文化差异上，而忽视了信息的精确传递。相反，这个原则旨在帮助译者在跨文化翻译过程中找到一个平衡点，既能确保信息的准确性，又能保持原文的情感和文化特质。在实际操作中，译者需要根据不同的交流目的和对象，制定出相应的翻译策略，并提供符合目标受众期待的信息文本。例如，当面向欧美国家的读者进行外宣时，译者可以采用更为直接、明了的语言风格，以便于读者的理解和接受。通过这种方式，中国的对外宣传就能更加有效地提升国家的国际形象，扩大国际影响力，从而更好地实现国家的发展目标。

二、区分外外原则

在我国进行的对外宣传活动涉及许多不同的国家和地区时，也就意味着这些宣传活动的目标受众具有显著的文化差异。这种文化差异要求译者在进行对外宣传翻译时，必须遵循"区分外外"的原则，尊重和理解目标受众的文化背景和价值观，以确保信息的准确传递和有效沟通。

不同的文化背景下，某些元素可能具有不同的象征意义，这是做好外宣翻译工作必须关注的一个环节。例如，某些物品、动物或颜色在不同的文化中可能代表不同的寓意或情感。因此，译者需要准确理解这些符号在各个文化中的含义，以防止传递错误的信息。以色彩为例，红色在中国文化中寓意热情、喜庆和好运，而在一些西方文化中，红色可能被关联到危险或警告。例如，一个中国公司要在美国市场上推广一款红色包装的产品，他们可能需要考虑美国消费者对红色的不同解读。如果只是简单地把产品翻译并引入新市场，可能会产生不必要的文化冲突和误解。

进行对外宣传翻译时，译者不仅需要对源语言和目标语言有精深的了解，还需要对各种文化有深入的理解和敬畏。他们需要避免直接使用可能导致误解或冲突的词语或表达，而应该寻找那些能够准确、恰当地传达原始信息，同时又符合目标受众文化和价值观的词语或表达。除此之外，译者还需要对各地文化中的禁忌有深入的了解，并在外宣翻译活动中避开这些禁忌。这不仅可以防止信息的传播受阻，还可以显示出我国对他国文化的尊重和理解，从而提升我国的国际形象和影响力。

例如，常说的"破釜沉舟"是一个鼓舞士气，表示决心赴汤蹈火、奋勇向前的成语。但如果将其直接翻译成英语"breaking the woks and sinking the boats"，外国人可能无法理解其含义。一个更好的翻译可能是"burning one's boats"或者"burning one's bridges"，这在西方文化中也表达了类似的决心。

中国的一些俚语和熟语在直接翻译成英语后可能会让人感到困惑。例如，"卧虎藏龙"直接翻译成"crouching tiger, hidden dragon"后，如果不解释其含义（即在平凡的地方隐藏着非凡的人才），那么目标受众可能无法理解其真正的含义。在这种情况下，译者可能需要寻找一个在目标语言文化中更易于理解和接受的表达方式，如"people with unusual, but unrecognized talents"。

此外，各地的文化禁忌也需要谨慎处理。例如，在某些文化中，13被视为不吉利的数字，因此在向这些文化的受众传递信息时，译者可能需要避免使用这个数字，以免引起不必要的误解和负面反应。

第六章　跨文化视角下外宣翻译的主要策略

第一节　语言层面的翻译策略

一、词汇策略

在进行跨文化的外宣翻译时，鉴于这类活动的正式性和宣传性，译者须对所选词汇有充分考虑和恰当运用。这是为了避免由于词汇使用不当而产生误导，从而妨碍翻译效果的实现。

（一）审慎用词策略

由于外宣翻译的独特性，译者在执行任务时必须对所选词汇进行审慎选择，参照外宣词汇的标准，确保词汇的准确度、灵活性、多样性以及严肃性。

1. 准确度

在执行外宣翻译活动的过程中，译者首先需要理解原文的意思，然后在自己的语言知识库中寻找、选择最精确或最接近的词汇进行翻译。一些具有中国特色的汉语词汇在翻译成英语时需要特别小心，只有这样才能避免错误信息的传播。例如：

四书五经 Four Books and Five Classics

五行思想 Theory of the Five Elements

中国历史文化中的一些著名人物名称翻译：

孔子 Confucius

诸葛亮 Zhuge Liang

2. 灵活性

在带有宣传目的的外宣翻译活动中，上下文语境对翻译的影响不容忽视，译者须学会对各种问题做出灵活应对以提升翻译水平和实现宣传目标。比如，在将汉语翻译为英语的过程中，有一些汉语中特有的成语。这些成语在汉语表达中起到了强化文章表现力、增添文采的作用。然而，在翻译过程中，由于汉英表达方式的差异，如果过度翻译，不仅不能体现汉语表达的魅力，还可能会导致表达过于烦琐，降低表现力。因此，译者在翻译汉语成语的过程中，可以根据实际情况采取灵活的方式，只翻译出成语的核心含义即可。例如：

原文 1：他的人生经历充满了曲折和挫折，但他始终坚持不懈，毫不退缩，真可谓是"砥砺前行，坚韧不拔"。

译文 1：His life journey is full of twists and setbacks, but he remains steadfast, unwavering, truly embodying the spirit of "persevering and remaining unyielding".

在这个示例中，成语"砥砺前行，坚韧不拔"在汉语中富含深层含义，直接翻译成英语可能无法准确传达其意境，甚至有可能让读者感到困惑。因此，译者采用了灵活的翻译方式，保留了成语的核心含义"persevering and remaining unyielding"，而没有按照字面意思逐字逐句翻译。这样的翻译既保持了原文的寓意，又使得目标语读者能够理解和接受，体现了灵活性原则在翻译实践中的运用。

这并不意味着在所有的外宣翻译工作中都可以随意地应用灵活性原则。在很多情况下，尤其是在传达具体事实、数据、政策等方面，译者需要保持对原文的忠实，确保信息的准确无误。在这种情况下，灵活性的应用就相对有限，不能随意变动原文的表述，否则可能会导致信息的失真。尽管灵活性原则让译者有了更多的创新空间，但是这并不意味着译者可以将自己的个人情感或者观点加入译文中。在进行外宣翻译时，译者首要的任务是传递信息，而不是表达个人的观点。无论何时何地，译者都需要保持客观公正的态度，避免将个人的主观因素加入翻译中，以确保译文的公正性和客观性。

3. 多样性

多样性原则在外宣翻译中的一个重要应用就是译者对不同文化共性的认识和利用。在多元文化背景下，有些观念和表达方式具有高度的通用性和相似性。在进行外宣翻译时，译者可以利用这些共性，找到源语和目标语中具有类似内涵和表达方式的词汇或短语，以达到更好的传达效果。

例如，汉语中"鹤立鸡群"这个成语表达的是某人在众人中显得与众不同的特质。在英语中，有个表达是"a cut above the rest"，它的含义也是表达某人在人群中独树一帜、超越他人的特质。虽然两种表达的形象和词汇都有所差异，但其内涵和含义却有高度的相似性。因此，译者可以利用这种文化共性，将"鹤立鸡群"翻译为"a cut above the rest"，以传达出原文的内涵和意图。又比如以下示例：

as timid as a rabbit——胆小如鼠

like a duck to water——如鱼得水

to spend money like water——挥金如土

as plentiful as blackberries——多如牛毛

as dumb as an oyster——守口如瓶

as thin as a shadow——瘦得像猴

to tread upon eggs——如履薄冰

diamond cut diamond——棋逢对手

to fish in the air——水中捞月

to fly into a rage——勃然大怒

to hang by a hair——千钧一发

to laugh off one's head——笑掉大牙

look before you leap——三思而后行

to kill the goose that lays the golden eggs——杀鸡取卵

4. 严肃性

在对外宣传翻译中，选词和用词的严肃性是至关重要的。这一重要性主要反映在两个方面：一方面是与中国的主权、领土完整性、国际独立性和国家权益等重大问题相关的语言选择；另一方面是在表达政治态度和语气时的用词选择。

（1）译者必须认识到，任何涉及中国主权、领土完整性、国际独立性和国家权益等问题的翻译，都必须格外严谨、谨慎。在这些问题上，语言的选择应该没有任何的发挥余地，不能轻易更改或替换。为了确保这一点，译者必须有强烈的政治敏锐性。例如，关于中国的南海，译者只能应用 "the South China Sea"。

（2）政治性的语气和口吻在外宣翻译中同样重要。这在很大程度上体现了用词和选词的严肃性。例如，在 2018 年中美贸易冲突期间，中国领导人强调："中国人不是吓大的！"表达出的是中国人民坚决反对贸易战，决不轻易妥协的决心和决断。翻译时应保留这种强烈的立场和情感，应译为 "Chinese people will not be intimidated!" 而不能仅仅译为 "Chinese people will not be scared."

（二）补充解释策略

1. 补充资料背景

在外宣翻译过程中，补充相关知识背景是一种有效的策略，它能够帮助接收者更好地理解材料的含义，同时保留原文的表达风格、展现中国的文化魅力。这主要源于两种文化之间的差异，即原文中所认为的不言自明的信息，在另一种文化背景下可能需要更多的解释。因此，适时补充在原文中被省略或压缩的信息，对于增强读者的理解能力、提供必要的背景知识具有重要意义。

例如，"坚持社会主义核心价值观，推动社会公正和正义。"这个句子中的"社会主义核心价值观"是一个深植于中国文化和社会的概念，可能会让不熟悉中国社会和文化背景的外国受众感到困惑。此时，译者需要在翻译过程中适当补充背景信息。译文可以这样写："Adhere to the socialist core values, which encompass prosperity, democracy, civility, and harmony, among others, and promote social fairness and justice." 这样，外国受众就能够理解"社会主义核心价值观"包含了繁荣、民主、文明、和谐等多个方面，使得原文的意义和背景更加清晰。

另外，在译文中适当增加相关信息可以帮助受众理解某些特定的概念。比如，"四个全面"是中国的战略布局，但如果直接翻译为"Four Comprehensives"，对于不了解中国政策的外国人来说，可能会比较困惑。此时，可以将其翻译为"The Four Comprehensives, which represent China's strategic layout of comprehensively building a moderately prosperous society, comprehensively deepening reform, comprehensively governing the nation according to law, and comprehensively tightening Party discipline." 这样的译文提供了足够的背景信息，让读者能够理解"四个全面"的内涵。

2. 展示核心内涵

在进行外宣翻译时，译者不仅要传达信息的表面含义，还要深入文本的核心内涵，确保接收者能够理解并接受其背后的深层次信息。为此，译者有时需要添加一些词语、短语或句子来强化或阐明原文的内在含义。

如果原文中提道："中国的发展取决于人民的智慧和努力，这是中国的核心力量。"这句话对中国人来说非常明确，但对于外国读者来说，可能并不清楚"人民的智慧和努力"为何在中国的发展中占据如此核心的地位。因此，译者可以考虑增加一些相关的背景信息以补充说明，如"China's development is driven by the wisdom and hard work of its people, a crucial force that has been deeply rooted in Chinese culture and historical development."在这个译文中，增加的"deeply rooted in Chinese culture and historical development"这部分信息有助于读者更好地理解中国发展的内在驱动力，也能进一步揭示文化和历史在中国发展中的重要性。

二、句法策略

由于外宣文本的多样化，外宣翻译活动的功能和目的也呈现出不同的特点。为了尽快提高外宣翻译的质量，满足各类外宣活动的需求，译者需要根据不同的文本类型，合理地选择不同的句法翻译策略。

（一）顺序译法

顺序译法是在外宣翻译中一种非常重要的方法，它尊重原文的语序结构，对句子从前到后进行翻译，尽可能保留原文的语法和语序。在很多情况下，顺序译法能够保证译文的准确性，同时保持汉语表达的韵味和特色。比如原文是："我们要坚持以人民为中心的发展思想，全面提高人民生活质量。"译文可以是："We should adhere to the people-centered development ideology and comprehensively improve the quality of life for the people."在这个例子中，译文准确地按照原文的语序进行翻译，清晰地表达了原文的主旨，即"坚持以人民为中心的发展思想，全面提高人民生活质量"。

顺序译法的优点在于它保持了原文本的语言特色和逻辑结构，更好地表达了中国的文化和思想。顺序译法往往能够使得译文更加通顺流畅，有助于读者理解和接受。然而，也要意识到顺序译法并不适用于所有的翻译情况。有时候，原来的语言和要翻译的另外一种语言的语序规则可能存在显著差异，如果仍然坚持顺序译法，可能会使译文显得不自然，甚至造成误解。

（二）换序译法

在外宣翻译中，除了顺序译法，换序译法也是一种常用的翻译策略。

这是因为不同的语言具有各自独特的语法结构和语序习惯，简单地按照原文的语序进行翻译，往往无法做到准确、自然地表达原文的含义。换序译法正是针对这一问题，通过改变句子的语序，使译文更符合目标语言的语序习惯，同时保证原文的含义得以准确传达。

例如，原文是"虽然中国经历了许多困难，但中国人民的精神面貌始终坚韧不屈"。按照英语的习惯，人们通常更喜欢将主句放在前面，因此，翻译成英语时，可以采用换序译法，将句子的语序调整为"The spirit of the Chinese people has always remained unyielding, despite the many difficulties China has experienced."

在这个例子中，通过调整句子的语序，不仅使译文更符合英语的表达习惯，而且准确地传达了原文的含义，展现了中国人民的坚韧不屈精神。这种换序译法在外宣翻译中的应用，可以帮助译者更好地向外国受众传达中国的精神面貌和价值观。又比如：

原文 1：在那场战争中，这道城墙开始出现许多裂痕。

译文 1：Many cracks began to appear on the city wall during that war.

在汉语中，"在那场战争中"是状语，用来修饰主干"这道城墙开始出现许多裂痕"；而在英语表达中，把时间状语放在句子中间或末尾是比较常见的方式。这样的译法也使得句子的主题——城墙和裂痕——更早地呈现在读者面前，提供了明确的视觉图像，便于理解和记忆。

（三）断句译法

断句译法是一种非常实用的翻译技巧，尤其对于那些复杂、长句的原文，将其拆分为较短的句子可以提高译文的清晰度和理解性。这种策略能够保证译文的语义准确性，同时也符合英语的表达习惯。断句译法的关键在于对源语文本的深入理解。首先，译者需要找出句子的主干部分，即主语、谓语和宾语，然后识别并理解修饰这些主干部分的各类修饰语。在此基础上，译者还需要考虑源语和目标语的语言习惯和规则，然后将源语句子拆分为几个较短的句子，同时保证译文的内容完整、逻辑清晰和结构合理。例如：

原文1：人们在公园里散步、嬉戏，享受阳光和新鲜空气。

如果把这句话直接翻译成英语，可能会得到一个很长的句子，从而让读者感到困扰。但是，如果使用断句译法，就可以将其拆分为两个较短的句子：

译文1：People are strolling and playing in the park. They are enjoying the sunshine and fresh air.

断句译法在处理"先综述，后分述"或"先分述，后综述"以及表达因果关系的长句时尤其有效。这种方式不仅有助于保持原句的结构逻辑，而且使译文更符合英语的语言习惯，提升了译文的清晰度和可读性。考虑到英语倾向于明确直接的句子结构，而汉语则倾向于含蓄而深奥的表达方式，将复杂的汉语句子断开成几个简单的英语句子有助于保证译文的精确性和易读性。这也就是为什么对于"先综述，后分述"的句子，人们通常会选择在综述和分述之间断句，以保证译文在表达上更为清晰和连贯。例如：

原文2：

他是个才华横溢的人，他的音乐作品深受大家的喜爱，他的画作也引发了广泛的关注。

在翻译成英语时，可以按照"先综述、后分述"的结构，将其断开为两个句子：

译文2：

He is a man of great talent. His music is deeply loved by all, and his paintings have also attracted widespread attention.

（四）合句译法

合句译法在汉译英过程中确实是一个至关重要的策略。它的基本原则是把原文中语义关系紧密、表达连贯的两个或更多的句子，根据英语的表达习惯，合并为一个句子。这种译法能够提高译文的连贯性和精确性，同时使其更贴近目标语言的表达习惯。对于汉语来说，因为其语言特点和习惯，常常采用多个简短句子的方式进行表达，而英语更倾向于使用长句来传达信息。因此，合句译法在汉译英的过程中，可以将多个汉语的短句合并为一个英语的长句，既保证了信息的完整传递，又让句子的结构更符合英语的语言习惯。

考虑到合句译法的多种形式，包括合译为简单句、合译为并列句、合译为复合句和合译为主句带从句等，在外宣翻译中，合句译法常常能够帮助译者精准地传达信息，同时使得译文更符合英语表达习惯，更具有说服力和感染力。

例如，原文可能是："我们的城市是绿色的。这是因为我们重视环保。我们进行了许多环保行动。"在这里，可以看到三个句子，虽然都在描述相同的主题——城市的绿色和环保，但在汉语中被切分为三个短句。如果译者直接进行逐句翻译，可能会导致译文显得生硬、断裂。此时，译者可以采用合句译法，将这三个句子合并为一个英语的长句。译文可能是："Our city is green due to our commitment to environmental protection and the numerous environmental initiatives we have taken."

在这个例子中，译者将三个短句通过合句译法整合到一个句子中，这样一来，既保留了原文的全部信息，又使得译文在语义连贯性、流畅性上都有所提升，更能准确、生动地传达译者想要表达的含义，同时也更符合英语的表达习惯。

第二节　文化层面的翻译策略

外宣翻译的核心目标不仅在于语言层面的转译，更关键的是实现文化的传递和交流，尤其是在跨文化视角下，正确、生动地展现我国文化，提升我国在国际舞台上的影响力，这就需要译者不仅具备扎实的语言功底，而且要有丰富的文化知识和敏锐的文化洞察力。只有这样，才能在处理涉及历史、艺术、习俗、宗教、价值观等多方面文化内容的翻译时，确保文化信息的准确传达。

其中，文化层面的翻译策略是至关重要的。在翻译过程中，会出现两种最常见的文化翻译策略："归化"和"异化"。归化就是尽可能使得译文适应目标语言和文化，让读者感觉就像是在阅读他们自己的文化内容。异化则是保持源语言和文化的特点，让读者感受到原文的"异域"文化气息。除了归化和异化策略，译者在处理文化内容时，还可以采用文化对应策略（找到目标文化中的对应元素）、文化间接策略（通过译文引导读者理解原文文化）和文化调停策略（在原文文化和目标文化间寻找平衡）。以上各种策略的选择，都需要根据具体的翻译任务和目标受众的需求来灵活运用。

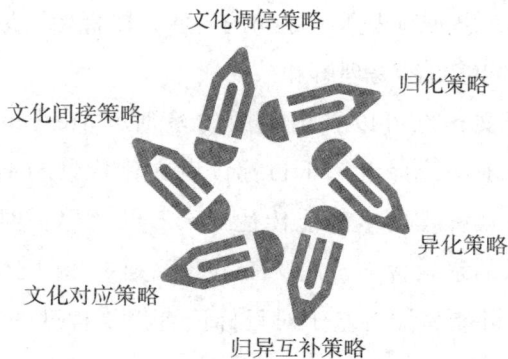

图 6-1 文化翻译的策略

（一）归化策略

翻译的归化策略是指在翻译过程中采用在外语中比较常见的表达形式替换汉语表达形式的策略。使用这种翻译策略意味着放弃汉语的文化含义，然后通过译者的翻译，一般会形成新的体现外语文化的作品。请看以下示例。

原文 1（选自《红楼梦》）：谋事在人，成事在天。

译文 1：Man proposes，Heaven disposes.

译文 2：Man proposes，God disposes.

在上述的例子中，可以看到归化策略在翻译中的实际应用。归化策略是一种在翻译时倾向于让译文更符合目标语言文化习惯的策略。它强调的是让译文融入目标文化中去，从而使读者在阅读时感觉更自然、更熟悉。原文"谋事在人，成事在天"是一句非常典型的中文谚语，揭示了人可以计划和努力，但最终的结果还需要天时地利的因素。两位译者将其分别译为"Man proposes, Heaven disposes."和"Man proposes, God disposes"这两个译文，可以看出他们都运用了归化策略。

他们没有直接翻译原文，而是选择了一种在英语中常见的表达方式，即使用"proposes"和"disposes"这对动词来反映原文的意义。他们以英语习语的形式，忠实地表达了原句的内涵，既保留了原文的哲理含义，又使得英语读者能够更容易理解和接受。

对比两个译文，也可以看出细微的差别。"Heaven"和"God"的选择，可能反映了两位译者对于目标读者文化背景的不同理解和考虑。虽然这两个词在某种程度上都能传达"天"的意思，但在西方文化中，"God"具有更强的宗教含义，而"Heaven"则更倾向于一种抽象的、超自然的力量。这可能是译者基于对目标读者接受程度的考量，采用不同的词语进行归化。

"瓜田李下"是一个中国的典故，源自古代故事，原意是经过瓜田，不要弯下身来提鞋，免得被人怀疑是摘瓜；走过李树下面，不要举起手来整理帽子，免得被人怀疑是摘李子。这个短语的意思就是不要做容易引起误会的事情。这样的典故在中国文化中很常见，但对于非中文文化背景的读者来说可能难以理解。

如果直接翻译为"Under the melon field and plum trees"，那么对于英语读者来说，这个短语没有任何意义，因为它的文化背景和语境在英语世界中并不存在。如果采用归化策略，可以翻译为"Avoid situations that might look suspicious"，这样可以让译文更加符合英语文化和表达习惯，使读者容易理解其意图，而不会感到困惑。观察这个例子可以看到，在面对具有深厚文化含义和特定语境的表达时，译者可以运用归化策略将其转化为目标语言中的相应表达，既保留了原文的含义，也使之更符合目标文化的表达习惯和语境，增强了译文的可读性和接受度。

（二）异化策略

异化策略在翻译过程中是一种在保留原语言文化特征及其表达方式时进行翻译的方法。这种策略更多地倾向于保留原文的特殊性，试图减少文化差异对原文含义的削弱。它保持了原文的异质性，使目标语言的读者可以更好地了解并体验源语言文化的独特性。例如：

原文1：所谓打断骨头还连着筋，同胞之间、手足之情，没有解不开的结。

译文1：Bones may be broken but not sinews because we are fellow compatriots. Between us, there is no "knot" that cannot be untied.

"打断骨头还连着筋"比喻亲人之间情谊深重，即使有时出现了矛盾，导致双方之间的关系不如以前亲密，但亲情是难以割断的。这句话的表达独具汉语特色，但结合上下文语境中的"同胞之间、手足之情"，国外民众不难理解这句话的意义，所以译者可以将其翻译为"Bones may be broken but not sinews"。这种翻译方法保留了原文的习语和隐喻，即使这可能在英文中并不常见。这种策略可能会增加读者理解译文的难度，但如果配以恰当的注释或解释，可以作为一种有效的文化交流方式，帮助目标语言读者更好地理解和接受源语言的文化特性和价值观念。

假设译者需要翻译一个汉语成语"塞翁失马，焉知非福"。这个成语源自中国古代的一则寓言故事，故事中的塞翁失去了一匹马，但最后这件事却带来了意想不到的好运。这个成语通常用来表示看待问题的角度和长远结果的重要性，意思是一件事在一开始可能看起来不好，但最终可能带来好运。

如果译者采用异化策略，那么他可能会将这个成语翻译为"An old man lost his horse, but who could tell it was not a blessing."译者可能需要在译文中添加注释，解释这是一个中文成语以及它的原始含义和应用场景。这样，虽然这个翻译可能在英语中并不常见，但它保留了源语言的特色，并能帮助英语读者更深入地理解中文的文化含义和语境。

（三）归异互补策略

归异互补策略是一种结合归化和异化策略的综合性翻译策略。它意味着译者在翻译同一篇文章或者同一句话时，会根据具体语境和需要表达的含义，适时地使用归化策略或异化策略，以实现对源语言文化信息的最大程度传达和对目标语言读者的最大程度便利。这种策略的适用性非常广泛，尤其是在处理复杂的、涉及深层文化信息的翻译任务时，它能够在保证译文质量的同时，最大程度地满足翻译的各种需求。这不仅体现在语言表达的准确性上，更体现在文化交流和沟通的深度和广度上。以一段关于中国太极的描述为例：

原文1：太极，中华文化的瑰宝，承载着我们深厚的哲学智慧。它的流动与变化，象征着宇宙的生生不息。

译文1：Tai Chi, a jewel of Chinese culture, embodies profound philosophical wisdom. Its fluid movements and constant changes symbolize the endless cycle of the universe.

在这段翻译中，译者保留了"太极"这个中文名词，同时解释了它在中华文化中的地位，这是异化策略的体现。而后半句，译者没有直接译为"它的流动与变化，象征着宇宙的生生不息"，而是用英语习惯的方式表达了相同的意思，这就是归化策略的应用。通过巧妙地结合归化和异化策略，这段翻译不仅忠实地传达了原文的意思，还易于目标语言读者理解，更重要的是，它传达了源语言的文化信息，提升了翻译的质量和效果。这样的归异互补策略可以说是一种更高级的翻译技巧，它需要译者对源语言和目标语言的文化背景有深入的理解，同时也需要译者有足够的语言表达能力，才能准确地在源语言和目标语言之间进行切换，灵活地应用归化和异化策略。

请看一段关于中国传统茶文化的描述：

原文2：

茶，是中华民族的国饮，它既是日常生活的必需，也是精神生活的寄托。品茶，品的是生活的香醇与诗意。

译文2：

Tea, the national drink of China, is not just an essential part of daily life, but also a spiritual sustenance. Tasting tea is about savoring the richness and poetry of life.

在这段翻译中，"Tea, the national drink of China"这一部分采用了异化策略，保留了"茶"的原始名称，并明确其在中国文化中的地位。"is not just an essential part of daily life, but also a spiritual sustenance."这一部分则使用了归化策略，将"日常生活的必需，也是精神生活的寄托"的含义用较为英语习惯的表达方式呈现出来。"Tasting tea is about savoring the richness and poetry of life"这一句，既保留了"品茶，品的是生活的香醇与诗意"的原始含义，也用较为地道的英语表达方式表达出了这种含义，体现了归异互补策略的运用。

在处理归化策略与异化策略的关系时，其中一个核心观点是将异化策略作为主导、归化策略作为补充。这样的观点强调的是在文化翻译中，应尽可能地保留原文的形式和内容，只有在必要的时候才使用归化策略，以确保译文的流畅性和可读性。

（1）翻译的主导策略应是异化策略。当只使用异化策略就能够完整准确地传达源语言的内容和意义时，译者应首选异化策略。这样可以最大程度地保留源语言的特色和文化内涵，让目标语言的读者能够深入理解源语言的文化和思想，从而实现文化的交流和传播。例如，译者在翻译中国的古代诗歌时，可以尽可能地保留原文的形式和风格，以传达原文的文化内涵和艺术价值。

（2）翻译并不是一种简单的语言转换过程，而是一个复杂的文化传播过程。在某些情况下，只使用异化策略可能无法达到良好的翻译效果，甚至可能导致译文难以理解。例如，某些源语言的语法结构或词汇在目标语言中可能没有对应的形式，或者某些源语言的文化概念在目标语言的文化背景中可能没有对应的理解。在这种情况下，译者可以考虑采用归化策略，以确保译文的流畅性和可读性。也就是说，译者可以在保留源语言的内容和意义的基础上，适当地对译文进行修改，以使其符合目标语言的语法规则和表达习惯。

（3）虽然异化策略是主导策略，但这并不意味着译者必须始终使用异化策略。如果异化策略无法有效地传达源语言的内容和意义，或者无法实现译文的通顺和易懂，译者就应该考虑使用归化策略。归化策略的主要目标是使译文符合目标语言的语法规则和表达习惯，从而使译文容易理解和接受。使用归化策略时，译者可能需要对源语言的表达方式进行一定的修改，以实现译文的流畅和易懂。在使用归化策略时，译者应该注意尽可能地保留源语言的内容和意义，以实现文化的交流和传播。

（四）文化间性策略

文化间性策略是一种独特的翻译方法，其核心在于理解和尊重不同的文化，并在此基础上寻找并连接文化之间的共性和差异。这种策略突破了单一的归化或异化翻译方法，而是通过理解、对比、学习和适应不同的文化，来找到最有效的翻译策略，从而确保翻译的准确性和文化的交流。

实施文化间性策略，需要注意以下三点内容。

（1）译者需要具备开放和包容的心态，以接受和学习不同的文化。这种开放的心态有助于译者更好地理解原文的文化背景，从而找到最适合的翻译策略。例如，当译者面对一段包含了特定文化背景的文字时，如果译者对这种文化有足够的了解，就能更准确地理解原文的含义，并找到最适合的翻译方法。

（2）文化间性策略强调了不同文化之间的互动和交流。通过研究和理解源语言文化，译者可以发现与目标语言文化之间的相似性和差异，从而在翻译中找到最佳的平衡点。这种平衡可以确保译文既保留了源语言文化的特色，又符合目标语言读者的理解习惯。

（3）文化间性策略还有助于传播和推广源语言文化。通过研究源语言文化，并在翻译中妥善处理文化差异，译者可以更有效地向目标语言读者介绍和推广源语言文化。这样既能丰富目标语言读者的文化视野，也有助于增进不同文化之间的理解和尊重。

文化间性策略是一种在归化与异化翻译策略之间寻找平衡的方法，旨在克服这两种策略的极端化倾向。简单来说，归化策略强调将原文内容译为目标文化习俗习语，使其适应目标读者的文化环境；异化策略则试图尽可能保留原文的原貌和文化特色。然而，过度依赖任何一种策略都可能导致文化交流的失真或不足。文化间性策略通过弱化两种策略的极端主义倾向，帮助译者在不同文化之间找到平衡，使译文既保留原文的文化特色，又能被目标读者理解和接受。

这种翻译策略恰好体现了中国传统翻译标准"信、达、雅"的理念。"信"是指忠实于原文，"达"是指译文的通顺易懂，"雅"则是指译文的语言应该优美得体。这三个标准恰好与文化间性策略的理念相符：在保持原文原貌（信）的同时，使译文符合目标语言的语法和语言习惯（达），并尽可能优雅地表达原文的意思（雅）。只有在这三个方面都做得好，翻译才能被认为是成功的。例如：

原文：天时不如地利，地利不如人和。

译文1：Sky times not so good as ground situation; ground situation not so good as human harmony.

译文2：Opportunities vouchsafed by Heaven are less important than terrestrial advantages, which in turn are less important than the unity among people.

在上述示例中，"天时不如地利，地利不如人和"是汉语中的一句俗语，这句话源自中国的古代哲学思想，强调了环境、地理和人文因素在事情成功中的重要性。"天时"是指天气和季节等自然条件，"地利"是指地理位置和地形等地理条件，"人和"则是指人们的和谐相处和团结合作。这句话的主要观点是，虽然自然和地理条件很重要，但人的和谐相处和团结合作更为关键。这也反映出中国文化重视人文因素和和谐关系的特点。分析以上两个译文，译文1属于逐字翻译，根本没有体现汉语文本的正确含义以及文化内涵；而译文2则是译者在文化间性翻译理论的指导下进行的适当翻译，不仅译出了汉语文本的正确意义，还体现了汉语文化的特点与内涵。

文化间性翻译理论的关键在于它强调了在翻译过程中文化交融和文化沟通的重要性。这个理论认识到，译者在进行翻译活动时，不仅仅是进行单纯的语言转换，还需要处理不同文化之间的交融和沟通，而要做到这一点，译者需要精确地把握好文化间性的度。

（1）译者应对源语言文化的内涵、表现形式、产生过程以及发展趋势有一个相对客观、清晰的认知和理解。这需要译者对源语言文化有足够深入的了解，这样才能有效地寻找到源语言文化与目标语言文化之间的相同点和不同点，然后再将源语言文化恰当地嵌入目标语言文化之中。这种对源语言文化的深入理解和分析，可以帮助译者更好地理解和解释原文，从而提高译文的质量。

（2）在源语言文化与目标语言文化存在对立或冲突的情况下，译者想要突出源语言文化的特点，就需要尽量降低目标语言文化的存在感。这并不是说译者需要完全忽视目标语言文化，而是说在必要的时候，译者可能需要放弃某些目标语言文化的表达方式，以更好地保留和展示源语言文化的特色。

（3）译者需要尽可能多地了解源语言文化，并适时强调源语言文化的地位和特点。这需要译者在翻译过程中不断关注源语言文化的发展和变化，适时强调源语言文化的地位和特点，这样才能更好地传达原文的精神和信息。

（4）译者需要在保持中立的前提下，寻找源语言文化与目标语言文化之间的结合点，以实现两者的平衡发展。这需要译者在翻译过程中，既要尊重源语言文化，也要尊重目标语言文化，只有这样，译者才能找到一种既可以保留源语言文化特色，又可以适应目标语言文化环境的翻译方式。

（五）文化调停策略

文化调停策略作为一种翻译手段，其核心思想在于对源语言文本中的文化元素进行选择性翻译或者直接不对其进行翻译，而选择传达其深层含义。这是一种针对性的策略，只有当译者发现传统的归化和异化策略无法满足翻译需求时，才会考虑采用文化调停策略。

在实际应用中，文化调停策略的使用具有明显的读者倾向性。由于译者在翻译过程中选择传达源语文本的深层含义，而非简单地复制源语文本的表面文字，因此，译文往往更能够符合目标语读者的理解习惯，从而使译文读起来更加流畅、易懂。通过采用文化调停策略，译者能够解决归化策略和异化策略在处理文化问题时可能出现的困难，使翻译活动更加顺畅、有效。

然而，文化调停策略并非万能的。其使用也存在明显的局限性，那就是，在翻译过程中可能无法保留源语文本中的文化意象。在一些情况下，源语文本中的某些文化元素对于完整地理解文本的含义至关重要，而这些元素在进行文化调停翻译时可能会被忽视或削弱。因此，过度依赖文化调停策略可能会削弱译文的文化传播能力，对于那些注重文化交流和传播的翻译任务来说，这无疑是一种损失。因此译者可以采用文化调停策略，对这部分内容进行总结概括，翻译出其深层含义。

（六）文化对应策略

文化对应策略是一种独特的翻译策略，其核心思想是将源语文化中具有特定含义和象征性的元素，通过寻找和利用目标语文化中相似或对应的元素进行翻译。这一策略与翻译方法中的借译法有一定的相似之处，都是在翻译过程中寻找并借用两种文化之间的共通性。通过这种方式，译者可以在不改变源语文本原始含义的前提下，将其在目标语文化中表达出来。例如，选取外语文化中著名的人物、事件等诠释汉语文化的内容。

例如，在中国文化中，"孔明借东风"是对诸葛亮借助自然之力以战胜敌人的故事的简单描述，这在中国文化中具有重要的象征意义。然而，对于不熟悉中国历史和文化的西方读者来说，这个故事可能会引起困惑。因此，如果将其翻译为"China's Moses parting the Red Sea"，那么西方读者就能立刻理解这个故事，因为摩西分开红海的故事在西方文化中具有相似的象征意义。

在中国文化中，还有一个非常有趣的故事人物"猴王孙悟空"，他以聪明、机智和武功高强著称。但对于不了解中国文化的外国读者来说，他们可能无法完全理解孙悟空的特性和故事。因此，当采用文化对应策略时，可以将孙悟空翻译为"中国的奥丁"，奥丁是北欧神话中的主神，以智慧和力量著称，这样西方读者就能更好地理解孙悟空的形象和故事背景。

第七章 跨文化视角下外宣翻译的实践应用

第一节 对习俗文化的外宣翻译

中国，这个地域广大、历史久远且拥有世界最多人口的国家，拥有着丰富多彩、内涵深厚的民间习俗文化。这些文化不仅千百年来一直在中国各个角落中流传，而且在很大程度上塑造了中国人的思维方式、价值观念以及日常生活。这些习俗，从节日庆典到饮食礼仪，从婚嫁习惯到生育观念，无不展现出中国文化的深厚底蕴。

正因为如此，民间习俗文化成为外国人了解中国文化最直接、最真实的渠道。它们是中国的生活实践、思想观念和社会价值的真实写照，直观地反映了中国社会的特色和中国人民的生活状态。它们像一面镜子，真实地反映出中国社会的现状，让外国人能够从中了解到中国人民的生活习惯、思维方式以及价值观。因此，对民间习俗的外宣翻译显得尤为重要。本节就从节日文化和婚庆文化两个角度出发分析对民间习俗的外宣翻译方法。

一、传统节日的外宣翻译

（一）直译法

直译法是将源语言直接按照字面含义转化为目标语言的翻译方法，它着重保持源语文本的原始形态和内容，尽可能准确地传达源语言的语义。这种翻译方法在处理文化特定项目，特别是中国传统节日的名称和习俗时，能够尽量保持其原始的文化色彩和韵味。

来看"春节"的翻译，这个节日名字的直接翻译是"the Spring Festival"。"春"在汉语中意指春天，"节"则表示节日，所以整个短语的直接翻译就是"庆祝春天的节日"。这种直译的方法保留了源语言中的字面意思，而不去尝试将背后的文化含义直接翻译成目标语言。在这个例子中，直译法在语义层面上完成了任务，但如果要让目标读者更好地理解这个节日的具体含义和文化背景，可能需要进一步解释和阐述。

再看一下"中秋节"的翻译，"中秋节"可以直接翻译成"the Mid-Autumn Festival"。"中秋"在汉语中，字面上的意思是"秋天的中间"，这个节日在农历八月十五，也就是秋季的中部，故名"中秋节"。这样的直译，将原有的语义和节日发生的时间表达得十分明确，不会引起误解。要充分理解这个节日，同样需要了解其中富含的文化和历史含义，比如赏月、吃月饼的习俗以及与嫦娥奔月等传说故事。还有以下节日文化的翻译。

元宵节 the Lantern Festival

端午节 the Dragon-Boat Festival

重阳节 the Double Ninth Festival

除了以上节日词语的翻译，一些与节日文化传统习俗相关的句子也可以采用直译法进行翻译，请看《围城》翻译选段。

原文1：旧历冬至那天早晨，柔嘉刚要出门，鸿渐道："别忘了，今天咱们要到老家去吃冬至饭。"

译文 1：On the morning of the day of the winter solstice by the lunar calendar, just as Jouchia was about to leave the apartment, Hung chien said, "Don't forget. We have to go to my parents' home today for the winter solstice dinner."

在这个例子中，原文提到了"冬至"这一中国传统节气和节日，在中国有些地区，冬至这一天是要全家人坐在一起吃饭的。译文采用了直译法，较为清晰地翻译出了中国这一节日习俗的特点。

（二）意译法

有时候，当直译法无法较好地再现民族的节日文化时，译者可以考虑采用意译法。例如以下中国传统习俗文化的翻译。

发压岁钱 money for children as a New Year gift

拜年 paying a New Year call

在上述两个例子中，译者采用了意译法以更好地传达源语言的深层含义。

在源语言中，"压岁钱"是中国新年期间长辈给予晚辈的一种祝福，并期望晚辈在新的一年里能平平安安。然而，如果直接将其翻译成英语（New Year money）可能无法传达出完整的文化含义。因此，译者选择了意译，"money for children as a New Year gift"，这样的翻译更接近于"压岁钱"的文化含义，表达了这是一份新年礼物，而且是专门给孩子的。

对于"拜年"，字面上的翻译可能是"worship the year"，这显然无法传达出这个词语的真实含义。在中国文化中，"拜年"是新年期间人们互相访问、祝福的一种习俗。因此，译者采用了意译，"paying a New Year call"，更准确地传达了这个习俗的实际含义，即在新年期间拜访他人并表达祝福。其他示例如下。

舞龙灯 dragon lantern dancing

踩高跷 walking on stilts

划旱船 land boat dancing

扭秧歌 yangge dance

腰鼓舞 drum dance

戏曲 traditional opera

杂耍 variety show/vaudeville

元宵庙会 Lantern Festival's temple fair

（三）直译、意译和增译法

有时为了让国外民众更好地了解中国的节日文化，译者可以在直译或意译节日名称的基础上，使用增译法加以补充说明，例如：

1. 直译和增译法

（1）春联：Spring Festival couplets（pasted on gateposts or door panels conveying one's best wishes for the new year.）

（2）元宵节：the Lantern Festival（The custom of burning lamps on the fifteenth day of the first lunar month is related to the spread of Buddhism to the east. The Lantern Festival mainly includes a series of traditional folk activities, such as watching lanterns, eating yuanxiao, guessing lantern riddles and setting off fireworks.）

（3）赏花灯：Viewing lanterns（It is tradition that people hang lanterns everywhere, in their house or in the streets. The lanterns depict various characters, like flying birds, leaping fishes, and shining fireworks, showing an atmosphere of joy. People will come out and appreciate the beautiful scene.）

（4）吃元宵：Eating yuanxiao（Eating yuanxiao is another Lantern Festival tradition. Yuanxiao is made of glutinous rice, either solid or stuffed. The stuffing includes bean paste, sugar, hawthorn, various kinds of fruit and so on. It can be boiled, fried or steamed.）

2. 意译和增译法

（1）春节：Chinese New Year's Day(Primitive beliefs and sacrificial culture are important factors in the formation of New Year's Day. The traditional customs of Chinese New Year's Day including Lunar New Year's dinner, keeping the age,

New Year's money, temple fairs and so on.)

（2）中秋节：Moon Festival(The Moon Festival originated from the worship of celestial phenomena and evolved from the worship of the moon on the autumn evening in ancient times. During this day, people will take following actions: offering sacrifices to the moon, enjoying the moon, eating moon cakes, playing with lanterns, appreciating fragrans and drinking osmanthus wine.)

（3）舞狮子：Lion dances（The lion dance is one of the oldest traditions to celebrate the Chinese New Year. In ancient times, people regarded the lion as a symbol of bravery and strength and believed the dance could drive away bad fortune to protect people and their livestock. The custom has continued to the modern day and lion dances are performed at important events on the Chinese calendar, such as the Lantern Festival, to bring good luck.）

（四）音译法

音译法也是翻译和介绍中国传统节日及习俗的一种有效方法。采用音译法有助于保留汉语的发音和节日文化的内涵。例如"粽子"可音译为"Zongzi"。

"粽子"是端午节期间中国人民特别喜欢的一种食品。通过音译成"Zongzi"，保留了源语的发音和特色，让非汉语读者能够感受到这种食品的独特之处。又比如以下示例。

清明节 the Qing Ming Festival

中元节 the Zhong Yuan Festival

腊八粥 Laba porridge

二、婚庆文化的外宣翻译

中国的婚庆文化丰富多彩、独具魅力，然而，由于其深厚的历史背景和独特的文化传统，要将其准确地传递给外国读者并不是一件容易的事情。以下是一些中国婚庆文化在外宣翻译过程中可能采取的方法。

（一）直译法

直译法在中国婚庆文化的外宣翻译中占有重要地位，这是因为它能够直接使用目的语文化中已有的表达方式来传递源文化的某些元素，从而减少了翻译过程中的文化摩擦和理解难度。例如，"新娘"和"新郎"这两个词在各种语言和文化中都有对应的词汇，分别可以翻译为英文的"bride"和"groom"。这是因为婚礼是人类普遍的文化现象，而新娘和新郎作为婚礼的主角，在全球范围内都有相似的角色和地位。"喜糖"可以被直接翻译为"wedding candy"，在中国婚礼中，新人通常会给到场的客人发放喜糖，作为对他们祝福的回馈。

（二）意译法

对于一些独特的中国婚庆习俗和表达，可能在目标文化中找不到对应的词汇或表达，此时可以使用意译，即根据语境对原意进行解释和转述。例如，"嫁妆"可以译为"dowry"，虽然这不能完全传达中国文化中嫁妆的全面含义，但至少在一定程度上传达了其基本意义；"过门"是指新娘在婚礼当天离开父母家，到新郎家去开始新生活，这个概念可以翻译为"crossing the threshold"，解释为新娘在婚礼上从自己家过渡到新家的过程。

（三）注释法

由于文化差异，即使在对等的词汇或表达中，其含义和内涵可能也存在差异。例如，在中国文化中，"红色"象征着喜庆和吉祥，常常被用在婚礼中；而在一些西方文化中，"红色"可能并没有这样的寓意。因此，在翻译这类含有文化特色的词汇时，仍需要注重其文化内涵的传递，有时甚至需要配合注释或者译者的说明，以便于目标语言的读者更好地理解。

（1）"红包"可以翻译为"red envelope"，并在旁边加上注释，说明这是中国婚庆习俗中用来送礼金的一种方式："At the wedding, the superiors will give the newlyweds red packages with monetary gifts and wish them well."

（2）"三书六礼"是中国传统婚礼的一部分，但在其他文化中可能没有完全对应的概念，可以意译为"the three letters and six etiquettes"，并在适当的上下文中解释这是中国古代传统婚礼的典礼程序。

（3）"对联"是中国文化的一种表达形式，通常在婚礼上门口会贴上寓意吉祥的对联，这在其他文化中可能找不到直接对应，可以译为"couplet"，并解释其在中国婚礼中的含义和作用。

（4）"喜酒"在中国婚礼中常常表示新婚夫妇请亲友来家中喝酒庆祝，这在英语中可能没有直接对应的词，可以译为"celebration wine"或"wedding wine"，并解释这是中国婚庆习俗中的一个重要环节。

（四）音译法 + 注释法

对于一些具有特殊文化符号意义的词汇，如"囍"，可以先采用音译法翻译为"Xi"，保留其原始形式，以凸显中国文化的特色，再采用注释法解释其在中国传统婚礼文化中的美好寓意："Xi is a propitious pattern with Chinese traditional cultural feature, which means 'double happiness'."

第二节　对美食文化的外宣翻译

借助中国美食文化的魅力，中国餐厅在国际上遍地开花，受到当地民众的热烈欢迎。很多外国民众对中国美食情有独钟，并期望能够探索和了解更多与中国美食有关的知识。因此，做好中国美食文化的外宣翻译工作对传播中国美食文化具有重要的意义。译者在翻译中国美食文化时，可以采用多种翻译方法，具体可根据美食的特点和文化背景来选择。

（一）直译法

直译法是一种常见且有效的翻译方法。这种翻译方法在直接翻译的基础上，考虑到不同国家和民族在饮食方面有时会有相似的理念和认识，对需要翻译的内容进行翻译。因此，这种方法被广泛应用于大多数中国菜品的英语翻译中。直译法尤其适用于那些传统美食，这些美食往往采用单一的烹饪方法，由简单的食材和配料制作而成。通过直译法，可以帮助外国民众更好地理解中国美食的烹饪方法和所用食材。

然而，在采用直译法翻译传统美食文化时，外宣译者应该注意，他们应该尽可能地保证外语译文与汉语原文在短语结构和修辞手法上达到对等或类似的效果。这就要求译者在翻译时，不仅要确保外语译文能准确表达原文的含义，还要尽量保持原文的风格，从而充分体现并发扬传统美食文化的内涵和形式。这样，不仅可以将中国美食文化的魅力呈现给外国民众，同时也可以加深他们对中国文化的理解和欣赏。

椒麻鸡块 Cutlets Chicken with Hot Pepper

葱油鸡 Chicken in Scallion Oil

醋泡花生 Peanuts in Vinegar

红油鱼肚 Fish Maw in Chilli Sauce

香煎鸡块 Fragrant Fried Chicken

（二）意译法

虽然直译法在很大程度上维持了原有的美食文化特色，但鉴于中西文化在多个层面上存在显著的差异，一些中文词语和短语并不适合完全按字面意思直接翻译为外文。许多中式菜肴的命名方式中蕴含着富有深意的吉祥寓意，仅仅从字面解读往往难以捕捉到菜肴的实质内容。这种情况正是外宣译者需要采用意译法的典型应用场景。

对于这类菜肴名称，外宣译者可以运用意译法，将菜肴中涉及的食材、调味品、烹饪技术等相关要素翻译出来，使客人更准确地理解菜肴的核心要素和特征。意译法虽然可能无法保留原文的字面意义，但却能提供更多的文化信息和背景含义，从而让客人更加深入地了解和欣赏菜肴。这样的翻译方式不仅有利于突出菜肴的特色，也有助于外国民众深入理解中国美食文化的丰富内涵。比如，传统美食地三鲜、丰收菜的英文翻译。

1. 地三鲜

地三鲜是一道中国传统美食中具有代表性的菜肴，也是很多中国人喜爱的家常菜，这道菜肴选用三种常见蔬菜土豆、茄子和青椒作为主要食材。如果将地三鲜直接翻译为"Three Fresh Delicacies"，只会让国外民众感到疑惑，因此译者可以采用直译和意译相结合的方法，翻译为"Three Fresh Delicacies（stewed egg-plant, potato, green pepper）"，帮助他们理解这道菜肴里有什么。

2. 丰收菜

"丰收"的意思是粮食的产量高、农民的收成好。因此，丰收菜用各种各样的应季蔬菜如南瓜、玉米、豆角搭配排骨炖煮而成，寄托了人们对生活的期望。如果将丰收菜直译为"Abundant Vegetables in Mixed Sauce"，国外民众将无法理解其中的文化内涵，因此可以翻译为"Pork ribs, Pumpkin, Corn and Bean in Mixed Sauce（herald a year of harvest and abundance）"，这样不仅能让国外民众一目了然，还能体现中国东北美食文化的特色。

3. 蚂蚁上树

"蚂蚁上树"是一道流行的四川菜，其名称来源于菜品的独特外观：炒过的肉末在粉丝上爬行，如同蚂蚁在树枝上爬动。然而，如果直接将其翻译成"Ants Climbing a Tree"，虽然保留了其字面意思，但却无法准确地传达这道菜的实际内容。所以，这里采用的翻译"Bean Vermicelli with Spicy Meat Sauce"是一种意译法。这种翻译方式将菜品的主要成分——豆粉丝（Bean Vermicelli）和辣肉酱（Spicy Meat Sauce）翻译出来，让读者能更好地理解这道菜的主要食材和口味特征。尽管这种翻译并没有直接翻译出原文的具象图像，但它确实有效地传达了这道菜肴的主要成分和口感，从而更好地帮助外国人了解和欣赏这道菜。

4. 红烧肉

红烧肉是一道非常经典的中国菜肴，以猪肉为主要材料，用糖色煎炸并加入酱油、料酒等调料炖煮而成。译者可以将其翻译为"Braised Pork in Brown Sauce"，这样不仅保留了原菜名的含义，也能让国外民众了解到这道菜的烹饪方法和口感。

（三）直译加意译法

1. 用人物命名菜肴

用人物命名菜肴是中国饮食文化的一大特色，这类菜名起源于历史人物或与其相关的一段传说故事。

（1）例如麻婆豆腐的传说。传闻在清朝末期同治元年，成都码头旁边有一家小馆子，老板娘陈春花脸上有麻子，所以大家都叫她陈麻婆。这家小馆子主要服务码头工人和脚夫。有一天，当店快要打烊的时候，突然又走进来了一伙客人，他们要求老板娘做一些既好下饭、价格又便宜的菜肴。陈麻婆看了看，店里基本上没有什么菜品了，只剩下几盘豆腐和一些牛肉末。她灵机一动，将豆豉切细，加入牛肉末，放入沺锅中炒香；然后加入一些汤，放入切成 1.5 厘米见方的豆腐块，再加入其他调料，勾芡后收汁。起锅后，她又在豆腐上撒上一把花椒面和辣椒面，再浇上热油。

最终这盆豆腐呈现出鲜艳的色彩，并散发出美味的香气，豆腐吃到嘴里，让人感到又麻又辣，又鲜又嫩。那一伙人吃了好几碗饭，口中称赞不已。于是，这道美食就成了陈麻婆的招牌菜，由于这道豆腐菜口感麻辣，加之老板娘的名字，这道菜也就被大家称为了"陈麻婆豆腐"。自此以后，这道菜逐渐在四川乃至全中国流传开来，并发展成为在国际上颇有声誉的一道中国佳肴：Ma Po's Bean-curd（stir fried bean-curd in hot sauce, invented by a pockmarked old woman in Qing Dynasty）。

（2）又比如太白鸭的传说。传说中，太白鸭和唐代诗人李白有关。李白，也被誉为"诗仙"，他的童年和青少年时期主要在四川的江油青莲乡度过，在那里，他与他的家族一起生活了大约 20 年。尽管他的诗作中透露出极高的傲气，例如那句"安能摧眉折腰事权贵，使我不得开心颜"，但是在现实世界中，李白并不是个孤傲的人。事实上，他曾经通过献上一道美食——太白鸭，来赢得唐玄宗李隆基的欢心。

在唐天宝元年，李白开始在翰林任职，他的才华和抱负让其他官员都对他刮目相看。然而遗憾的是，李隆基受到小人的误导，认为李白只会吟诗作赋，没有管理才能，因此李白并未被李隆基重用。

李白在官场的失意让他开始考虑一些特别的手段去讨好李隆基。他观察到李隆基极爱美食，于是想通过这一点来赢得李隆基的好感。他回想起了在四川长大的那些年，那里丰富的美食深深地影响了他。最终他选择了一种四川特有的烹饪方法——焖蒸，并利用枸杞、三七、绍兴黄酒等食材，亲手为李隆基烹制了一只肥美的鸭子。

当李隆基品尝到这道菜后，瞬间被其美味所惊艳，进而急切地询问李白这道菜的烹饪方法。李白如实回答，他的细心和才华赢得了李隆基的欣赏。于是，李隆基决定以李白的名字来命名这道菜，这就是"太白鸭"的由来。自此，"太白鸭"不仅代表了一道美食，还蕴含了李白的故事和他的智慧，成为中国美食文化的一部分，可翻译为：Taibai's Duck（steamed duck, named after Li Bai who was a poet in Tang Dynasty）。

（3）又比如"宫保鸡丁"这道菜的名字中，"宫保"其实是清朝时期的一个官职，而最早发明这道菜的人正是一位名叫丁宝桢的宫保。而"鸡丁"则是因为这道菜的主料是用鸡胸肉切成的丁状小块。在烹饪过程中，厨师会将鸡肉块与炒过的花生米和炸过的干辣椒一起快速翻炒，然后再加入调料，如酱油、醋、糖等，调出酸甜微辣的口味。

宫保鸡丁的烹饪技术要求高，它考验的是厨师的刀工和火候控制。刀工要求鸡肉切成大小均匀的丁状，火候则要求厨师能掌握好炒制的速度和力度，使鸡肉丁能够充分吸收调料的味道，同时保持其肉质的嫩滑。而在中国的家庭厨房中，宫保鸡丁也是一道常见的家常菜。由于其烹饪过程相对简单、材料易得、口味可根据个人喜好调整，因此受到许多家庭的喜爱。在国外，这道菜也经常出现在中国餐馆的菜单上，酸甜微辣的口味和丰富的口感，使它成为许多国外民众对中国菜肴的最初认知。

因此，将宫保鸡丁翻译为"Kung Pao Chicken (stir-fried chicken with peanuts and chili)"，不仅让人们了解到这道菜的主要食材和口感，更能让人们感受到中国菜肴的烹饪技巧和丰富的味道。

2. 以地名命名菜肴

以地名命名菜肴主要反映出此道菜肴是本地的特产，有时也会强调菜肴制作的技艺或菜肴风味，此类菜名通常采用地名直译与原料意译的方法。如下所示。

广东香肠 Guangdong Sausage

德州扒鸡 Dezhou Grilled Chicken

西湖牛肉羹 West Lake Thick Beefsoup

平桥豆腐 Pingqiao Bean-curd

兰州牛肉拉面 Lanzhou Beef Noodles

山东烧笋鸡 Shandong Roast Spring Chicken

盐卤信丰鸡 Salt-Baked Xinfeng Chicken

苏州豆腐汤 Bean Curd Soup, Suzhou Style

南京板鸭 Steamed Nanjing Duck Cutlets

四川鸡丝 Sichuan Style Shredded Chicken

其中，兰州牛肉拉面是中国的一种非常著名的面条类食品，源于甘肃省的兰州市。它以其独特的制面技艺和丰富的口感，被誉为中国的"十大面条"之一。这道菜的主要特点是汤鲜、面筋、肉烂、切工细、味美香，五色俱全，让人回味无穷。关于兰州牛肉拉面的特色，可以从以下几个方面进行了解：

（1）面：面条是兰州牛肉拉面的主要部分，特色在于"一清二白三红四绿五黄"，一清指的是汤清，二白是萝卜白，三红是辣椒红，四绿是蒜叶绿，五黄是面黄。面条的粗细由顾客选择，通常有细、中、粗三种规格，还有特别宽的大宽面。制作面条的师傅需要经过严格的训练，才能拉出筋道的面。

（2）汤：兰州牛肉拉面的汤底一般是以牛骨熬制，熬煮时间长达数小时，汤鲜美而不腻。在汤中还会加入多种香料如八角、桂皮等，使汤更具香气。

（3）肉：牛肉是兰州牛肉拉面的主要配料，一般选用新鲜的牛腱子肉，经过慢炖慢煮，肉质鲜嫩，味道醇厚。

（4）配菜：兰州牛肉拉面的配菜一般有莴苣叶、香菜、蒜瓣等，可以根据个人口味添加。莴苣叶可以使拉面更加爽口，而蒜瓣则可以增强食欲。

兰州牛肉拉面在全中国甚至全世界都非常受欢迎，无论是大街小巷的快餐店，还是高档的餐厅，都可以看到这道美食的身影。其独特的口感和丰富的营养价值，使其成为很多人的日常选择。

（四）拼音加注法

中国饮食文化中一些简单的主食还可以采用拼音加注的方法进行具体介绍。这样不仅能充分体现中国饮食的民族特色，还能增添食物的神秘色彩，引发外国观众的好奇心。例如：

1. 狗不理包子（Goubuli baozi）

"Dog Ignoring Steamed Bun", or more commonly known as "Goubuli baozi", is one of the most famous traditional Chinese dishes originating from the city of Tianjin. This type of baozi (steamed bun) is an epitome of Chinese culinary art with its unique preparation method and delicious taste.

The "Goubuli baozi" stands out for its delicate and intricate craftsmanship. It requires 18 traditional procedures to make each bun, which results in 18 wrinkles on top. The bun is filled with a mixture of well-seasoned pork and a richly flavored soup, which keeps the filling juicy and flavorful.

2. 罗汉大虾 (Lohan Giant Prawns)

"Lohan Giant Prawns" is a popular seafood dish in Chinese cuisine. The dish gets its name from the Buddhist term "Lohan", referring to the 18 Arhat disciples of Buddha. It is often used in the context of Chinese cuisine to denote dishes that are prepared with a mix of ingredients, traditionally 18, just like the number of Arhats. The key ingredient of Lohan giant prawns is fresh and succulent prawns. They are often stir-fried with a variety of other ingredients including vegetables, mushrooms, and tofu, offering a diverse array of flavors and textures in one dish. The prawns are usually cooked with garlic, ginger, and a selection of Chinese sauces, which infuse the dish with a tantalizing aroma and a savory umami flavor.

This dish is renowned for its rich nutrition, excellent taste, and the skillful combination of ingredients. It embodies the philosophy of balance and harmony in Chinese cuisine, making it a favorite choice in family meals and celebrator feasts alike.

3. 北京烤鸭 (Peking Duck)

Peking Duck is a renowned dish from Beijing, the capital of China, and it's celebrated worldwide for its distinctive taste and unique culinary technique. The dish features a special breed of duck, prized for its size and the thinness of its skin. After a careful preparation process, the duck is roasted to perfection, resulting in a dish that is known for its crisp skin and tender, flavorful meat.

Traditionally, Peking duck is eaten by spreading sweet bean sauce on a thin pancake, then the duck slices are added along with fresh spring onions and cucumber sticks, and it's all rolled up to be eaten in a bite. This results in a blend of flavors that's rich, savory, and absolutely delectable.

（五）倒译法

倒译法是一种翻译方法，它根据接收语言（在这里是英语）的语法结构和习惯，将原文（在这里是汉语）的词序进行倒置。这种翻译方式在对汉语菜品名进行英语翻译时具有较大的实用价值。英语语序与汉语相反，通常是"定语 + 名词"结构，而汉语则是"名词加定语"。这就要求在翻译时，将汉语的名词和定语进行适当的调换，以符合英语的语言习惯。

以上所列举的菜名为例，"八宝酿鸭"中，"八宝"是定语，描述了鸭子的特点，即鸭子中填充了八种珍贵食材；"鸭"则是名词，指的是菜品的主要成分。将其倒译为"Duck Stuffed with Eight Delicacies"，就是将中文的定语"八宝"翻译成英语的定语"Stuffed with Eight Delicacies"，并放在名词"duck"之前，使之符合英语的语言习惯。又比如以下菜名。

咖喱鸡 Chicken Curry

芙蓉海参 Sea Cucumbers with Egg White

白汁鱼唇 Fish Lips in White Sauce

凤尾鱼翅 Shark's Fin The Shape of Phoenix Tail

第三节　对旅游文化的外宣翻译

中国是一个地大物博、历史悠久的东方大国，以其丰富的文化底蕴和辽阔的国土面积赢得了全球的瞩目。中国不仅在地理上独具魅力，拥有令人惊叹的自然景观奇迹，更在人文历史、艺术和科技方面表现出令人敬仰的丰富多样性，这些多样性体现出中国人民的智慧才能。他们勤劳、勇敢、善于创造，将智慧和才能深深地刻在了这片土地上。

自然景观和人文胜地是中国的瑰宝，集中展示了中国的自然之美和人文风貌。在这里，既可以欣赏到壮丽的自然景色，又可以感受到中国人民世代传承下来的生活智慧和生活情趣。古老的建筑、传统的工艺、丰富的美食和热情的人们，都使得这些地方成为外国人接触和了解中国文化的重要途径。它们以其独特的魅力和深邃的文化底蕴，吸引着世界各地的人们前来体验和探索。

在全球化的背景下，这些旅游胜地更是为全世界人民提供了一个深入了解中国、接触中国文化的机会，让他们能真正感受到中国的深厚历史和丰富多元的文化底蕴。这不仅仅能够推动中国文化的全球传播，也有助于促进不同文化间的交流和理解，使世界更加了解中国这个东方大国。

为了向国外民众介绍中国的风土人情、宣传中国的民族文化，外宣翻译可以从以下两个方面出发开展工作。

一、导游词的外宣翻译

（一）导游词的语言特点

随着全球化的发展，越来越多来自世界各地的游客涌向中国，希望探寻这个国家的历史文化、自然风光以及民俗风情。然而，语言障碍往往成为他们全面理解和欣赏这些内容的难题。在这种情况下，一个熟练的翻译导游的角色就显得尤为重要。他们不仅为游客提供语言支持，更重要的是，他们可以通过翻译和解说，将文化知识以引人入胜的方式呈现出来，从而丰富游客的旅行体验。

大多数人选择旅游，目的不仅仅是转换环境或放松心情，更多的是希望通过旅行开阔视野，增进对世界各地文化的理解和欣赏。对于来到中国的外国游客而言，他们的目标无异。因此，翻译导游的任务不仅是传达信息，更是传播文化，提供知识，帮助游客从旅行中获得更深的洞见和更广阔的视野。导游词作为一种语言艺术，要求内容丰富、引人入胜。这不仅需要导游有深厚的文化底蕴和广博的知识储备，还需要他们有良好的语言表达和传播能力。除了以上的要求，还需要导游具备优秀的翻译技巧，能将信息准确、生动、有趣地传达给听众，同时保持语言的口语化和现场感，使得游客能更好地融入旅行环境中，提高他们的旅行体验。

1. 互动性强

导游词需要有强烈的互动性，因为导游讲解的场合多在旅游景点中发生。这要求导游在翻译和表达时，需要借助现场的环境，利用生动的叙述和描述，使游客能够立刻感受到他们所处的环境和情境。导游不仅需要让游客了解景点的基本信息，还要把游客带入历史和文化的场景中，让他们仿佛亲身经历那些过去的故事。通过语言的力量，把旅游者从现实世界带到过去的世界，或者从一个地方带到另一个地方，是一种艺术，也是现场感的核心。

（1）设问。设问就是导游根据旅游者的思路向旅游者提出问题，其目的在于集中旅游者的注意力，为接下来的讲解做铺垫，并不是真的要旅游者回答什么问题。事实证明，设问不仅可以创造更多的互动机会，也可以帮助游客更深入理解和记住景点的相关信息。例如：

原文1：亲爱的游客朋友们，你们是否注意到了这些台阶上的纹饰？

译文1：Dear travelers, have you noticed the decorations on these steps?

原文2：朋友们，你们看见那边山顶的那座塔了吗？知道它有多高吗？

译文2：Friends, have you seen that tower on top of the mountain over there? Do you know how tall it is?

原文3：各位，你们是否想过这座宏伟的建筑是如何建成的呢？

译文3：Ladies and gentlemen, have you ever wondered how this magnificent building was constructed?

原文4：大家有没有注意到，这座庙宇的屋顶上有一只镶金的凤凰雕像？

译文 4：Has anyone noticed the gilded phoenix statue on the roof of this temple?

原文 5：你们是否对这座桥的历史感到好奇？

译文 5：Are you curious about the history of this bridge?

（2）现场引导词。现场引导词是一个非常关键的工具，被导游们用来帮助游客更好地理解和参与游览活动。它们通常是简洁明了的词语或短语，指示游客下一步应该做什么，比如："请向右看""现在我们走向"等。使用这些引导词的目的不仅是让游客对正在参与的活动有更直观的理解，同时也可以帮助保持团队的整体秩序和流程的顺畅。

现场引导词的作用尤其在于，它能够瞬间拉近导游和游客之间的距离，使得游览活动更具有互动性和实时性。好的现场引导词可以使游客产生一种身临其境的感觉，仿佛自己就是历史或故事的一部分，而这种感觉，往往能让游客的旅途体验更加丰富多彩，增加他们对旅游目的地的记忆和感情。

同时，现场引导词的使用也可以根据游客的实际情况和兴趣进行灵活调整。例如，如果导游发现游客对某个话题特别感兴趣，他可以使用现场引导词将讲解的焦点转向这个话题，增强游客的参与感。反之，如果游客对某个话题显得不感兴趣，导游也可以用现场引导词将注意力转移到其他更有吸引力的项目上。示例如下。

原文 1：我们再有几分钟就要返回酒店了，现在请大家在座位上坐好，系好安全带，最后再欣赏一下窗外的美景。

译文 1：We will return to the hotel in a few minutes. Now please take your seats, fasten your seat belts, and finally enjoy the beautiful scenery outside the window.

原文 2：现在请大家看看我们正前方，那座壮丽的建筑就是太和殿，它是明清两代皇帝举行重大典礼的地方。

译文 2：Now, I invite you all to look straight ahead. That magnificent building you see is the Hall of Supreme Harmony, where emperors of the Ming and Qing dynasties held major ceremonies.

2. 口语化程度高

导游词的口语化主要是由于其在现实环境中的使用性质决定的。作为一种面向公众的现场讲解服务，导游词首先需要直接、简洁且易于理解，因此，口语化的特征非常重要。其次，口语化的导游词能够创造一种轻松愉快的氛围，增强游客的参与感和体验感，从而提高旅游服务的质量。另外，口语化的导游词可以适应多变的旅游环境和临时的需要，具有很强的灵活性和实用性。导游语言的上述特点决定了外宣翻译工作者在翻译导游词时应尽量选用口语化的表达方式，如果翻译出来的导游词呆板生硬、照本宣科、故弄玄虚，即使导游将其背得滚瓜烂熟，也难以吸引游客的注意力。示例如下。

原文 1：这里种了很多冬青树。这种冬青树，你们称为"圣诞树"，我们俗称"鸟不宿"。

译文 1：Many holly trees are planted here. This holly is what you call a "Christmas tree." It is locally known as "unperchable". It's the coined name. You see, the tree leaves are so sharp-pointed that even a bird cannot perch on them.

在上述示例中，译者尽力创造出接近日常的对话氛围，用"你们"和"我们"的表达方式增强了交流的互动性，使游客感到更为亲近。翻译中对本地俗称"鸟不宿"的解释形象生动，清楚地向外国游客解释了这个词的含义。最后，翻译者还运用了一些口语化的表达，如"it's the coined name"和"you see"，增强了译文的口语风格，使其更易于被听众理解和接受。

3. 娱乐性强

导游词的娱乐性是让游客在游览过程中保持轻松愉快心情的关键因素。一份优秀的导游词应当富含生动有趣的叙述和情感表达，它不仅包含丰富的知识点，还须通过吸引人的方式呈现。导游词可以借助讲述吸引人的历史故事、解读景点背后的趣味传说，以及适时的轻松幽默等方法来提升娱乐性。当游客在欣赏风景，感受历史和文化的同时，还能体验到旅行的乐趣，这样的导游词才能真正发挥其作用，为游客创造一次深刻的旅行记忆。例如，如果导游在带领外国游客游览绍兴、介绍绍兴特产绍兴酒时说道："Shaoxing rice wine is very famous and popular in China."

对于中国酒类了解不多的外国人来说，这句话可能也不会给他们留下深刻印象，自然也就无法引起他们了解更多绍兴酒文化的兴趣。但如果导游另辟蹊径，向外国游客介绍绍兴酒的别名："女儿红"和"状元红"及其背后的故事，相信会取得不同的效果。又比如，如果导游在引导外国游客游览广东时，介绍广东的特色小吃虾饺时说道："Shrimp dumplings are a classic Cantonese dim sum dish."

对于对中国美食了解不深的外国人来说，这样的介绍可能并不会让他们对虾饺产生特别的兴趣，也很难引起他们进一步了解中国饮食文化的兴趣。但是，如果导游能改变一下讲述方式，向游客介绍虾饺背后的文化故事，比如，它是广东人一家人团聚、享受周末早餐时必点的食品，那么这样的讲述就更能引起游客的兴趣，使他们在品尝美食的同时，也能更深入地了解到中国的家庭文化和饮食习惯。

比如导游在为外国游客介绍上海外滩的过程中，一份富有娱乐性的导游词可能是这样的：Ladies and gentlemen, we are now at the Bund, a symbolic attraction of Shanghai. Look around and you'll see a parade of grand European-style buildings, a lively 'world architecture expo' as we locals lovingly call it. Interestingly, even though they represent different countries and styles, each building forms an integral part of Shanghai, this international metropolis, creating the bustling and harmonious scene we're seeing now.

（各位游客，现在我们来到了上海的标志性景点——外滩。请大家看，这些华丽的欧式建筑就像一幅活动的世界建筑博览图，而它们被我们上海人亲切地称为"外滩万国建筑群"。有趣的是，尽管它们代表了不同的国家和风格，但每一栋建筑都是上海这座国际大都市的重要组成部分，正如我们现在所看到的这个繁华和谐的景象。）

这段导游词，通过生动有趣的类比，使游客对外滩有了形象的认识。其中的幽默元素"活动的世界建筑博览图"使得这段介绍变得有趣起来，既强调了上海的多元性，也表达了中国的一种核心价值观，使得这段导游词富有了深意。

（二）导游词的主要翻译方法

1. 增译法

在外宣翻译过程中，由于外国游客对中国的历史和文化了解相对较少，因此有必要对原文中的一些信息进行适当的增补，以帮助游客更好地理解和欣赏旅游地的历史和文化背景。这种方法被称为"增词不增意"或"增词略增意"，旨在通过增加某些上下文信息，来更好地解释原文中的内容。示例如下。

原文 1：早在殷商时期，我们华夏祖先便早已确立了东、西、南、北、中五个方位。太阳初升的东方代表冬去春来、万物繁衍昌盛的景象。

译文 1：Dating back to the Yin and Shang periods (1600 B.C –1046B.C), Chinese ancestors established the sense of five directions of north, south, east, west and center. The east, where the sun rises, represents life's fertility with the end of winter and coming of spring.

在上述示例中，"殷商时期"对于熟悉中国历史的人来说，是一个非常明确的时间参照，可以理解为公元前 1600 年至公元前 1046 年。但是，对于不了解中国历史的外国游客来说，"殷商时期"这个概念可能会显得模糊不清。因此，在翻译过程中，译者增加了殷商时期的具体年代，将原来的"早在殷商时期"翻译为"Dating back to the Yin and Shang periods (1600 B.C –1046 B.C)"，这样的翻译方式可以使得这个历史时期的时间范围更清晰，从而帮助外国游客更好地理解。

原文 2：在胡同中我们只能看见四合院的大门。古时候的中国人不希望有陌生人来打扰，因此从大门的样子就可以看出主人的身份和地位。

译文 2：The gate building of each Siheyuan is the only thing that we can see along the Hutongs. Chinese people used to try to protect their privacy from being intruded by strangers. So the gate building, in old times, was a symbol to show the position of each house owner. You don't have to go inside the courtyard. Just look at the gate building, you can already tell whether it's an influential family or not.

译文中的"protect their privacy"属于外宣译者的解释性翻译，主要是为了帮助外国游客理解沟通意义，实现导游与外国游客的沟通目的。此处的沟通目的是了解中国建筑文化，因此外宣译者对中国人不希望被陌生人打扰的根本原因做出了解释。因为中国文化讲究内敛、含蓄，这种文化内涵在建筑上的体现就是高门大院，阻隔外界视线且保护隐私的观念符合西方人的价值观念，能引起他们的文化共鸣，从而加深对这个房屋建筑的印象。

2. 省译法

在为外国旅游者提供的旅游解说词翻译中，需要考虑到接受者的背景和需求。中国的文化和历史深厚，历史典故、名言警句以及诗词歌赋等都是中国文学的重要组成部分。中国人写文章时，经常会引用这些元素来增强文章的说服力和文采。然而，对于大部分外国旅游者来说，他们可能对这些文化元素并不熟悉，而且他们的主要目标是欣赏美景、体验风土人情，而非深入研究文化历史。因此，在翻译过程中，有时需要适当删减原文中的一些元素，使得译文更为精练且易于理解。例如：

原文 1：这些山峰，连同山上绿竹翠柳、岸边的村民农舍，时而化入水中，时而化入天际，真是"果然佳胜在兴坪"。

译文 1：These hills and the green bamboo and willows and farm houses merge with their reflections in the river and lead visitors to a dreamy world.

原文中提到"果然佳胜在兴坪"是一句诗，对于不懂中国文学的外国旅游者来说，这个诗句可能不易理解，且可能打乱了整体的叙述节奏。因此，在译文中，译者选择删除了这个诗句，而将焦点放在了描述景色的部分，即"绿竹翠柳、岸边的村民农舍，时而化入水中，时而化入天际"。这样的译文更能引导游客沉浸在美景之中，而不是被那些可能无法理解的文化元素所干扰。

3. 释译法

对于充满中国文化内涵和具有汉语特色的修辞手法的导游词翻译时，直接翻译或者照搬原文的修辞手法可能并不适合，因为这样可能会导致外国游客无法理解其含义，无法感受到其艺术魅力，此时译者可采用解释翻译的方法。例如：

原文 1：

宋代大诗人苏东坡把西湖比作西子。

译文 2：Poet Su Dongpo of the Northen Song Dynasty (960–1127) compared the West Lake to Xizi, one of the most beautiful women in ancient China.

在中国文化中，"西子"是指中国历史上著名的美女西施，因此中国人读到这个词就能马上联想到西施无与伦比的美。然而，如果译者直接将"西子"翻译为"Xizi"，外国游客可能无法理解其含义，因为他们并不了解这个文化背景。因此，译者需要通过适当的解释来传达原文的含义，比如"One of the most beautiful women in ancient China, Xizi"。这样的译文既保留了原文的文化内涵，又使得外国游客能够理解其含义。

4. 类比法

在旅游翻译中，类比法不仅仅是一种语言转换手段，更是一种将不同文化元素进行比较和对照，以求在新的语境中创造出能被理解和接受的翻译方法。类比法的使用可以帮助译者更好地处理两种语言和文化之间的差异，同时能让读者在自己熟悉的语境中理解和接受新的信息。在旅游翻译过程中，导游往往需要解释和描述一些特定的地理、历史或文化现象。这些现象在原文中的表达可能依赖于原语言和文化的特定背景知识，因此，直接翻译往往无法传达其深层含义。这时，类比法就派上了用场。译者可以通过将原文中的元素与译文中的相似元素进行比较，以帮助读者理解其含义。

例如，在向英国游客介绍中国的春节文化时，如果直接翻译"春节是中国最重要的节日"，可能无法让他们充分理解春节在中国文化中的地位和重要性。因此，译者可能会选择使用类比法，将春节与英国的圣诞节进行比较："春节在中国，就如同圣诞节在英国，它是全国最重要的家庭聚会和庆祝活动时间。"这样的表达方式既能让英国游客理解春节的重要性，又能帮助他们将春节与他们熟悉的文化现象联系起来。

使用类比法需要译者具备足够的文化知识和敏感度。他们需要了解受众的文化背景，才能找到适当的比较对象。同时，他们还需要确保这种比较是恰当的，既能传达原文的含义，又不会引发误解或者文化冒犯。假设导游正在为一群来自美国的游客解释中国的"端午节"。在中国，端午节有吃粽子、赛龙舟等一系列的习俗。为了让美国游客能更好地理解，导游可能会说："端午节有点像你们的感恩节，都是围绕特定的食物（在中国是粽子，在美国是火鸡）和活动（在中国是赛龙舟，在美国是看橄榄球比赛）来庆祝。"这种类比能帮助美国游客更好地理解端午节的重要性和庆祝方式。但这样的类比并不是完美的，因为端午节和感恩节在意义和历史背景上有很大的区别。端午节是为了纪念古代爱国诗人屈原，而感恩节则是庆祝丰收和感恩。所以，这就需要译者有足够的文化敏感度来平衡这种类比，避免混淆或误导。

此外，类比法在旅游翻译中的应用也具有引导性和启发性的作用。它不仅能帮助读者理解新的信息，还能引导他们从不同的角度看待自己的文化，从而达到文化交流和理解的目的。因此，类比法在旅游翻译中具有重要的作用，它既是翻译技巧，也是一种文化交流的手段。

二、公示语的外宣翻译

旅游公示语是游客在旅游胜地获取重要旅游信息的关键工具。随着中国的国家实力和国际影响力的快速增长，越来越多的外国游客选择中国作为他们的旅行目的地。英语，作为当前全球通用的主要语言，已经在各种旅游活动场所得到广泛应用。因此，英文的标识语和提示语在中国的旅游景点中发挥了越来越重要的作用。

（一）地名翻译

1. 意译法

在中国，许多旅游景点的名称都充满了诗意，背后往往蕴含着许多动人的传说或寓意，这些都是汉语和中国传统文化魅力的集中体现。为了使外国游客能够深入了解并欣赏中国传统文化的魅力，增进不同文化之间的沟通和交流，外宣译者在翻译旅游景点名称时，通常会采用意译法，这样可以帮助外国游客理解这些名字背后的深层含义。

例如，北京的著名景点"颐和园"。这个名称直译为英语就是"Yiheyuan"，然而这样的翻译对于英语读者来说可能并没有太大的意义。如果采用意译法，可以将其翻译为"The Garden of Nurtured Harmony"，这样的译文更能让外国游客感受到这个名字所带来的和谐和宁静之感。其他示例如下。

太和殿 Hall of Supreme Harmony

坤宁宫 Palace of Earthly Tranquility

二潭印月 Three Pools Mirroring the Moon

寒山寺 Cold Mountain Temple

拙政园 Garden of Humble Administrator

2. 音译法

音译法在旅游翻译中被广泛应用，尤其在地名、城市、乡镇、县城和村庄等行政区划名称的翻译上。这种方法的主要目标是尽可能地保留原始名称的发音，为外国游客提供一个尽可能接近原名的参考，以便于他们更好地在口头或书面中使用和理解这些名称。

例如，北京被音译为"Beijing"，西安被音译为"Xi'an"，八达岭被音译为"Badaling"，北戴河被音译为"Beidaihe"，临潼被音译为"Lintong"等。这些音译名称为外国游客提供了方便，使他们能够轻松地发音并记住这些地名。值得注意的是，虽然音译法的目的是尽可能接近原始发音，但由于语言之间的发音系统存在差异，音译的结果可能无法完全复制原始的发音。例如，英语中没有与汉语中"西安"的"安"相对应的音，因此在音译时只能选取最接近的音节来代替。

3. 音译 + 意译法

在旅游翻译中，音译法与意译法的结合使用被广泛应用，尤其在涉及历史人物、传说人物或特定地点名称的翻译时更为常见。这种方法试图在保留原始名称发音的同时，传达出其背后的含义或者相关的历史、文化信息。

例如，"茅盾故居"被翻译为"Mao Dun's Former Residence"，"杜甫草堂"被翻译为"Dufu's Thatched Cottage"。这里，"茅盾"和"杜甫"的名称通过音译法得到保留，而"故居"和"草堂"的含义通过意译法得以表达，为外国游客提供了原名称的发音参考，同时揭示了地点的实际含义或其背后的历史文化背景。

对于一些特定的地点名称，如山脉、湖泊、园林等，也常常采用音意双译的方法。例如，"太湖"被翻译为"Taihu Lake"，"黄山"被翻译为"Huangshan Mountain"，"豫园"被翻译为"Yuyuan Garden"。这种翻译方式不仅保留了地名的原始发音，还传达了其本质属性，如"湖"（Lake）、"山"（Mountain）和"园"（Garden）。

4. 增译法

在旅游翻译中，为了使外国游客更好地理解和欣赏所参观的景点，翻译者常常需要在译文中增加一些原文未提及，但对理解内容却至关重要的背景信息，这种翻译方法被称为增译法。这种方法的应用往往是为了弥补文化差异所带来的信息鸿沟。比如在介绍特定的历史人物、事件、地点或者文化现象时，由于源语和目标语的文化背景、历史知识的差异，简单的直译可能无法让外国游客得到完整的理解。此时，译者就需要恰当地增加一些有助于理解的背景信息，使得读者能够在阅读过程中对原文的内容有更全面、深入的理解。

原文1：林边有一个洞，叫白龙洞。传说《白蛇传》的白娘子曾经在这里修炼。（白娘子是谁？她为何在此修炼？不加说明，游客肯定不明白。）

译文1：Near the forest is the White Dragon Cave which is said to be the very place where Lady White, the legendary heroine of the Story of the White Snake, cultivated herself according to Buddhist doctrine.

以"白龙洞"的例子为例，原文1简单地提到了"白龙洞"以及其与《白蛇传》中的白娘子的关联，但对于不了解《白蛇传》的外国游客来说，这样的描述可能让他们感到困惑。因此，翻译者在译文中增添了"白娘子是《白蛇传》中的传奇女主角，她在此处进行佛教修炼"的背景信息，这使得外国游客能够理解白龙洞的文化和历史含义。

（二）交通指南翻译

旅游景点众多、旅游业发达的城市和地区都会在公示牌上介绍去往各个景点的交通游览信息，这些信息包括主要的交通工具、所有的交通线路，当地的交通规则，出行需要注意的事项等，帮助游客们选择最适合自己的出行方法。这些交通指南的翻译对于外国游客来说也是至关重要的。

以北京市为例。北京市是中国的首都，拥有许多著名的旅游景点，例如故宫、天坛、长城等。对于外国游客来说，如果他们能在公示牌或地图上找到准确的英文翻译，比如从市区出发去长城有哪些公交或地铁线路，每种交通方式的费用大约是多少，大约需要多长时间，以及可能遇到的交通高峰期等信息，这对于他们的旅行规划无疑是极大的帮助。例如，公示牌上可能写道："To reach the Great Wall from downtown Beijing, you can take Bus No. 919 from Deshengmen, which will take about 2 hours and cost 12 RMB one way. Alternatively, you can take the subway Line 13 to Xizhimen, transfer to Line 2 and then transfer to Line 4 at Xuanwumen to reach the Great Wall. The total travel time is about 2.5 hours and the total cost is around 20 RMB one way. Please note that traffic can be heavy during morning and evening peak hours."

对于城市地铁系统，公示牌可能会有类似的提示：乘坐 2 号线可到达故宫（Take Line 2 for the Forbidden City）。

在一个风景名胜区，可能会看到这样的标识：沿此路走 500 米即可到达颐和园入口（Walk 500m to the Summer Palace entrance）。

对于公共交通规定，可能会有这样的提示：公交车上禁止饮食（No eating or drinking on the bus）。

这些都是简单但清晰的指示，对于不懂中文的外国游客来说非常重要。准确、清楚的翻译可以让他们在旅行中更加便利，避免出现困扰或误会。

（三）注意事项翻译

在旅游翻译中，注意事项翻译涵盖了一系列对游客的指引和提醒，通常关乎游客的安全、健康、行为规范等方面。这些注意事项可能包括对特定活动的指南、对景点规定的详述或者是对文化习俗的解释。注意事项翻译的目的在于让来自不同文化背景的游客都能理解并遵守这些规定，从而保障他们的安全和旅游体验。注意事项翻译的内涵较深，涉及了多个方面。

1. 安全提示

在旅行安全方面，各种规定涵盖了广泛的活动。例如，在水上活动中，游客必须穿戴救生衣以防止意外溺水。对于山地徒步，游客需要遵守指定的路径，以避免可能的风险，如迷路或遇到危险的野生动物。

2. 健康建议

例如，在高海拔地区可能会出现高原反应，游客需要提前做好准备。或者在某些地区可能需要接种特定疫苗，以防止可能的疾病感染。适当的健康建议可以帮助游客在旅行中保持健康。

3. 文化习俗

在某些地方，可能存在一些特殊的文化习俗或礼仪规定。比如，某些宗教场所需要脱鞋，或者某些文物禁止触摸。理解并尊重这些习俗是游客在异国他乡旅行时必须做到的。

4. 法规规定

对于某些特定的旅行行为，可能有明确的法律规定。例如，在某些地方禁止吸烟，或者禁止携带某些物品。这些规定通常是为了维护公共安全和卫生，对于游客来说，了解并遵守这些规定是他们在旅行过程中的重要职责。

其中，旅游公告和提示的翻译是一个重要部分，下面是一些例子：

（1）在许多旅游景点（特别是历史遗迹或自然景观）中，"请勿攀爬"这是一个常见的提醒。翻译为英语，可以是"Do not climb"或"Please refrain from climbing"。

（2）"请保持环境卫生"是鼓励游客尊重环境并保持清洁的常见提示，可翻译为"Please help keeping the environment clean"。

（3）为了保护大多数游客的权益，大多数公共场所或景区通常设有吸烟区。此时景区通常会有这样的提示"请在指定区域吸烟"，这可以翻译成英语："Please smoke in the designated areas only."

（4）在一些地方，特别是那些具有独特文化和传统的地方，"请尊重当地文化和传统"这个提示很常见。翻译成英语可以是"Please respect local culture and traditions"。

（5）在一些历史悠久的文化遗产地，游客可能会看到"请勿触摸展品"或"禁止拍照"的提示，这主要是为了保护这些无法再生的文物。对应的英文翻译可以是"Please do not touch the exhibits"或者"Photography is not allowed"。

（6）在许多自然保护区或者动物园，为了保护野生动物的生活环境，会有"请勿喂食动物"或者"禁止猎捕、捕猎动物"的提示，英文翻译可以是"Please do not feed the animals"或"Hunting or capturing animals is prohibited"。

（7）在一些高海拔的景区，为了保证游客的身体健康，可能会有"防止高原反应，请缓慢上升"这样的提示，英文翻译可以是"To prevent altitude sickness, ascend slowly"。

（8）在一些海滨城市或沙滩景区，为了维护海洋环境，常会看到"请勿抛弃垃圾入海"或者"请保护珊瑚，禁止触摸或损坏"这样的提示，英文翻译可以是"Please do not discard trash into the sea"或"Please protect the coral reefs, do not touch or damage"。

第四节　对区域文化的外宣翻译

一、区域文化内涵解析

（一）区域文化的内涵

区域文化，一种在特定地理范围内经由历史演变而形成的独特文化，体现了特定地区的风貌和精神内核。它像一面镜子，反映了特定区域成员共享的价值观、信仰、态度以及他们的日常习惯和行为规范。这些共享的元素深深影响着地区的经济发展，它们在日常生活中的体现，不仅成为区域成员彼此认同的纽带，也成为外界了解和接触这一地区的窗口。

由于区域文化深受其地理环境、历史遗产、语言习俗和宗教信仰等多方面因素的影响，因而每个地区的文化都有其独特性，这种独特性贯穿于各个层面，从饮食习惯到艺术形式，从礼仪规范到道德观念，都能找到其独特的区域性标记。同时，这些区域性的标记又是一个民族或者一个国家文化的重要组成部分，共同构成了丰富多元的人类文化。

区域文化的存在，对区域发展有着深远影响。比如，一个地区的发展策略往往需要符合其独特的区域文化，因为只有这样，才能更好地动员和利用区域内的资源，才能使得发展的结果更符合社区成员的期待和需要。同样，区域文化也为区域创新和区域品牌打造提供了独特的素材和灵感。因此，翻译和传播区域文化，对于推动地区发展、保护文化多样性，具有重要的意义。

（二）区域文化的特征

区域文化的特征广泛多样，主要体现在空间上的区域性、时间上的区域性、内涵上的两面性、时空上的传承性以及内容和形式上的可塑性和创造性这五个方面。

（1）空间上的区域性是区域文化的显著特征之一。这种特性来源于每个地区的历史和现实背景的独特性，这种独特性使得文化形态在地理位置上呈现出明显的差异。比如说，上海、广州和北京都有各自的文化标签，体现出开放的海洋文化、活跃的商业文化和保守的都城文化。这些地域特性使得各个地区的文化具有自己独特的个性和风貌，使得中国的文化在空间上呈现出多元的存在。

（2）时间上的区域性是区域文化的另一种特性。文化不是静态的，而是动态的，是人们历史上不断创造、丰富和完善的结果。这种动态性体现在文化传承和发展的过程中。每一种区域文化，都是经过区域内各民族人民的历代生活反复实践形成的。而且，区域文化在发展历程中，也会受到区域内外文化特质的冲击和影响。

（3）内涵上的两面性也是区域文化的一个特征。区域文化既包含了传统性，也包含了现代性。传统文化是区域人民的精神家园，而现代性则反映了区域文化的开放性和进步性。在特定的历史环境中，区域文化总是带有优良性和局限性两面性。

（4）时空上的传承性是区域文化特征的又一个体现。不同区域之间的文化差异，是因为他们在历史的长河中承继了不同的传统文化，或在继承相同传统文化的过程中各自吸纳了不同的其他文化。这种传承性是区域文化不断发展的重要推动力。

（5）区域文化内容和形式上的可塑性和创造性表现在该类文化的适应性和创新力上。首先，区域文化的可塑性主要表现在对新的社会变革、科技进步和外来文化影响的适应能力上。每一个区域文化都有其独特的传统和历史，但同时，面对外部的变化和挑战，区域文化并不是僵化的，而是有一定的弹性和适应力。例如，随着科技的进步和经济的发展，各地区都会在保留传统文化的基础上，吸收和融入新的元素，以适应新的社会环境。这就是区域文化的可塑性。

其次，区域文化的创造性主要体现在对新的思想、价值观和艺术形式的创新能力上。每一个区域文化都是一种独特的思维方式和生活方式的体现，而这些思维方式和生活方式，都是不断创新和发展的。例如，面对新的社会需求和挑战，各地区都会创造出新的文化形式和文化内容，如新的艺术形式、新的社区活动、新的社会规范等。这种创新不仅体现了区域文化的活力和进步，也是区域文化持续发展的重要驱动力。

二、多模态翻译的概念与内涵

多模态翻译是一种跨越单一语言模式的翻译方式，它将语言与图像、声音、体态、动画等多种模态的符号资源相结合，以提升翻译的质量和效果。这种翻译方式的实质在于认识到传播信息的方式并非单一，而是通过多种媒介和符号系统的综合作用。这种理念开辟了一个更为全面、细致的翻译视野，强调了各种模态资源在翻译过程中的重要性和必要性。

传统的翻译理念强调对语言本身的翻译，但这种方式存在一定的局限性，因为它往往忽略了其他模态资源的存在和作用。在日常生活中，人们交流的方式远不止文字，图像、声音、表情、动作等都是我们表达思想和情感的重要方式。因此，如果我们忽视了这些非语言符号的翻译，那么翻译的结果很可能会失去原文的真实含义和精神内涵。

而多模态翻译则着重考虑到了这些因素。这种翻译方式要求译者不仅要对原文的语言内容进行准确的翻译，而且还要注意原文中的图像、声音等非语言符号的含义和作用，并尽可能地将这些非语言符号的含义和作用反映在译文中，以此确保译文的准确性和完整性。这种翻译方式的实施需要译者具有高度的专业素养和丰富的跨文化交际经验，以便能够准确地理解和翻译原文中的各种模态资源。

多模态翻译在实际应用中具有很大的优势。例如，在进行区域文化外宣翻译时，译者可以通过翻译原文中的图像、音乐等非语言符号，更好地传达出原文的文化内涵和特色，使外国读者能够更加全面、深入地了解和感受我国的区域文化。此外，多模态翻译也可以应用在电影、电视、广告等多媒体领域，通过精确地翻译原作中的各种模态资源，更好地传达出原作的思想和艺术价值。

第五节　对中国故事的外宣翻译

一、中国故事的定义

2021 年 5 月 31 日，习近平在主持中共中央政治局三十次集体学习时强调，讲好中国故事，传播好中国声音，展示真实、立体、全面的中国，是加强我国国际传播能力建设的重要任务。同年12月，《光明日报》发表了评论员文章"立足中国大地讲好中国故事"，具体内容如下。

身处伟大时代，广大文艺工作者应当有着充分的使命自觉，努力创作优秀的文艺作品，记录当代中国的波澜壮阔。今日之中国创作素材极为丰富，建党百年的伟大成就、五千年文明的厚重悠长，都是广大文艺工作者取之不尽、用之不竭的艺术源泉。关键是文艺工作者要俯下身子、迈开步子，创作出有深度、接地气、与时代同频共振的优秀作品。创作出优秀作品，更要通过作品加快构建中国话语和中国叙事体系。作为世界上举足轻重的大国，中国故事不仅中国人阅读，在全世界也不乏受众。如何让中国故事更生动、更形象、更具感染力，也是今天广大文艺工作者的肩头重任。广大文艺工作者要以文载道、以文传声、以文化人，向世界阐释推介更多具有中国特色、体现中国精神、蕴藏中国智慧的优秀文化作品。通过优秀的文艺作品，吸引全世界的读者更加客观、全面地看待中国、理解中国。

由此可见，新时期对外讲好中国故事的重要性。要讲好中国故事，首先要清楚中国故事的定义。李云雷认为，中国故事是一个集合了中国人共享的经历和情感的叙事框架，揭示了我们这个民族的特质、命运与期望。这种叙事主要基于中国的立场，特点包括但不限于以下几个方面。[1]

（1）从宏观视角看待中国的进程。与20世纪80年代以来的个体、日常生活和私人生活叙事相比，中国故事带来更大的视野，更加宏观地描绘社会与国家的全景。它不仅仅是从个人的角度来看待生活和社会，而是从一个更加宏观的视角来看待整个中国的历史进程和社会发展。在这个视角下，每一个中国人的生活都是中国的一部分，每一个个人的经

---

[1] 李云雷. 如何讲述新的中国故事：当代中国文学的新主题与新趋势 [J]. 文学评论，2014(3)：90-97.

历都与整个国家和民族的命运紧密相连。这个宏观视角帮助读者理解每一个中国人的生活和经历都是中国历史和社会变革的一部分，每一个人都在以自己的方式参与着这个过程。

（2）提出一种中国的立场。中国故事倡导一个中国的视角，以此来展现中国人（尤其是现代以来）独特的生活经验和内心情感，这与五四运动以来的走向世界有所区别。五四运动以来，很多中国人试图通过接受西方的教育、文化和生活方式来实现个人和社会的现代化。然而，中国故事提醒人们，尽管中国需要向世界学习，但中国人不能忘记自己的文化和历史，不能忘记自己的生活经验和内心情感。中国人需要在接受世界的同时，也要坚持自己的立场，表达自己的声音。

（3）讲述当代中国的现代历程。以文学形式，中国故事讲述了当代中国的现代历程，它建立在中国经验上，但并不同于中国模式这种理论概括，更着重于触摸现代中国的实际体验和内心深处的真实感受。在这个过程中，读者可以看到中国人如何在面对挑战和困难时依然保持坚韧和勇气，如何在追求现代化的道路上依然坚持自己的文化和价值观。这是一个真实的中国，一个充满希望和激情的中国。

（4）不仅仅是讲述故事：讲述中国故事，并非单纯地讲述故事。每一个中国故事都是一堂生动的历史课，它告诉人们，中国并不是一个单一的、固定的概念，而是一个不断发展和变化的过程。通过讲述中国故事，人们可以更好地理解中国的过去，更好地理解中国人的生活和情感，更好地理解中国的未来。讲述中国故事不仅仅是为了纪念过去，也是为了启示未来。人们希望通过讲述中国故事，激发每一个中国人的热情和创造力，共同创造一个更好的未来。

其他学者如陈理认为，新时代讲好中国故事，核心要义就是要讲清楚中国共产党为什么"能"，马克思主义为什么"行"，中国特色社会主义为什么"好"。① 王奕博、王树祥认为，中国故事是对中华优秀传统文化独特魅力和中华民族独有精神的全面展示，是对中国共产党带领人民进行革命建设的光辉历史的精彩讲述，是对新时代中国特色社会主义核心价值观有温度、有感情的崭新诠释。②

二、中国故事的分类

（一）传统文化经典

1. 中国的"仁"文化

"仁"是中国传统文化中的一个核心概念，起源于孔子的道德哲学。孔子的"仁"，主要涵盖了两个方面的内容：一是"爱人"，即对他人的关爱和尊重；二是"己所不欲，勿施于人"，即要站在他人的角度去思考问题，遵循公正和公平的原则处理人际关系。这是一种基于同理心的伦理道德要求，让人们在交往中更加尊重和理解他人。孔子的这一思想也影响了中国古代皇帝的治国思想。

汉文帝刘恒是汉高祖刘邦的第四个儿子，其未登基为帝时低调平和，直到吕氏势力被铲除后，才被陈平等人拥立为帝。汉文帝在位期间，非常关注民生，一直以减轻民众负担为己任。在他统治的初期，国家粮仓储存充足，他决定举行一次盛大的宴会，邀请全国各地的臣民共享丰收的喜悦。但是，当他看到粟陵的粮食被运到长安的过程中劳动者们面临的困苦生活后，他深感惋惜。

汉文帝看到运送粮食的劳动者们，由于负荷过重，疲惫不堪，有的甚至倒在地上，不能动弹。他问大臣们："我举办的宴会，需要用到多少粮食？"大臣们回答说："大约要用到六千石。"汉文帝再问："那么，这些粮食，足够多少人一年的口粮？"大臣们回答说："足够二万四千人。"

---

① 　陈理. 讲好中国故事，让世界更好了解中国 [J]. 党的文献，2020(1)：12-16.
② 　王奕博，王树祥. 新时代讲好中国故事的文化意蕴 [J].中学政治教学参考，2021(15):12-14.

听到这个回答，汉文帝深受触动，最终取消了这次宴会。

汉文帝刘恒在位期间，不仅关注民生问题，还积极改革法律，废除了残酷的肉刑。肉刑是一种残酷的刑罚方式，通常意味着对犯人的肉体造成严重伤害。肉刑的废除与一位名叫淳于意的医师有关。淳于意是一位才华横溢的医师，他曾经担任过齐太仓令，因此也被人们称为"仓公"。然而，他对官场生活并无兴趣，而是选择回归家乡，将他的医术传授给其他人。但无论他的医术有多么精湛，都无法让他免于法律的制裁。因为一场官司，他被判决接受肉刑。当淳于意被告知他将被押送到京城接受肉刑时，他感到十分冤枉但没有办法，因为他没有儿子能为他申告冤情。就在这情况危急的时刻，淳于意最小的女儿缇萦勇敢地站了出来，决定陪伴父亲到京城，向汉文帝申述父亲的冤情。

缇萦在漫长而又艰辛的旅程中把父亲的冤情写在奏折上，提交给汉文帝刘恒。在奏折中，她请求汉文帝能够让自己代替父亲接受刑罚。因为刘恒本身也是个十分孝顺之人，因此这个请求深深地打动了刘恒。同时，他对肉刑的残酷性产生了质疑，并对当时的法律体系进行了反思。他认为，古代先贤通过较轻的惩罚就能有效地维护社会秩序，而当时严酷的法律并未能够减少犯罪行为。于是，刘恒决定废除肉刑，改为更为人道的刑罚方式，以给予罪犯改过自新的机会。此外，他还废除了连坐法，这是一个导致整个家庭因一个人的罪行而受罚的法律。这个故事充分展示了刘恒的"仁"。他以对人性的理解和尊重以及对人道主义的坚持，推动了历史性的法律改革，这也是他作为一个杰出的君主深受人民爱戴的原因之一。

2. 中国的"义"文化

"义"在中国文化中是一个重要的道德和伦理原则，有着深厚的历史底蕴和丰富的内涵。在古代哲学家眼中，"义"是道德行为的核心，涵盖了责任、公正、尊重和诚实等多方面的品格。"义"的含义多样，但总体而言，它与"仁"密切相关，寓含在诸多表达义气之词汇中，如"见义勇为""义无反顾""仗义疏财""舍生取义"等。通过这些成语，能够看出中国人对道义的坚守和在面对困难时的无私奉献精神以及坚韧的道德勇气。"义"的价值观要求人们在面对私欲和集体利益的冲突时，能有所选择，能够秉持道义，放下私欲，顾全大局，维护集体利益。换言之，"义"旨在指导人们在决策时，应该选择什么是对的，而不是什么对自己有利。在一些极端情况下，"义"甚至可能要求人们牺牲自己的生命来维护道义。

文天祥，字宋瑞，号少山，南宋政治家、军事家，被誉为民族英雄。他在国家危亡之际，毅然选择舍生取义，为国家和民族的利益，忠诚尽责，坚定不移。1259 年，当元军渡过长江围攻鄂州时，皇帝的心腹董宋臣怂恿皇帝迁都。在这个关键时刻，文天祥勇敢地向皇帝上疏，请求处决董宋臣，以此稳定人心，捍卫国家的尊严和利益。

到了 1275 年，宋朝朝廷意图封吕文德这位投降元军的大将为和义郡王，并提升他的侄子吕师孟为兵部尚书。朝廷的这一举动使投降的气氛在京城蔓延开来。面对此情此景，文天祥再次挺身而出，上书要求斩杀吕师孟，以稳定军心，再次表现出他对国家民族利益的忠诚。即使在被俘之后，文天祥的气节也并未被摧毁。他坚信"社稷为重，君为轻"，这表明他的忠诚不是对个人，而是对国家和民族。他坚守的，是对国家、对民族的忠诚，而不是对帝王的盲目效忠。

文天祥被捕后，曾在狱中收到妹妹的来信，他深知只要自己投降，自己就能和家人团聚，但他心怀大义，不肯投降。到了 1283 年 1 月 9 日，文天祥英勇就义。他临死之前，留下了大量的诗文，其中的《过零丁洋》更是表达了他的铮铮铁骨和舍生取义的决心。他的忠诚和勇敢，至今仍在中华民族的历史记忆中闪烁，给人们留下了深刻的印象。

3. 中国的"礼"文化

中国的"礼"文化，源自远古的祭祀仪式，早期主要体现在宗教活动中，后来发展到社会生活的各个方面，包括生活礼仪、礼节、习俗等。

中国的礼仪文化是基于人与人之间的互动关系，旨在维护社会秩序，强调个人行为的规范和自我约束。礼的表现形式有很多，如对长者、上级的尊重，对朋友的友善，对晚辈、下级的关爱以及对陌生人的礼貌等。

关于燕昭王招贤纳士的故事，是中国古代礼文化的一个重要例证。据记载，燕昭王在位期间，深感国家之强离不开贤能之士，于是，他筑造了黄金台，拜谋士郭隗为国师，对其礼遇有加，并为他建造了宫殿。但实际上，这个台上并没有黄金，之所以被称为"黄金台"，是因为燕昭王受到了郭隗一个寓言的启发。郭隗用一个以黄金买千里马的马骨，从而引来千里马的故事，寓意着"用重金能求来贤士"，就如同用黄金买马骨能够引来千里马。燕昭王深受启发，遂行其言。燕昭王的这一举动和郭隗所享有的尊荣迅速在各个国家广为流传，来自各国的能人异士纷纷归附燕国，为燕昭王出谋划策。

这个故事体现了中国古代"礼"文化中的两个重要理念：一是尊重人才，视人才为国家发展的重要资源；二是用"礼"来招揽人才，体现了对人才的尊重和重视。可以说，这个故事既体现了燕昭王的智慧和远见，也体现了中国古代"礼"文化中对人才的尊重和珍视。

4. 中国的"智"文化

在中国文化中，"智"一词有着重要的地位，它不仅意味着对知识的追求，也是对智慧的肯定，充分体现了对于知识和智慧的崇尚。儒家文化深信人类具有对世界万物进行认知的能力，世界上的事物没有不能被人所理解的，尽管世界上有许多尚未被人们认知和理解的事物，但并不存在不可被认知的事物。这种认知观念强调了知识获取的可能性和必要性，进一步推崇了知识的价值，提升了对智慧的尊重。

中国的"智"文化也强调人们要积极掌握知识并善于思考，使自己成为"智者"。所谓"智者"，是指知识丰富而且聪明伶俐、擅长思考和创新的人。这一观念也体现了对智慧的崇尚，人们都希望自己能成为"智者"，以此获得社会的尊重和认同。值得注意的是，"智"在儒家文化中并非单纯的知识积累，它更多的是对知识的应用和创新，是知识与实践相结合的过程，通过实践中的运用，使知识变为智慧，进一步体现了儒家"知行合一"的学术思想。中国古代著名工匠鲁班就是一个"知行合一"的人。

鲁班来自一个世代以工匠手艺见长的家庭。在这样的环境中，鲁班自幼便学会了各种手艺，包括建筑房屋、桥梁以及制造各种工艺品等。在众多关于鲁班的故事中，关于他发明锯子的故事特别引人深思。故事发生在他接手一个建造巨大宫殿的任务的时候。由于建造这座宫殿需要大量的木材，鲁班便派出他的徒弟们去山上砍伐树木。但由于当时尚无锯子，徒弟们只能用斧头劈砍，效率极其低下。他们从早到晚辛勤工作，但收效甚微，无法满足工程的需要。

面对工程的推进困难和期限的压力，鲁班决定亲自上山观察。然而，在山上，他不小心被一种野草划伤了手。这种草的叶子边缘长满了锋利的小齿，尽管草的主体非常柔软，却足以轻易划破鲁班的手皮。另一天，鲁班又发现一只蝗虫在快速地啃食草叶，蝗虫的口器也有类似的齿状结构。这两个观察给鲁班带来了极大的启发。他开始思考，如果砍树的工具模仿这种齿状结构，会不会提高砍树的效率？于是，他首先尝试用竹子制作了第一把齿状工具，然而由于竹子强度不够，这个工具无法长时间使用。于是，他又想到了使用铁片。最后，他成功地制作了一把铁锯，这个新工具极大地提高了砍伐木材的效率，为工程的完成提供了可能。

鲁班发明锯子其实是一则关于观察、思考和创新的故事。鲁班的成功在于他对生活中的细微之处有着敏锐的洞察力，他能从自然中找到解决实际问题的灵感。更重要的是，鲁班不仅有创新的想法，而且愿意实践和尝试，最终转化为这些观察和思考为实用的工具，解决了实际问题。他的故事告诉人们，生活中的每一个细节都可能孕育着智慧和创新，只要有足够的耐心去观察，有足够的勇气去实践，就可能实现从观察到创新的飞跃。

同时，中国的"智"文化还体现在人与人之间的交往中，涵盖了社交智慧、道德智慧等方面，如处理人际关系、解决问题等都需要运用智慧。而且，"智"也与人的道德品质密切相关，有智慧的人往往能够正确地辨别是非，做出正确的决策，更好地实现个人与社会的和谐。

5. 中国的"信"文化

"信"在中国文化中的地位极其重要。在中国古代哲学中，儒家尤其强调了"信"的重要性，将它视为基础的道德原则之一。"信"，通俗地来讲，即诚信，忠于承诺，对自己说过的承诺要负责。这不仅是实现自我言行的承诺，同时也体现了对他人和社会的责任感。在儒家哲学中，"信"是道德修养的重要组成部分，对于个人品性的塑造、社会关系的维护，甚至国家的发展都有重要的影响作用。

孔子曾言："人而无信，不知其可也。"强调"信"对于个人品格塑造的重要性，也阐述了信用在人际关系中的基础地位。人们的言行应该诚实守信，言而有信，这样才能赢得他人的信任和尊重。同时，孔子也强调了对于"信"的理解应当延伸到对于公共事务的管理和治理中。他提出"敬事而信"，认为政府在治理国家的过程中，需要尊重事实，以真实的信息为基础，真诚对待公众，这样才能赢得人民的信任，进而实现良好的治理效果。在中国历史上，商鞅南门立木就是一个体现"信"文化的故事。

公元前361年，秦孝公继位。为了寻找能够使秦国变得富强的人才，他发出了一条公告，声称不论是秦国人或者外来的客人，谁要是能想办法使秦国富强起来的，就封他做官。公孙鞅，即商鞅，受到这一公告的号召来到秦国并提出了他的观点。他认为国家要想富强，必须注重农业发展和对将士的奖励，而要做到这两点，需要有赏罚明确的制度。虽然商鞅的提议得到了秦孝公的赞同，但是却遭到了贵族和大臣们的强烈反对。因此，秦孝公暂时放弃了改革的想法。

随着秦孝公的地位稳固，他任命商鞅为左庶长，全权负责改革的工作。商鞅起草了一份改革的法令，但他担心人民不会按照这些新法令执行，于是他在秦国首都的南门立起一根三丈高的木头，宣布谁能将这根木头扛到北门，将奖赏十两金子。然而，人们并不相信他的承诺，因此没有人敢去尝试。商鞅看到这种情况，提高了奖金到五十两，但仍然没有人愿意去扛那根木头。正当大家议论纷纷的时候，一个人走了出来，勇敢地扛起木头并成功地把它搬到了北门。商鞅如约支付了五十两金子，从而证明他的诚信，赢得了人民的信任。随后，商鞅的新法令得以顺利实施，其中明确规定了赏罚制度，奖励农业生产和战功突出的人，惩罚懒惰和贫穷的人。自从商鞅的改革实施以来，秦国的农业生产和军事力量都有了显著的增强，秦国逐渐发展成一个富强的国家。

因此，"信"在中国文化中不仅是个体的道德标准，更是社会交往和国家治理的重要原则，尤其在现代社会，"信"的价值在商业交易、社会信用体系等多个层面都得到了体现和发扬。中国的"信"文化提倡诚实守信，强调言行一致，从而营造一个公平、正直、和谐的社会环境。

三、讲述中国故事的意义

（一）什么是文化软实力

文化软实力是一种影响力，它源于一个国家的文化、政治理念和外交政策，可以吸引和说服其他社会和国家去理解、欣赏，甚至接受这个国家的价值观、生活方式和模式。它与硬实力，如经济和军事力量，形成对比。硬实力通常通过威胁或物质激励来影响他人，而软实力则是通过吸引和说服来影响。

在全球化的今天，文化软实力的重要性日益凸显。一个国家的文化、艺术、教育、科技、体育、影视、音乐等各个领域都可以成为文化软实力的来源。这些元素可以通过各种方式传播，包括旅游、留学、文化交流、媒体和互联网等。一个国家的文化软实力不仅可以提高国家在国际社会的影响力，还可以促进其与其他国家的交流和合作，进而实现共同发展。因此，许多国家都在努力提升自身的文化软实力，以增强自身的国际地位和影响力。

（二）通过讲述中国故事，提高国家文化软实力

讲述中国故事可以有效提升中国的文化软实力，因为这些故事通常蕴含了中国的核心价值观，能够展示出中国文化的生命力、凝聚力和感召力。

（1）通过讲述中国故事，可以展示出中国文化的生命力。每一个中国故事都是中华历史的微观缩影，是中国人民在不同历史阶段奋斗、创新的具体表现。例如，古代的四大发明、清明上河图的繁荣景象乃至近代的抗日战争以及改革开放后的经济奇迹等，都是中国人民顽强拼搏、自强不息的生动体现。这些故事中充满了中国文化的生命力，那是一种无论在何种困境下都能坚韧不屈、奋发向前的力量。全球化的今天，这种生命力不仅在国内产生影响，同时也在全球范围内吸引了广泛的关注。国际社会对于中国迅速崛起的好奇心，也正是对于这种生命力的认可与敬仰。

（2）中国故事中所蕴含的中国核心价值观对于增强国家的凝聚力具有重要作用。这些故事中的人物，他们以家庭为重、尊重长辈、努力工作、尊重知识、崇尚和谐，这些都是中华民族的核心价值观。这些价值观在每一个中国人的心中根深蒂固，是团结一致、共同奋斗的精神纽带。比如，在中国的家庭中，尊重长辈是每个家庭成员都会遵守的规则，这不仅是家庭和睦的保障，也是中国社会稳定的基石。努力工作的精神则体现在中国人民的勤劳、勇于创新上，这是中国能够快速发展，成为世界第二大经济体的重要原因。这些价值观的传播，不仅可以增强中国人民的凝聚力，而且能够通过中国故事被全世界接受和认可，从而提升中国在国际社会的影响力，增强中国的文化软实力。

（3）讲述中国故事可以展示中国文化的感召力。中国的历史和文化具有深厚的感染力，可以通过故事的形式感动人心，激发人们的情感。

通过讲述中国故事，可以使国际社会更好地理解和接受中国的核心价值观。在全球化的今天，文化交流和理解是推动和平和发展的重要基础。只有通过讲述自己的故事、展示自己的价值观，才能让全世界理解和接受中国，从而提升中国的文化软实力。

四、讲述中国故事的方法和路径

（一）讲述中国故事的有效方法

1. 理性分析，关注文化传播趋势

习近平指出："要创新对外话语表达方式，研究国外不同受众的习惯和特点，采用融通中外的概念、范畴、表述，把我们想讲的和国外受众想听的结合起来，使中国故事更多地被国际社会和海外受众所认同。"这一指示强调对外传播的关键在于实现有效的跨文化沟通。为了确保中国故事能在国际舞台上得到认可，讲述者需要创新表达方式，深入研究不同文化背景的受众需求和偏好。这包括利用中西结合的观念、理论框架和表达方式使中国故事与受众的兴趣和期待相匹配。

一方面，讲述者需要对比较文化学和文化传播学进行深入的研究，从而理解如何更有效地将中国故事传递给不同文化背景的受众。比如，可以通过比较文化学理解不同文化中的价值观、习俗和社会行为，找出能引起共鸣的点，这有助于讲出更具吸引力和说服力的中国故事。另一方面，讲述者还需要密切关注国际文化传播的新趋势，比如，随着社交媒体和数字技术的发展，短视频、图文结合、互动等形式越来越受到人们的喜爱，这为讲述者讲好中国故事提供了新的方式和手段。

2. 利用文化资源，采用多样化传播方式

在全球化的当下，文化在国际交流中起着至关重要的作用，它既是连接不同国家和地区人民的纽带，也是塑造和传播一个国家形象的关键工具。因此，要讲好中国故事，就要有效地利用丰富的文化资源，通过多样化的传播方式，让世界更深刻地理解中国。

传统艺术如古典文学、京剧、书法、国画和舞蹈等以及神话、成语、民俗等，都是中国文化的重要组成部分，它们展示了中国文化的深邃内涵和独特魅力，也反映了中国人民的生活智慧和精神追求。这些文化元素已经深深植入了中国人的生活和思维中，是中国人的历史记忆，是中国人的文化基因，是中国人的民族精神。它们不仅对中国人自己有着深远的影响，也在全世界范围内产生了广泛的共鸣，吸引了众多的外国民众。

同时，当代的中国故事也可以通过其他文化艺术形式展现出来，比如小说、散文、诗歌、绘画、摄影、电影、电视剧、音乐等。这些当代艺术形式以其独特的语言和视角，讲述了中国的现代发展历程，展现了中国人民的创新精神和实干精神，也反映了中国人的日常生活和情感体验。这些故事以其真实性、生动性和感人性，吸引了全世界的目光，使全世界的人们有机会从新的角度来理解和认识中国。

因此，无论是传统的还是现代的，无论是高雅的还是大众的，所有的文化艺术形式都是讲好中国故事的重要工具。它们不仅能够展示中国的文化魅力，提升中国的文化影响力，还能够增进中国与世界的了解和友谊，推动中国与世界的交流和合作。这种文化交流不仅是信息的传递，更是情感的共鸣，是思想的碰撞，是心灵的交融。通过这种交流，能够让中华文化在全世界范围内产生更大的亲和力和感召力，让中国的声音在世界的舞台上更加响亮和持久。

3. 注意保持内容与形式的平衡

讲述中国故事的任务并不简单，它需要在真实呈现内容和艺术化表达之间找到一种精妙的平衡。在内容层面，中国故事应该真实反映国家的发展和变迁，不仅要充分展示中国的现实成就，同时还需要描绘中国人民的日常生活和情感体验。在形式上，中国故事的表达方式应该尽可能地独具特色，同时能够被国际听众理解和接纳。

改革开放四十多年以来，中国以快速发展的经济水平和各行各业显著的发展成就，向世界证明了中国模式的强大生命力。这些成就不仅展示了中国经济社会发展的正确路径，同时也为全球治理和人类进步提供了宝贵的中国方案、中国经验和中国智慧，特别是在国家治理方面，中国独特而成功的现代化模式和经验为许多发展中国家提供了值得参考的实践典范。

此外，在国家外交和全球治理层面，中国也提出了一系列具有中国特色的理念和方案，如构建以合作共赢为核心的新型国际关系以及构建人类命运共同体等理念，这些理念和方案得到了国际社会的广泛赞誉和认同。这就要求讲述中国故事的人要能够准确、生动地传递这些具有全球意义和普遍影响力的治理经验、方案和理念，使得国际社会和相关国家能够更深入地理解和学习中国的经验和方案，从而更加认同和接纳中国的文化。

（二）讲述中国故事的实施路径

1. 创新对外新闻发布机制

在新时代的背景下，讲述中国故事需要在新闻发布机制的多样性和生动性上寻求创新，从而使新闻发布机制成为国家、媒体和听众之间信息交互的桥梁。

一方面，利用新技术和媒体形式进行讲述可以为中国故事带来新的生命力。例如，利用官方微博、微信公众号和短视频平台，可以让更多的人了解中国故事，体验中国文化的魅力。政府新闻发布机构应进一步优化线上新闻发布平台。例如，设立官方的新闻发布账号，提供真实及时的新闻资讯；通过谨慎挑选网络发言人，用更接地气、更富有情感的语言讲述中国故事。同时，新兴媒体发布平台的建设也非常重要。例如，政府可以通过电子政务信息公开，让国际听众直接听到由官方讲述的生动中国故事，还可以通过推出系列纪录片、电视剧等形式，如《航拍中国》《人民的名义》等，把中国的自然风光、社会进步以及人民的生活等风貌展现给全世界。

另一方面，建立交互式信息交流模式，让国际听众能适时与信息发布平台沟通，这是提升中国故事传播度和知晓率的关键。例如，新闻发布机构可以设立专门的在线互动环节，定期或不定期进行网上公众交流，回答网民提出的问题，倾听他们的意见和建议，也可以收集他们对中国故事的反馈和评价，进而不断优化中国故事的讲述方式和内容。通过这样的方式，可以使中国故事真正进入国际公认的舞台，引导全球听众主动探索中国故事背后的文化内涵和价值理念。

2. 利用高端智库交流渠道

高级别的国际智库交流会所展示的不仅仅是各国的学术成果，更是其中深藏的文化价值和社会理念。这样的平台对于阐述中国特有的改革开放的伟大实践、独特的发展道路、深入人心的制度设计、成功的发展模式以及独特的经验积累有着非凡的作用，也因此，国际智库交流会也被视为讲述中国故事的一个重要渠道。

自党的十九大以来，中国与全球的知识界进行的交流愈发多元化，进一步推动了中国智库在国际舞台上的展示和影响力。这一现象不仅表明中国智库的学术研究和观点在国际上得到了广泛的认可，也意味着中国的故事、中国的智慧正在全球范围内流传和接受。

为了更好地推动中国故事的传播，在智库建设中，与具有影响力的外国学者进行深度合作是很有必要的。他们在学术界的地位和影响力能有效地传播中国的故事，推动其在全球的传播和接受。这种"助推器"效应不仅可以提升中国故事的国际影响力，也可以让更多的人了解和理解中国。此外，中国还应通过与各国民间智库的非正式交往，进一步推动中国故事的传播。这种非正式的交往方式，能够让外国民间更直观地了解中国，更深入地理解中国的故事，有助于提高中国故事的接受度，并且可以有效地减少由于意识形态不同带来的理解障碍。

3. 开展中外文化交流活动

中外文化交流活动作为一种重要的交流渠道在讲述和传播中国故事，

尤其是在强化不同文化和民族之间的感情交融和心灵沟通方面，具有不可替代的作用。近十年来，由各单位机构联合举办的"中外文化年"等活动以中国文化创意产品作为载体，吸引了广大民众的注意，增强了他们对中国故事的亲近感和认同感。这些生动活泼、喜闻乐见的方式能够使全球观众更好地理解和接受中国故事所蕴含的价值理念。新时代的中外文化交流活动在讲述中国故事上应当进一步发挥其作用。具体分析如下。

（1）政府在活动中的引导作用是不可忽视的。政府作为社会治理的核心，既可以为中外文化交流提供必要的资源和支持，也可以发挥其公信力和影响力，引导和鼓励更多的人参与到这种文化交流之中。政府还可以通过制定和实施相关政策，促进中外文化交流的广度和深度。此外，政府还能作为一个中立的媒介，协调不同的利益关系，以保证文化交流的公正性和有效性。在实践中，政府的引导角色是通过各种方式和手段实现的，例如设立专项基金，组织国际文化节，建立中外文化交流平台等。

（2）企业的积极参与对于讲好中国故事也是至关重要的。在全球化的背景下，企业不仅是经济活动的主体，也是文化传播的重要载体。他们可以利用自身的资源和优势，生产和推广具有中国特色和价值的文化创意产品。这些产品不仅能够传播中国的传统文化和现代价值观，也能够展示中国在科技、设计、艺术等领域的创新成果。企业还可以通过社会责任项目、赞助文化活动、合作推广等方式，扩大中国故事的影响力，提升中国的国际形象。

（3）通过"文化自述"的方式，使中国文化创意产品能够通过鲜活的生活叙事方式，展现其思想的伟大力量。在这个过程中，中国的历史、文化、思想、价值观等都可以得到充分的展示和传播。这不仅能够提升全球公众对中国故事的认知和理解，也能够引发他们的情感共鸣，唤醒他们的文化认同意识。这是一个相互影响、相互启发的过程，它让全球公众真正感受到中国故事的内在力量和价值，也让中国故事在全球范围内得到更广泛的传播和认同。

五、中国故事的翻译方法——多模态翻译法

（一）多模态翻译基本认知

多模态翻译是一个跨学科的研究领域，它打破了以往以语言为中心的翻译观，不再仅仅将语言符号视为传达意义的唯一方式。多模态翻译注重研究和理解在传播过程中，文本如何通过多种符号模态（如图像、声音、颜色等）产生和传达意义。在多模态翻译的理论框架下，语言符号只是构建意义的多模态网络中的一种模态，而其他非语言符号模态，如图像、声音和颜色，被视为创造意义的重要资源。这些非语言符号模态不仅能够独立传达信息，而且它们与语言符号相互作用，共同构建和传递文本的整体意义。

雅各布森的符际翻译为多模态翻译的发展提供了理论基础。然而，由于当时的技术条件限制，丰富的非语言符号的多模态文本并不是主流文本，他认为符际翻译的应用前景有限，而语际翻译是"真正的翻译"。进入 21 世纪后，随着技术的发展和多模态文本，如影视、漫画、广告、网站、视频等的普及，翻译已经从单一的语际翻译转向了多模态翻译。

曼塔里在其翻译行动理论中强调了翻译的设计特点，他认为翻译不仅仅是语言意义的传递，而是需要设计出跨越文化障碍的文本。这种观点进一步强调了在多模态翻译中，非语言符号的重要性和翻译在文化传播中的角色。由此可见，多模态翻译是一个更为全面、深入的翻译观，它不仅仅看重语言的传递，更强调语言与其他非语言符号的相互作用和整体效应。多模态翻译并不简单地强调原文本与译本在语言层面的转换，而是把原文本与译本在模态层面的转换作为中心任务。在进行多模态翻译时，译者需要考虑如何在保证信息准确传达的同时，有效地运用各种非语言符号，以实现最佳的跨文化交际效果。这种翻译方式对译者的综

合素质和跨文化沟通能力提出了更高的要求，也为翻译研究开辟了新的研究领域和研究方法。

（二）多模态翻译两大范式

多模态翻译的主要研究和实践方向可以分为两大范式：模态内翻译与模态间翻译。

1. 模态内翻译

这种翻译方式基于一个核心的理念，那就是使用与原始文本中相同类型的模态进行翻译。例如，将法语电影翻译为英语电影，或者将西班牙语的音乐剧翻译为中文音乐剧，这些都是模态内翻译的示例。模态内翻译并不仅仅局限于语言符号之间的转换，它的目标是在包括非语言符号在内的所有符号系统之间进行转换，以实现文本的多模态意义在不同文化背景中的再现。这种翻译范式对翻译者要求较高，他们需要理解并熟悉各种模态，以确保在翻译过程中能够准确地传达原文的多模态意义。

2. 模态间翻译

这种翻译方式与模态内翻译有所不同，它要求在译本中使用与原始文本不同类型的模态。比如，将一首诗翻译为一幅画，或者将一部小说翻译为一部动画片，这些都是模态间翻译的例子。模态间翻译需要对原始文本进行深度的解读，找到适合的新模态来传达原始文本的意义。这种翻译方式充满了挑战，但同时也充满了创新的可能性，因为它可以为目标受众提供全新的感受和体验，从而激活翻译的创造性活力。

（三）多模态翻译讲述中国故事的必要性

在经济全球化和文化多元化迅速发展的今天，讲述中国故事，特别是通过翻译活动向世界展示中国的文化和历史，变得尤为重要。为了在国际舞台上获得更多支持和话语权，译者需要打破传统的研究和实践领域，创新对外翻译的方式，多模态翻译正是实现这一目标的一种重要手段。多模态翻译能够更好地突破语言的限制，通过包含图像、声音、色彩等非语言符号在内的多模态符号，更全面、立体地传达中国故事。对于外国受众来说，这种全新的表达方式不仅可以增强他们对中国故事的理解，还可以为他们带来新的感受和体验，从而增强中国故事的传播效力。

此外，多模态翻译还可以通过创新叙述的方法讲述中国故事。多模态翻译可以在忠实阐释原文本意的同时，通过改变叙事策略和使用非语言符号，从不同的角度和层面展示中国故事，对于塑造中国的文化软实力具有重要意义。例如，通过多模态翻译，译者可以将中国的古典诗词以音乐、绘画或动画的形式呈现给外国受众，使他们能够从音乐的旋律、画面的色彩、动画的形象等多个角度体验和理解中国文化的深度和广度。要实现这些目标并不是一件容易的事，这就对译者的专业素质和创新能力提出了新的要求。在多模态翻译的过程中，译者不仅是信息的传递者，更是信息的创造者，他们需要通过自己的专业知识和创新能力，创造出新的多模态文本，实现中国故事的全新传播。

（四）多模态翻译讲述中国故事的具体应用

1. 图像叙事法

图像叙事法是一种有效的信息传播方式，它通过视觉形象表达和传达故事，能够使信息的传播更加生动和直观。在翻译中国故事中，图像叙事法有着极为重要的应用价值。

（1）图像叙事法可以突破语言的局限，使信息的传播不再受语言差异的影响。对于中国故事来说，语言文本中蕴含的丰富文化和历史信息，有时难以用其他语言完整地翻译出来。而通过图像叙事，可以更好地表现出这些信息，让外国受众更直观、更全面地了解中国文化和历史。

（2）图像叙事法可以增强叙事的生动性和趣味性吸引更多的读者。在翻译过程中，可以将文字信息转化为图像，使故事的情节和人物形象更加生动，增强读者的阅读体验。此外，图像叙事还可以通过丰富的色彩和动态表达，激发读者的感官体验，进一步增强故事的吸引力。

（3）在翻译中国故事时，图像叙事法可以将复杂的思想文化以简单易懂的方式表达出来，引起外国受众的兴趣和好奇心。例如，通过漫画、绘本、连环画等形式，将中国的发展观、文明观、人权观、生态观、国际秩序观和全球治理观等抽象的思想文化以具象化、形象化的方式展现出来，使外国受众能够更直观地理解和接受这些中国故事。封面作为图书的"脸面"，也是信息传播的重要组成部分。一个好的封面不仅可以吸引读者的注意，也可以传达出书籍的基本信息，从而影响读者对书籍的初步印象。因此，译者在翻译中国故事时，还需要重视封面图像的翻译和处理，避免因为封面翻译的失误，导致读者对中国故事产生误解或者刻板印象。

2. 视听叙事法

视听叙事是一种通过视觉和听觉两种感官同时进行的叙事方式，它将声音模态与图像模态结合在一起，形成了一种立体、动态的叙事形式。相较于纸质文本的单一文字模态，视听叙事通过整合声、光、影等多种符号，更具沉浸感，增强了受众的感知和理解程度。

视听叙事主要应用于影视、戏剧等多模态作品中，通过声音和图像的交织，把静态的、扁平的纸质文本转化为动态的、立体的影视故事。这种方式更加生动直观，能够给人们提供更为丰富和真实的感官体验，从而更容易引起受众的共鸣。视听叙事能够减小语言和文化差异带来的障碍，使得信息的传播和交流变得更加通畅。以故事为内核的影视作品，已经成为许多国家进行文化输出的重要媒介。例如，美国政府曾明确提出通过电影等传播媒介对美国的信息进行加工和传播，如今的好莱坞已经成为美国文化的象征符号。这一点，对于输出本国文化而言，具有重要的启示意义。将中国故事翻译改写为影视作品，无疑是在视听时代对外传播中国故事的有效途径。

中国元素已经被国际影视业广泛吸纳并引入国际观众的视野中。例如，中国的故宫成为《碟中谍3》中的重要场景；中国的茶道文化在《功夫》中有着深入的体现。这些都证明了，中国的历史、文化、艺术等元素具有极高的翻译改写为影视作品的价值。

视听叙事法在外宣翻译中的应用具体体现在将中国故事的经典元素翻译改写为影视作品。这一过程并不仅仅是对原文字内容简单、机械的影像转换，而是在转换过程中充分融入不同媒介的叙事特征。在这个过程中，译者的角色发生了改变。他们不再只是传统意义上的"译者"，而更像是原作品的"新作者"。这种转变来自视听叙事法的特性，它不再仅仅是对原作品的字面翻译，而是对原作品的再生产。这就要求译者不仅要熟悉原作品，而且还需要深入理解和掌握各种视听符号的意义和用法。

影视作品的意义是通过视觉和听觉两个渠道向观众传达的。视觉符号不仅包括言语符号资源，如字幕，还包括非言语符号资源，如光影、色彩和画面等。听觉符号则涉及声音的音调、语速、节奏等副言语听觉符号，以及音乐、特效等非言语听觉符号。这些元素共同构建了影视作品的世界，为受众提供了丰富、立体的感官体验。以电影《阿凡达》为例，电影中外星世界的生态环境和生物形态，是对中国的世界自然遗产张家界风景区的艺术再创作，充分利用了视觉非言语符号的表达力。电影中的音乐和声音特效，如飞鸟的鸣叫、野兽的咆哮、风吹过树叶的声音等，都运用了听觉非言语符号，为观众营造出一个神秘而壮丽的外星世界。

因此，在将中国故事的原作品翻译改写为影视作品时，外宣翻译需要充分考虑视觉言语符号、视觉非言语符号、听觉符号、听觉非言语符号等多模态能指的应用。这不仅可以提高翻译作品的艺术性，还可以更好地传播中国故事，使其在全球受众中产生更大的影响力。

3. 超文本叙事法

超文本叙事法的运用已经深深地影响了信息传播模式，为传统的文化形态带来了革命性的改变。超文本叙事法是指通过互联网技术将文字、图片、声音和影像等多模态元素链接在一起进行叙事的方法。读者可以通过点击超链接，在各种多模态元素之间自由切换，解读信息并构建知识体系。这种方式强调了读者的主观能动性，使得阅读过程更具参与感和互动性。在外宣翻译中，借助超文本叙事法将中国故事进行翻译改写，无疑可以充分发挥互联网的便利性、实时性和互动性，加快信息的传播速度，使中国故事得以在全球范围内更广泛地传播。

中国故事在被翻译改写为超文本时，原始的纸质文本将被重写为一种新的形式。这个过程需要考虑到超链接的使用、多模态元素的融合以及互动性的增强。例如，对于中国特有文化符号和特色术语，比如"以人民为中心的发展思想"或"习近平新时代中国特色社会主义思想"等，译者可以通过超文本的方式，利用文字、图片、音频、视频等多模态符号进行解释，构建出"厚翻译"模式。

通过这种方式，超文本叙事法能将中国故事的翻译改写提升到一个新的高度，使之成为一种跨文化、跨媒介的"厚翻译"。这不仅可以帮助国外的政要、智库、学术界以及普通民众更深入地认知和理解中国，也为中国故事的国际传播提供了新的突破口。

第八章　跨文化视角下外宣翻译中的译者与读者

第一节　外宣翻译中译者的专业素质

对外宣传翻译工作的复杂性和重要性对译者提出了较高的要求，尤其在进行国家和企业级别的对外宣传和翻译任务时，译者的作用极为重要。他们不仅是原始信息和海外受众间的"信息传递者"，同时也是对原始材料进行二次创作的"创作者"。"素质"这个词在不同的语境中可能有不同的含义，但在广义上，它通常指的是一个人的内在品质、能力或特征，包括知识、技能、态度、价值观、个性特质等。素质不仅关乎个人在特定领域的技能或知识，还涵盖了一个人的道德标准、情感情况以及身心健康状况。

在职业领域，素质则更多指的是一个人执行工作所需的专业技能和知识以及与之相关的个人品质，比如团队合作能力、沟通技巧、创新思维、职业道德等。值得注意的是，每个人的素质并不是一成不变的，而是可以通过教育、培训、实践等方式得到提升和改善的。一个人的素质，无论是在个人发展、职业成就，还是在社会关系中，都起着至关重要的作用。对于翻译工作者来说，他们的素质表现在多个维度，如语言能力、理解力、反应速度、文化知识和交际技能等。在外宣翻译工作中，译者的素质可以划分为专业素质和工作素质两种。其中，工作素质涵盖对外宣传工作者需要具备的良好的政治素质和工作态度，而专业素质则包括译者必须拥有的卓越的语言素养、深厚的知识储备和与时俱进的信息素养。外宣译者的这些素质直接决定了对外宣传工作的效果。

一、职业素质

（一）政治素质

政治素质是外宣翻译工作中一个不可忽视的要素。作为外宣翻译任务的重要执行者，译者需要具备高度的政治敏锐性和认知，以准确、全面地传递关于中国在多个领域的信息，包括政策、经济、社会发展和外交政策等，这对于增进国际社会对中国的理解，建立并维护友好的国际关系，以及为中国赢取良好的国际声誉都至关重要。

（1）译者首先应该对马克思主义、毛泽东思想、邓小平理论、"三个代表"重要思想、科学发展观以及习近平新时代中国特色社会主义思想有深刻理解。这种理解不仅包括理论本身的认识，更包括理论在实际中的应用和实施，如中国政府的重大政策方向、对关键事件的立场以及改革开放以来的发展情况。只有深入理解这些，译者才能真实、准确地传递中国的声音。例如，"一国两制"原则是中国的重要政策之一。这一原则在英文中的正确表达是"One country, two systems"。如果译者不理解这一原则的内涵，进行错误的翻译，显然会偏离原意，并可能引起不必要的误解。

（2）对于外宣译者来说，坚决维护国家主权和尊严是其必须承担的责任。在涉及国家利益和国家安全的任何公开言论中，他们都必须保持高度的谨慎态度，不能有任何的疏忽。这是他们作为中国的代表和传声筒，对国家和人民应尽的职责。例如，在翻译涉及中国社会制度的问题时，外宣译者应秉持对中国的政治制度的正确理解和尊重。如果涉及的主题是"社会主义核心价值观"，那么译者需要确保其译文能够准确地传达这一概念的内涵，而不能简单地将其翻译为"core values of socialism"。因为这样的译法可能会被误解为西方社会主义的概念，从而无法准确反映中国特色社会主义核心价值观的实质和特点。正确的翻译应该充分考虑中国特色社会主义的独特性，以及"社会主义核心价值观"在中国的具体实施和实践情况，以确保其翻译结果在准确性和真实性上都能得到保证。通过这样的方式，外宣译者能够在翻译过程中坚决维护中国的国家尊严。

（3）对外宣传的目标不仅是增进国际社会对中国的了解和亲近感，也包括坚定海外同胞和海外侨胞的爱国主义思想，服务于党的总路线和总政策以及维护世界和平。在实现这些目标的过程中，译者需要以真实、生动的方式介绍中国的发展和对外政策，并积极寻求和团结一切可以团结的力量。例如，在向国际社会介绍中国的精神文明建设时，译者需要确保信息的真实性，不能夸大或者低估其成果。具体分析，译者需要对中国的精神文明建设有全面的了解，了解其背后的历史背景、社会环境以及未来的目标和展望，这样才能确保在翻译过程中的信息真实性。如果涉及的主题是中国梦，译者则需要理解中国梦代表的是中国人民对美好生活的向往，是中华民族为了实现伟大复兴而共同奋斗的目标。译者不能仅将其翻译为"China Dream"，而是需要在翻译过程中充分展现中国梦的内涵和深远意义，使国际社会能够更好地理解中国和中国人民的追求和梦想。

（4）外宣译者还需要根据受众的接受方式来处理宣传材料的内容和形式。这就需要译者在了解受众的基础上，灵活运用各种语言技巧和修辞手法，以最接近受众的方式表达出来。这既是一种语言艺术，也是一种政治智慧。总的来说，外宣译者的政治素质决定了他们在完成这项重要任务的过程中能否真实、准确、有力地传递出中国的声音。如翻译关于中国青年的材料时，译者应注意使用年轻人更容易理解和接受的语言和表达方式，也要注重激发年轻人的共鸣和感情。译者应该选择使用更活泼、更具吸引力的语言，使用更生动、更具视觉冲击力的图片或者视频，以此来吸引年轻人的注意力，引发他们的兴趣，使他们更愿意了解和接受中国的信息。

（二）职业道德

外宣译者的职业道德是他们工作的重要组成部分。译者的职业道德并不仅仅是译者个人品行的体现，更是他们在进行翻译工作时对准确性、公正性、保密性等原则的坚守。良好的职业道德不仅能帮助译者在处理复杂和敏感的话题时做出正确的决策，也能使他们在面对各种压力和困难时保持专业性和公正性。外宣译者需要坚守自己的职业道德，在进行翻译工作时，必须充分认识到自己工作的重要性和影响力。译者是中国向国际社会传达信息、展示形象的重要桥梁，他们的工作直接影响到国际社会对中国的认识和理解。因此，他们必须保持对工作的尊重和热爱，对待每一项任务都要严谨认真，尽全力确保翻译的准确性和公正性。即使在面对压力和困难时，他们也不能偏离这个原则，不能为了迎合某种观点或利益而损害翻译的公正性和准确性。为了加强翻译的公正性和准确性。译者需要做到以下两点。

1. 保持刻苦钻研的精神

翻译不仅仅是一种语言技能，也是一种思维技能。翻译者需要具备敏锐的思维和严谨的逻辑，才能准确地理解和传达原文的含义。他们需要不断地思考和学习，不断地挖掘和发现新的知识和技巧，才能更好地完成翻译工作。这就需要翻译者具备刻苦钻研的精神和严谨认真的工作态度。同时，译者还需要具备足够的耐心和决心。翻译是一项繁复且需要高度专注的工作，译者需要花费大量的时间和精力来完成。他们需要在长时间的工作中保持清醒和冷静，始终保持对工作的热爱和热情，才能不断提高自己的专业水平，不断提升自己的翻译质量。

在翻译的过程中，细节问题尤其重要。由于英文和汉语的表达方式和思维方式存在很大的差异，如果译者不够细致，就可能会犯错误。例如,"恭喜发财"是中国新年常用的祝福语,如果简单地翻译为 "Congratulations on making money",这样的翻译虽然较为通顺,但并不能准确地传达出中国文化中的寓意和情感。因此,译者需要具备足够的文化敏感性和专业知识,才能够准确地捕捉和传达这些细节,才能够在工作中做到尽善尽美,以此为增进世界各国人民对中国的了解和友谊做出贡献。

2. 保持考据求证的习惯

在现代社会中,信息的爆炸性增长和语言的持续变化使得翻译工作变得更为复杂和具有挑战性。译者必须保持一种持续学习和研究的习惯,才能适应这种瞬息万变的环境。这种习惯,就是"考据求证"。

语言是社会和文化的产物,是历史的印记。它是不断演变和发展的,新的词汇、表达和用法每时每刻都在被创造出来。例如,互联网和社会生活的飞速发展产生了许多新的术语和表达,如"天选打工人""雪糕刺客""互联网嘴替""栓Q"等,如果译者不及时了解和学习这些新的表达,就可能会在翻译过程中产生困惑和误解。

不同的文化和地区可能对同一词汇或表达有不同的理解和解释。例如,"红色基因"在中国文化中指的是中国共产党领导全国各族人民和人民军队在革命、建设、改革各个历史时期孕育、形成的可传承的光荣传统和优良作风,而西方文化中并没有对应的概念。因此,译者需要通过考据求证来理解这些差异,并在翻译过程中考虑如何最准确地传达这些含义。

考据求证并非易事,它需要译者有充足的知识储备、严谨的思维习惯和高度的专注力。译者需要利用各种资源,如词典、工具书、互联网、专家咨询等,来获取和确认信息。他们需要在翻译过程中反复推敲和修订,以确保翻译的准确性。考据求证的过程也是一个实践的过程。只有通过实践,译者才能检验自己的翻译是否准确,是否能够准确地传达原文的意思。这种实践可以通过多种方式进行,如对外发布的翻译材料、来自读者的反馈、专家的评论，甚至社会对某一事件的态度和反应。通过这种实践，译者不仅可以检验自己的翻译，也可以从中学习和提高。

二、专业素质

（一）语言素养

1. 外宣译者提高语言素养的必要性

在外宣翻译工作中，译者的语言能力水平直接影响翻译的准确性和质量。如果译者的语言水平过低，可能会产生多种错误，如一些词汇拼写错误，虽然不会导致误解，但会给人留下疏忽大意或者缺乏专业素养的印象。如果出现表达含义模糊、含糊不清，甚至可能与原文意义完全不符等错误，就会导致严重的误解。不论是哪种情况，都会对跨文化交流产生负面影响。

例如，有些错误可能出现在单词的拼写上。一家旅馆可能将"Reception"错误地拼写为"Receptiom"，这对英语使用者来说，就像汉语母语者看到"苹果"被写成"憎果"一样让人不舒服。这类错误如果偶然出现，可能会被人理解，但是如果在一份文档中，同一错误多次出现，那么问题就显得严重了。这样的错误表明译者可能缺乏必要的语言专业性，这无疑会对他们的翻译质量和效果产生负面影响。除此之外，还有可能出现没有区分字母大小写和词的连写等错误。例如，"Blue sky hotel"中，"Blue Sky Hotel"应该首字母大写，因为它是专有名词。又如"long sleeve shirt"应该写成"long-sleeve shirt"，因为"long-sleeve"作为形容词，用来形容衬衫，应当连写。

这些细小的错误，可能在不知不觉中就会产生，但它们的存在，却可能对外宣翻译工作的效果产生实质性的影响。错误的单词拼写和字母大小写，可能会给读者留下译者不专业的印象。模糊不清的表达和与原文意义完全不符的翻译，不仅会导致信息的误传，还可能引发严重的文化冲突和误解。因此，为了保证翻译质量和效果，外宣翻译工作要求译者必须具备扎实的语言基础和严谨的工作态度，仔细校对和修订自己的翻译，确保其准确性和专业性。

2. 外宣译者的语言素养要求

在任何翻译工作中，译者至少需要熟练掌握源语和目标语这两种语言。在外宣翻译工作中，这个要求更为明显，因为译者需要理解和掌握两种语言之间的转换技巧，并且充分认识到两种语言以及相关文化之间的差异，从而实现两种语言之间的顺畅转换。这种语言之间的转换技巧不仅是进行外宣翻译工作的基础，也是影响翻译质量的重要因素。

译者在面对翻译任务时，一般需要处理大量的英语内容，因此，译者必须熟练掌握英汉两种语言，并且对两种语言之间的差异有深入的理解。例如，汉语和英语在句法结构上有很大的不同。汉语的句式结构相对自由，句子内部的语法关系可以相互独立，而英语则更加注重句子的形式和结构，一个句子中需要有明显的连词，显示出紧密的句子结构和逻辑关系。这就需要译者在进行翻译时，充分考虑源语和目标语的句法差异，将源语句子根据目标语的句式结构进行整合，这样才能提高翻译的准确性和完整性。

除了句法结构，两种语言在表达方式、修辞方法、词汇选择等方面也存在明显的差异。例如，汉语中常常采用修辞手法，如比喻、象征、双关等，以丰富表达效果，强调语言的感性和形象；而英语则更注重理性、直接和准确的表达方式，尽可能地避免含糊不清和模棱两可。这就要求译者在翻译过程中，能够灵活应对各种不同的表达方式，既要忠实源语的原意，又要考虑目标语受众的理解和接受程度。

为了达到外宣的目标，译者需要具备高超的语言技巧，以适应不断变化的翻译环境和需求。此外，译者还需要具备较高的审美品位和独特的审美视角，以便在保留原文风格和情感的同时，把握和表达源语文本的精神内涵和文化底蕴。只有这样，译者才能在翻译过程中做到既忠实于原文，又符合目标语受众的语言习惯和文化背景，从而实现有效的跨文化交流和传播。

（二）知识储备

1. 中西方文化历史知识

外宣译者在进行工作时，不仅需要具备扎实的语言技能，更需要对中西方的文化历史有深入的了解。这是因为，当译者将中国的信息传递给外国人时，需要以他们能接受的方式来表达。这就要求译者必须对中西方的文化、历史、政治、经济、自然环境等有深入的了解，这样才能有效地消除文化障碍，使得翻译工作能够接近外国人的文化习惯和思维方式，满足他们的信息需求。

例如，译者需要理解中国特有的概念如"丝绸之路""新文科教育""科技强国""教育强国""五年规划"等的深刻内涵，而了解这些概念内涵又需要深入理解中国的历史背景和政治理念。只有在此基础上，译者才能将这些概念翻译成西方接收者可以理解的方式，并尽可能地保留原文的意义，但又能在西方文化中找到共鸣。

在此基础上，译者也需要对西方的文化历史有所了解。例如，对于西方人来说，"freedom"和"democracy"是非常重要的价值观，译者需要在翻译中注意这些概念，并尽可能地将中国的政策和理念与这些价值观联系起来。此外，译者还需要对西方的语言习惯有所了解，以避免掉入语言陷阱。在翻译过程中，不能只是简单地将中文翻译成英文，而是要对语言所传达的信息进行准确理解和诠释。译者不能仅仅作为一个语言翻译机器，他还必须具备深厚的中外文化历史知识，以便让接受者能够深入领会。

2. 各行各业专业知识

无论译者的语言水平多么高、翻译技巧多么灵活，如果对专业表达的含义一无所知，翻译的成功就无法保证。这是因为在外宣翻译工作中，译者需要大量接触各个行业或领域的专业表达，如果译者对这些表达不熟悉或不理解，那么翻译工作就可能变得困难。例如，如果一个译者被分配了关于航空工业的翻译任务，他就需要对航空工业的专业术语和基本概念有足够的理解。如果译者缺乏这方面的知识，就可能会对原文的意思产生误解，从而影响翻译的准确性。同样的，如果处理的是关于医学的翻译任务，译者也需要具有一定的医学知识，以确保他们能够准确地翻译专业术语和概念。

与此同时，中国的社会发展日新月异，网络流行语层出不穷，像"双减政策""碳中和""调休""网络质检员"等新词新语，需要译者及时关注和理解，这样才能准确、恰当地进行翻译。因此，译者需要时刻关注各个行业领域的最新发展，不断丰富和更新自己的知识储备。这不仅需要译者具备好奇心和探索精神，还需要他们有持续学习和自我提升的动力。只有这样，他们才能确保自己在外宣翻译工作中始终保持高效和准确，从而有效地传达和推广中国的发展情况和政策理念，提升中国在全球的影响力。

外宣翻译的业务范围极其广泛，包括政治、经济、军事、人文地理、商业、法律、民俗和日常生活常识等，这些知识的储备可以帮助译者对原材料有更正确、更深刻的理解，从而提高翻译效果。例如，在中国的外交政策中，"和平共处五项原则"是非常关键的概念。如果译者对此不熟悉，可能无法将其准确翻译成"Five Principles of Peaceful Coexistence"。再比如，在经济领域，中国政府提出的"双循环"战略，若译者对其背后的经济思想不了解，可能会难以找到准确而生动的英文表达，正确的翻译应为"Dual Circulation"策略。在科技领域，例如人工智能相关的"深度学习""神经网络"等术语，如果译者缺乏相关的科技知识，可能无法将其准确地翻译成"Deep Learning"和"Neural Network"。

（三）信息素养

在信息化时代，外宣译者的工作并非只停留在纸笔和语言的层面，他们的角色已经拓宽至信息技术的运用者和创新者。这就需要外宣译者具备高度的信息素养，包括但不限于熟悉计算机辅助翻译技术，掌握互联网搜索技能，理解数据分析工具的运用以及适应各种新媒体的运用。

（1）计算机辅助翻译技术（Computer aided translation，简称 CAT）已成为现代外宣译者的必备技能。该技术包括词汇库、术语库和翻译记忆库的创建和使用，这些工具可以大幅提升译者的效率。举个例子，当译者在处理一份包含大量专业术语的政策文件时，他可以利用术语库确保每个术语的翻译始终保持一致。翻译记忆库可以存储译者以前的翻译，当出现相似的句子或段落时，系统可以提供对应的翻译建议，从而节省了大量的时间和精力。更重要的是，这些工具的使用不仅提高了翻译效率，也释放了译者的精力，让他们可以将更多的注意力放在理解和创新的工作上，如对文化背景的考量、语境的考虑和读者的理解等。

（2）互联网搜索技能在现代翻译工作中也起着关键作用。在翻译过程中，译者会遇到各种新颖的概念和背景知识，这时，良好的搜索技能就显得尤为重要。例如，译者在处理一份关于新型能源技术的外宣材料时，可能会遇到一些他们之前未曾接触过的专业术语。这时，他们就可以运用搜索技能，从各种网络资源中获取这些术语的定义，理解其在特定背景下的含义，从而找到最合适的译文。此外，互联网搜索技能还能帮助译者快速找到相关的参考资料，比如同类型的外宣材料、词典或参考书、专业的论坛或社区等，这些都可以帮助译者更准确地理解原文，做出更好的翻译。

（3）数据分析工具的运用对于提升译者的工作效能有着重要的作用。译者可以利用这些工具来分析自己的翻译，找出可能存在的问题，持续提升翻译质量。例如，译者可以利用文本分析工具分析自己的翻译，看看是否有过度使用某些词汇或表达的倾向，是否有忽视某些关键信息的情况等。此外，译者还可以利用数据分析工具对翻译记忆库进行统计和分析，看看哪些翻译更常被复用，哪些翻译更需要改进等。这些信息都可以帮助译者了解自己的翻译习惯，找出可能存在的问题，持续提升翻译质量。

（4）新媒体的运用是译者的另一个重要技能。在新媒体环境下，译者不仅需要理解文本，还需要理解图像、视频等多种信息。例如，译者在处理一段包含许多图表和图像的新闻报道时，他们不仅需要翻译文字部分，还需要理解图表和图像传达的信息，甚至可能需要修改图表和图像以适应目标读者的文化背景和阅读习惯。在这种情况下，熟练的图像编辑和设计技能就显得非常重要。新媒体环境下的翻译工作往往需要译者与其他专业人士，比如编辑、设计师、程序员等紧密合作，因此良好的团队协作能力也是必不可少的。

第二节　外宣翻译中读者的意识需求

一、读者意识的概念和内涵

读者意识是一种对于读者情境、期望和需要的理解，并将这种理解融入翻译决策和翻译实践中的意识。这种意识源于历史悠久的翻译实践，现代翻译理论进一步将其系统化和理论化。根据翻译实践经验，如果翻译不能符合读者的审美习惯和理解方式，那么无论原文有多么优秀，翻译结果也将遭到读者的质疑和排斥。而优秀的翻译应该让读者得到与阅读原文一样的感受和收获。

很多外宣翻译效果不佳的一个重要原因是忽视了读者意识。如果译者只站在自己的角度进行翻译，而忽视了目的语读者的特性和需求，那么译文可能会变得难以理解。例如，译者在翻译一篇关于中国传统文化的文章时，没有考虑到外国读者对于中国传统文化的陌生度，直接用中国的语境来翻译，那么这个译文可能会对外国读者来说难以理解，甚至会让他们对中国的文化感到困惑。这样的翻译并没有达到翻译的目的，也没有让读者从中获得有效的信息。因此，译者需要尽可能地站在读者的角度考虑问题，把他们的需求、心理和表达习惯考虑进去，才能做出能够被接受和理解的翻译。

忽视读者意识也可能导致读者降低对译文的兴趣。例如，译者在翻译一篇关于中国现代社会的文章时，没有考虑到外国读者对于中国现代社会的好奇心，只是机械地翻译原文，没有添加对中国现代社会的背景介绍和解释，那么这个译文可能会让外国读者感到枯燥无味，不愿意继续阅读。这样的翻译不仅没有达到翻译的目的，还可能导致中国的形象在外国读者心中变得模糊。因此，不断增强读者意识，不仅可以提高翻译的质量，还可以提高翻译的效果。译者需要把自己放在读者的位置，全面了解和满足他们的需求，这样才能确保译文能够真正传达原文的信息，并且引起读者的兴趣。

除了上述需要注意的方面，译文的表达方式也需要符合外国读者的思维习惯。不同的文化有不同的思维方式和表达习惯，如果译文的表达方式与外国读者的思维习惯不符，那么这个译文就可能让读者感到难以理解，甚至产生反感。因此，译者需要深入了解目标语言和文化的特点，以此来选择适合的翻译策略和表达方式。例如，中国的传统文化鼓励谦虚，中国人在自我介绍或者谈论自己的成就时往往会显得比较低调。然而，这在西方文化中可能会被误解为缺乏自信或者成就不够。因此，在这种情况下，译者可能需要将这种谦虚的表达方式调整为更为直接和自信的方式，以便更符合西方读者的思维方式和接受习惯。

二、读者心理需求的概念与内涵

接受美学理论把翻译中的译文视为一个有无限可能的结构。这并非随意的，它受制于翻译的目标和读者的需求。在这种理论的指导下，译者并不仅仅是复制原文，而是在理解原文的基础上，创造性地产生译文。这种创造性并非随意的想象，而是通过理解源语文化，理解目的语读者的需求，从而对原文进行重新构造。在此过程中，译者需要填补文化差异引起的信息缺失，对原文中的模糊部分进行具体化，以便让目的语读者理解和接受。这就需要译者具有较高的文化素养和语言技巧。只有这样，译者才能在保留原文的精神和风格的同时，使译文符合目的语读者的文化习惯。

译者对读者的考虑，即读者意识，是驱动翻译活动的核心力量。读者的文化背景、心理需求、接受习惯等因素，决定了译者在翻译过程中采取何种决策。译者需要根据目的语读者的特点，选择合适的翻译方法和策略。例如，在外宣翻译中，如果目的语读者对中国的文化背景知之甚少，那么译者就需要在翻译过程中对一些中国特色的概念进行适当的解释；如果目的语读者的语言习惯和中文有较大差异，那么译者就需要在翻译过程中调整译文的语言风格，使其符合目的地读者的文化习惯。

翻译学家图里的观点进一步强调了这种心理需求的重要性。他认为，所有的翻译都处于一条线的中点，这条线的一端是源语规范，另一端是目的语规范。这就像是一个平衡游戏，译者需要在尊重原文的同时，满足目的语读者的需求。过于强调原文的规范，可能会使译文难以理解；过于强调目的语的规范，可能会使译文失去原文的精神和风格。只有在这两者之间找到平衡，才能做好翻译工作。

译者在进行对外宣传翻译时，必须考虑目的语读者的心理需求。这是因为读者的需求决定了他们对宣传材料的阅读兴趣和接受程度。如果译者能够准确把握并满足读者的需求，那么宣传材料的传播效果就会大大提高。这就要求译者对目的语读者有深入的理解，知道他们对何种信息有需求，对何种信息无感，对何种表达方式感兴趣，对何种表达方式反感。例如，对于想了解中国文化的外国读者，译者可以在翻译时加入更多有关中国文化的信息；在翻译过程中，译者要注意使用目的语读者熟悉的表达方式，避免使用他们不熟悉或者不喜欢的表达方式。

译者还要注意引发读者的情感共鸣。读者不是冰冷的机器，而是有情感的人。如果译文能够引发读者的情感共鸣，那么读者就会更愿意接受和理解译文中的信息。这就要求译者在翻译时要考虑到读者的情感因素，尽量使译文能够引发读者的积极情绪。为了达到这个目的，译者可以运用各种翻译策略，比如运用译者的创造性，将原文的信息以更生动、具体的方式表达出来，使译文更能引发读者的兴趣；再如运用比喻、象征等修辞手法，增强译文的表现力，使读者在阅读时能够产生强烈的情感共鸣。

无论译者采取何种策略，都要时刻牢记，他们的最终目标是要满足读者的需求，让读者能够理解和接受译文中的信息。只有这样，翻译才能达到最好的传播效果，才能真正发挥对外传播的作用。

参考文献

[1] 凌来芳. 中国戏曲跨文化传播及外宣翻译研究：以越剧为例 [M]. 杭州：浙江工商大学出版社,2019.

[2] 卢彩虹. 传播视角下的外宣翻译研究 [M]. 杭州：浙江工商大学出版社,2016.

[3] 吕和发,董庆文,任林静. 跨文化公关视域下的外宣与外宣翻译研究 [M]. 北京：国防工业出版社,2016.

[4] 任丽莉. 多重视角下的外宣翻译策略研究 [M]. 长春：吉林文史出版社,2016.

[5] 许宏. 外宣翻译与国际形象建构 [M]. 北京：时事出版社,2017.

[6] 杨友玉. 多维视域下的外宣翻译体系构建研究 [M]. 北京：中国水利水电出版社,2018.

[7] 袁卓喜. 修辞劝说视角下的外宣翻译研究 [M]. 北京：中国传媒大学出版社,2017.

[8] 张健. 外宣翻译导论 [M]. 北京：国防工业出版社,2013.

[9] 张晶. 外宣翻译与跨文化传播研究 [M]. 长春：吉林大学出版社,2020.

[10] 郑海霞. 跨文化视域中的外宣翻译研究 [M]. 北京：中国水利水电出版社,2017.

[11] 朱义华 . 外宣翻译的政治性剖析及其翻译策略研究 [M]. 苏州：苏州大学出版社 ,2017.

[12] 彭萍 , 郭彧斌 . 西藏主流媒体时政外宣翻译的现状与展望 [J]. 西藏民族大学学报 (哲学社会科学版),2020,41(5):141–146.

[13] 周忠良 . 政治文献外译须兼顾准确性和接受度：外交部外语专家陈明明访谈录 [J]. 中国翻译 ,2020,41(4):92–100.

[14] 祝朝伟 .《习近平谈治国理政》中典故的英译方法及对外宣翻译的启示 [J]. 外国语文 ,2020,36(3):83–90.

[15] 苏敏 . 跨文化视域下乡村旅游产业外宣翻译的策略：评《跨文化旅游翻译》[J]. 中国食用菌 ,2020,39(4):32.

[16] 郭彧斌 , 彭萍 . 从传播效果看西藏时政外宣翻译 [J]. 西藏民族大学学报 (哲学社会科学版),2019,40(3):139–146.

[17] 王俊超 . 构建中国企业“走出去”外宣翻译的研究框架：基于500 强企业网页外宣语料库 [J]. 上海翻译 ,2019(2):62–66.

[18] 朱义华 . 外宣翻译的新时代、新话语与新思路：黄友义先生访谈录 [J]. 中国翻译 ,2019,40(1):117–122.

[19] 邱大平 . 论政治话语外宣翻译取向的二元统一 [J]. 中南大学学报 (社会科学版),2018,24(6):205–212.

[20] 曾剑平 . 外宣翻译的中国特色与话语融通 [J]. 江西社会科学 ,2018,38(10):239–245.

[21] 白蓝 . 外宣翻译中的源语顺应 [J]. 外国语文 ,2018,34(5):24–29.

[22] 果佳 . 跨文化交际中的外宣翻译对策：评《跨文化视域中的外宣翻译研究》[J]. 教育理论与实践 ,2018,38(14):2.

[23] 吕红周 , 单红 . 从翻译符号学看新时期外宣翻译 [J]. 中国科技翻译 ,2018,31(2):44–46.

[24] 杨年芬.语境论视角下的景观文化外宣翻译：以世界文化遗产景区网页英文简介为例 [J].中国外语,2018,15(2):90–98.

[25] 孔令翠,刘巧玲.翻译亦营销：基于 SWOT 分析法的外宣翻译策略研究 [J].外国语文,2018,34(1):127–133.

[26] 杨年芬.恩施土家族苗族自治州旅游文化外宣翻译策略研究 [J].贵州民族研究,2018,39(1):159–163.

[27] 彭萍,郭彧斌,周江萌.西藏时政外宣翻译存在的问题与对策 [J].西藏民族大学学报 (哲学社会科学版),2018,39(1):116–120,125.

[28] 杨艳超,薛欢.基于目的论视角的中国茶文化外宣翻译思路研究[J].福建茶叶,2017,39(11):406.

[29] 高颖.话语分析在茶名外宣翻译中的应用 [J].福建茶叶,2017,39(6):297–298.

[30] 徐喜梅.《云南普洱茶》英译中的外宣翻译 [J].福建茶叶,2017,39(6):318–319.

[31] 赵丽春.非遗视角下茶叶外宣翻译问题与策略研究 [J].福建茶叶,2017,39(6):323–324.

[32] 周彦君.功能翻译理论视角下的茶名外宣翻译研究 [J].福建茶叶,2017,39(6):327–328.

[33] 赵春丽.论茶产品外宣翻译中译者的制约因素 [J].福建茶叶,2017,39(5):216–217.

[34] 傅雪婷.传播学视阈下的国际性重大活动官网外宣翻译研究：以杭州 G20 峰会官网为例 [J].浙江师范大学学报 (社会科学版),2017,42(3):103–109.

[35] 王慧莉.新闻外宣翻译原则探析 [J].上海翻译,2017(2):24–29.

[36] 王丽峰.中国茶文化"走出去"中的茶名外宣翻译 [J].福建茶

叶 ,2017,39(3):162–163.

[37] 穆丹丹 , 王立嘉 . 文本类型理论视角下的茶文化外宣翻译研究 [J].
福建茶叶,2017,39(3):380–381.

[38] 陈敏 . 基于传播的民族文化外宣翻译策略：以侗族文化为例 [J].
贵州民族研究 ,2017,38(3):135–138.

[39] 王宝川 . 茶叶品牌外宣翻译策略研究 [J]. 福建茶叶 ,2017,39(1):50–
51.

[40] 李瑛 . 基于功能主义目的论角度看国产茶产品外宣翻译特点及改
进建议 [J]. 福建茶叶 ,2016,38(12):209–210.

[41] 邓英凤 . 外宣翻译的政治性和灵活性 [J]. 青年记者 ,2016(35):56–57.

[42] 吕和发 , 董庆文 , 任林静 . 跨文化公关视域下的外宣与外宣翻译研
究 [J]. 上海翻译 ,2016(6):43.

[43] 李丹 . 从外宣翻译的特殊性看茶产品的音译 [J]. 福建茶叶 ,2016,
38(11):207–208.

[44] 李卫丽 . 目的论视域下的茶名外宣翻译问题与对策研究 [J]. 福建
茶叶 ,2016,38(9):351–352.

[45] 朱义华 . 外宣翻译的政治暴力性探究: 从黄岩岛的译名篡改谈起 [J].
太平洋学报 ,2016,24(9):17–23.

[46] 褚亮 . "一带一路"背景下茶艺语言外宣翻译技巧及策略 [J]. 福建
茶叶 ,2016,38(7):312–313.

[47] 马翼梅 . 从功能翻译理论看茶企外宣翻译质量 [J]. 福建茶叶 ,2016,
38(7):37–38.

[48] 李曦 .《云南普洱茶》英译中的外宣翻译策略研究 [J]. 福建茶叶 ,
2016,38(6):268–269.

[49] 高洁 , 梁兰芳 . 论外宣翻译的直译方法: 以《舌尖上的中国》为例 [J].

中国科技翻译 ,2016,29(2):43–46.

[50] 余秋平 . 国家形象视阈下外宣翻译策略刍议 [J]. 西安外国语大学学报 ,2016,24(1):126–129.

[51] 陈芳 . 外宣翻译过程中译者的适应与选择过程研究：评《外宣翻译译者主体性能力范畴化研究》[J]. 新闻爱好者 ,2023(2):121–122.

[52] 李若姗 . 融媒时代讲好黄河故事的外宣策略探究：以大河网英语频道为例 [J]. 新闻爱好者 ,2023(1):84–86.

[53] 黄玉华 . 中国—东盟命运共同体建设背景下我国"那"文化外宣翻译研究 [J]. 广西社会科学 ,2022(11):62–68.

[54] 彭凤英 . 新时代外宣工作的基本原则和翻译策略：评《新时代对外宣传与翻译研究》[J]. 科技管理研究 ,2022,42(21):259.

[55] 李婧萍 , 张威 . 中国话语译介规范的演变与评价 [J]. 外语学刊 ,2022(6):15–21.

[56] 张彩霞 , 郑海霞 . 河南外宣翻译策略与河南对外形象的传播 [J]. 新闻爱好者 ,2022(5):55–57.

[57] 符建华 . "一带一路"倡议背景下企业外宣及外宣翻译探索：评《外宣翻译导论》[J]. 科技管理研究 ,2022,42(7):259.

[58] 包懿 . 全媒体时代城市海外形象宣传的英译策略：评《外宣翻译研究体系建构探索》[J]. 人民长江 ,2022,53(3):233–234.

[59] 高瀛 . 外宣翻译中建筑工程的西语例句的应用 [J]. 工业建筑 ,2021,51(12):156.

[60] 朱义华 , 张健 . 学科视野下的外宣翻译之"名"与"实"探究 [J]. 上海翻译 ,2021(5):34–38.

[61] 牟宜武 , 吴赟 . 企业超文本外宣翻译与中国企业形象提升研究 [J]. 外语电化教学 ,2021(3):115–120,18.

[62] 贺桂华. 少数民族民俗文化外宣翻译中多重矛盾关系的解读 [J]. 贵州民族研究 ,2015,36(6):89–92.

[63] 宋引秀 , 郭粉绒. "文化翻译" 观视域下的少数民族文化外宣翻译 [J]. 贵州民族研究 ,2015,36(4):88–91.

[64] 高博. 外宣翻译的跨文化传播策略研究 [J]. 新闻战线 ,2015(8):76–77.

[65] 吴文艳. 外宣翻译中文化负载词的英译原则与方法 [J]. 湖南科技大学学报 (社会科学版),2014,17(6):166–170.

[66] 果笑非. 外宣翻译对跨文化传播的影响 [J]. 学术交流 ,2013(9):145–148.

[67] 卢小军. 外宣翻译 "译 + 释" 策略探析 [J]. 上海翻译 ,2012(2):40–43.

[68] 陈争峰 , 许小花. 新闻传播学视角下外宣翻译者的基本素质 [J]. 新闻知识 ,2012(4):109,63.

[69] 毕文成. 浅析对外宣传翻译中译者主体性的凸显 [J]. 出版广角 ,2012(2):56–58.

[70] 舒娜. 文化差异视域下的外宣翻译特点多维探析 [J]. 江西师范大学学报 (哲学社会科学版),2015,48(4):137–140.